복귀원리로 본

요한계시록
(참부모님의 승리적 생애)

국학자료원

성경의 예언을 승리적으로 성취하신
참부모님께 감사와 영광과 찬양을
올립니다.

복귀원리로 본

요한계시록
(참부모님의 승리적 생애)

윤 경 환 목사

목차

복귀섭리 : 타락한 인간으로 하여금 창조목적을 완성케 하기 위하여 그들을 창조본연의 인간으로 복귀하여 나아가는 하나님의 섭리를 말한다.

　　복귀원리 : 복귀섭리는 창조목적을 다시 찾아 이루려는 재창조의 섭리이기 때문에 원리에 의하여 섭리하시지 않을 수 없다.

　　공식에 의해서 복귀되기 때문에 원리라고 한다.

프롤로그

하나님께서는 사도 요한을 기적적으로 살려서 계시록의 말씀을 쓰게 하셨다. 이것은 재림시대에 재림주님을 만난 자들에게 하늘이 가르쳐준 대로 올바르게 증거 하게 함이었다. 그러므로 요한계시록은 재림주님과 기독성도들의 연결고리다.

성경은 하나님의 감동으로 쓰여진 과거의 남의 신앙고백이지만 요한계시록만은 지금 이 시대의 참부모님과 우리 축복가정의 말씀이다. 그러므로 재림주님이신 참부모님을 만난 우리 가정연합 식구님들은 반드시 요한계시록을 이해하고 깨달아서 참부모님과 우리의 삶으로 온전히 증거해야겠다.

신약 예언의 성취자이신 참부모님

예수님이 메시아인가? 구약의 예언을 이루었기 때문이다. 참부모님이 재림주라면 신약의 예언서인 요한계시록의 말씀을 이루셔야한다.

대부분의 복음 사건들이 구약 예언의 성취로 소개했다. 참부모님의 사건들도 신약 예언의 성취로 해석할 필요성이 있다.

재림주님 증거방식

① 땅으로부터의 증거 : 하는 일을 보고 믿게 하는 방식(요10:25)
　　　　　　　　　　　　　　→ 기능적 방식
② 하늘로부터의 증거 : 예수 그리스도께서 보여준 대로 믿게 하는 방식
　　　　　　　　　　　　(계1:2) → 존재론적 방식

마11:27 : 내 아버지께서 모든 것을 내게 맡겨 주셨으니, 아버지 외에는 아무도 아들을 알지 못하며, 아들과 그 아들의 계시를 받는 자 외에는 아무도 아버지를 알지 못합니다.

재림주님을 우리가 쉽게 판단해서 알 수 없다. 하나님이 가르쳐 주어야 알 수 있다.

하나님이 요한계시록을 통해서 가르쳐주신 대로 참부모님이 메시아요, 재림주이심을 증거 해야 된다.

기독성도들에게는 하늘이 가르쳐준 요한계시록대로 재림주님을 증거해야겠다.

그래서 인류의 메시아요, 재림주요, 참부모님을 모시고 있는 가정연합 식구들은 모든 인류가 하루속히 참부모님의 품으로 돌아올 수 있도록 중보의 사명을 감당해야겠다.

참부모님이 승리하신 것처럼 우리 식구들도 신종족메시아의 사명을 완수하여 승리하는 데 도움이 되었으면 한다.

특히 요한계시록은 계5:5의 말씀처럼 '계시록은 재림주님과 재림주님을 만난 자만이 알 수 있다'고 되어 있는 것과 같이 재림주님인 참부모님을 만난 가정연합 식구들만이 참부모님을 온전히 제대로 증거할 수 있다.

성경은 과거의 남의 얘기지만 요한계시록은 지금의 재림주님과 축복가정의 말씀이다.

요한계시록은 AD 96년 예수님의 계시가 천사를 통해 요한에게 전해져 기록된 것이다(계1:1). 계시록은 22장 404절로 되어 있으며 구약의 400군데를 인용했다. 전체 구성은 계1:19 말씀과 같이 과거 현재 미래로 구성되어 있다.

1~18장 : 주님이 오셔서 사탄을 완전 굴복시키심(타락, 구원, 복귀)

19~20장 : 지상과 천상에서 하나님 나라 창건(재창조)

21~22장 : 주님이 참부모님(만왕의 왕)이 되어 하나님의 백성으로 찾아 세움

천년왕국설

계시록은 말세론이므로 천년설과 같다. (계20:4, 계20:6)

○전천년설 : 재림주님이 천년왕국 전에 오신다 → 7년 대환란 후에 재림

주님이 오셔서 휴거. 환란을 견디고 주님을 맞이하자. 주님이 다시 오실 소망을 말씀하셨다. (일반기독교)

폴리캅(서버나주교 등) 4C까지 주장했다. 19C 찰스 스펠전, 무디의 영향을 받고 언더우드가 한국에 왔다. 언더우드의 영향으로 한국에도 초창기에는 주기철, 박형룡, 박윤선 등 1960년까지 한국도 전천년설을 주장했다. 지금은 20% 정도만 주장한다.

○후천년설 : 재림주님이 천년왕국 후에 오신다 → 지금은 거의 받아들여지지 않음. 유럽이 복음화될 때 주님이 오시기 전에 천년왕국을 만들어서 준비하자. 그러나 1차, 2차 세계대전 이후 이런 주장은 없어졌다. 지금은 거의 주장하지 않는다.

○무천년설 : 현재 오고 있다. 문자적 천년이 아니고 상징적 의미이다. 눈에 보이는 천년왕국이 아니라 마음으로부터 성취되는 것이다. 4세기에 기독교가 공인되어 로마황제가 적그리스도라고 할 수가 없었다. 그러므로 이레나우스, 어거스틴은 무천년설을 주장했다. 루터 켈빈은 복음을 전하는 것이 사명이므로 역사적 종말론에 관심이 없었다. 한국은 1960년대부터 지금까지 80% 이상이 무천년설을 주장한다.

○세대적 천년설 : 공중 재림하기 전에 세대 구분(2000년 기독교사를 시대 구분함) → 조용기목사

◎신천지 : 7년 대환란이 끝나고 지상에 재림하시어 천년왕국 이루어진다. 주님하고 육신 쓰고 천년을 같이 삶(전천년설)

◎가정연합 : 재림주님이 7년 대환란을 같이 겪고 천년왕국을 이룬다.(계17:14, 계19:11) 깨어있는 교회가 없다. 계시록의 종말론이 없기 때문이다. 돌이키고 회개해서 주님을 만나서 영적으로 싸워 이기는 교회가 되자. 죽음

을 각오하고 목숨을 걸어야 성령의 인도함을 받는다.

지금은 재림시대이므로 이 시대에도 적용된다.

1. 예언의 말씀을 받은 일곱 교회가 사라센 제국의 침략을 받아서 모두 파괴됐다. : 일제 강점기의 핍박과 천왕숭배, 공산주의자에 의해 교회 파괴됐다.

2. 로마시대(문명적으로 부의 극치를 이루고 로마 중심으로 한 평화시대였다) : 기술문명 발달, 도덕·윤리, 가정 파괴

3. 이 세상 뒤에 있는 하나님의 구원 역사를 소망해야 된다. 신랑이 오니까 신부(교회)는 긴장해야 된다.

계시록 해석 유형

○과거파 : 당대의 사건들을 기록한 책 → 핍박받는 성도들을 위로하고 소망을 주기 위해서 썼다. 계1:3 → 예언의 말씀이라는 것을 간과했음

○역사파 : 세계사 혹은 기독교회사 전체를 계시한 것 → 잘못된 종파운동을 초래할 위험이 있지만 인류역사는 하나님의 섭리라는 사실을 부정할 수 없음

○극단적 미래파 : 교회가 구약 예언의 성취가 아니며 구약의 예언이 성취되기까지 교회는 임시방편으로 세워진 것으로 본다 (1장은 부활하신 예수님 환상, 2장 3장은 교회사 전체, 4장부터 22장은 최후에 일어날 것으로 봄. 문자적으로 천년왕국 주장함) 상징적 해석을 구체적으로 이해하려 한다. 그러므로 잘못된 자의적 해석이 많다. 예를 들면, 신천지.

○이상주의파 : 어떤 구체적인 사건이 아니라 하나님의 도덕적 통치원리로써 선악간 투쟁역사에서 선의 궁극적 승리를 뜻함

계시록의 시대적 배경

ㅇ정치적 상황 : 도미티아누스황제는 자신을 신의 위치에 올려놓고 숭배하게 하고(판테온 신전) 불복하는 자는 처벌했다. 그러므로 혹독한 신앙의 겨울을 맞이했다.

ㅇ종교적 상황 : 교회 내부에서는 열정이 식어가고 타락된 생활이 만연하게 됐다.

하나님의 나라가 곧 오니까 주님은 교회가 끝까지 믿음을 지키라고 권면하신다.

요한계시록에 대한 올바른 이해를 갖기 위해 간과해서는 안 될 내용

1. 요한계시록은 매우 논리적으로 잘 쓰여진 책이므로 전체 주제의 흐름과 각 장의 상징의 의미를 이해한다면 아주 쉽게 이해할 수 있는 책입니다. 물론 재림주님과 재림주님을 만난 자만이 알 수 있습니다.(계5:5)

2. 예수님으로 모든 계시가 끝난 것이 아니므로 재림주님은 새말씀을 갖고 오셔서(요16:12, 요16:25, 고전13:12, 계5:9, 계10:11) 많은 고난 가운데 사탄과 싸우면서(계6:2, 계9:15, 계17:14) 일곱 인을 떼서서 구원섭리를 이루십니다.(계5장)

3. 주님이 속히 오신다고 했는데(계1:1, 계22:6, 계22:7, 계22:12, 계22:20) 결과적으로 2천년이 걸린 이유에 대한 이해가 필요합니다.(계2~3장의 일곱 교회에 대한 이해가 필요합니다)

4. 오시는 주님은 언제(계3:10), 어떻게(계1:7), 어디로(계7:2) 오셔서, 무슨 일(계17:14, 계19:7~9)을 하시는지가 계시록의 말씀을 통해서 설명되어야 합니다.

5. 계시록 말씀의 네 가지의 비밀인 일곱별의 비밀과 일곱 교회(계1:20), 하나님의 비밀(계10:7), 음녀의 비밀(계17:5), 짐승의 비밀(계17:7)을 구체적으로 밝히 깨달아야 합니다.

6. 계20장의 천년이라는 단어가 여섯 번 나오는데, 각각의 그 의미를 잘 이해해야 천년왕국의 의미를 깨달을 수 있습니다.

7. 재림주님과 함께하는 성도들이 먼저 많은 환란과 고난을 받는다는 사실을 잘 깨달아야 합니다.(계8~9장)

8. 재림주님은 아담의 이상이요(창1:28, 창2:4), 예수님의 남겨진 이상인 참부부의 이상과 참부모의 이상을 갖고 오십니다. 그러므로 재림주님은 2천년 전에 돌아가신 그 예수님이 홀로 오시는 것이 아니고 반드시 육신 쓰고 참부모님으로(계19:7) 오신다는 것을 깨달아야 합니다.

9. 묵시 문학적인 형태를 사용했다. : 역사적 사실 보도의 관점에서가 아니라 문학적 장르에서 접근되고 해석되어야 한다.

이유 : 계시 내용을 적대자들로부터 숨기고 또한 신비화하기를 원했다.

현실에 대한 절망과 종말적인 여호와의 날에 있게 될 자신들의 구원에 대한 미래적 기대를 주제로 한다. (메시아 대망)

어떻게 읽을 것인가?

구원 역사 중심으로 : 그 나라의 완성 시기가 언제냐에 관심을 쏟을 것이 아니라 교회 시대에 영혼을 구원하는 자신의 사명을 하는데 관심을 가져야 한다. 교회는 세상을 두려워 할 것이 아니라 교회의 주인 되신 주님을 더 두려워해야 한다.

상징적 표현을 잘 이해해야 된다 : 666, 14만 4천, 아마겟돈, 짐승, 음녀, 바벨론, 기타 등등 종말의 예언에 대한 균형을 이루어야 한다. 복음적 교훈을 잘 이해해야한다.

요한계시록은 어떤 종류의 책인가?(3가지 문학 장르의 특성이 있다.)

1. 예언서 (1:3, 22:6~7, 22:18~19)

2. 서신서 : 전체적인 구조 (1:4~11, 22:21) 요한은 목회자로서 목양적 메세지를 많이 담고 있다.

3. 묵시(계시) 문학적 요소 : 내용과 양식 (BC 2세기에서 AD 1세기)

괴물 : 히랍신화 영향.

빛과 어둠 세력 쟁탈전 : 이란 종교 영향, 포로시대

예언은 설교지만 묵시문학에 속한다. 예언은 구체적인 상황에 처해있는 교회에 선포된 말씀이다.

묵시 : 어떤 구조를 가지고 어떤 목적을 위해 기록된 묵시적 표현이다. 조금 어렵다. 요즘은 묵시 장르가 없다.

1장부터 22장까지의 전체 요약

*1장 : 하나님께서는 초대교회의 일곱 교회가 심각한 종교 위기에 처해 있는 인간들에게 주님이 반드시 오셔서 최후의 승리자가 되시며 깊은 사랑과 권능으로써 사망과 음부의 열쇠를 가지신 구원자이심을 묘사했다.

*2장·3장 : 기독교 2천년 역사를 계시한 것으로 장차 오실 주님을 맞이할 준비기간의 비밀을 계시한 것임 (동시성 복귀섭리역사임)

영적 원칙 , 구원 섭리 원리 · 원칙을 잘 깨달아야한다.

창조에도 법이 있듯이 구원(복귀)에도 법이 있다. 창조원리와 복귀원리를 잘 이해해야 한다.

*4장 : 계시적 내용을 보고 회개하지 못하는 인류에게 대환란을 준비하는

장이다. 하나님이 친히 현현하셨으므로 24장로와 네 생물이 거룩하신 하나님께 경배를 드림

　*4장부터 22장까지는 미래계시임, 재림주님의 섭리에 관한 내용임

　*5장 : 하나님의 복귀섭리를 재림주님을 통해서 직접 주관하심, 일곱인의 대환란을 하나님이 직접 주관하시는 섭리임.

　완전하신 하나님은 완전한 인간을 통해서 섭리하신다. 그래서 메시아는 하나님도 필요하고 타락인간도 필요하다.

　*6장 : 재림역사의 전체 프로그램으로써 신약시대는 완전히 끝나고 재림시대를 출발함. 전체 일곱인의 비밀에 대한 계시록의 전체 시나리오임 → 6인을 떼심

　일곱 교회를 상징하는 2천년의 섭리가 종료될 말세에도 유대민족처럼 성직자와 지도자들이 회개치 않으므로 하나님의 진노가 내림 (재앙→탕감)

　*7장 : 일곱째 인을 떼기 전에 14만4천의 인침으로 하나님 나라의 소망을 먼저 주셨다.

　*8장 : 일곱째 인을 떼실 때에 첫째부터 넷째 나팔재앙까지의 내용임, 전 3년 반 (하늘편 재앙 1/3 소멸)

　독수리 천사를 통해 3번의 화로 깊어져가는 심판을 경고함

　*9장 : 다섯째 나팔재앙인 황충을 통해 사상적 대혼란을 계시함, 공산주의 사상 출현

　여섯째 나팔재앙은 유브라데스강에 결박한 네 천사를 풀어주면서 둘째 화 진행됨

　*10장 : 재림주님이 오셔서 하실 일 → 하나님의 비밀이 복음처럼 성취된다는 새말씀에 대한 소망을 주심

　*11장 : 일제 핍박시대(1920~54년 전 3년 반) 두 감람나무, 두 증인(기독교: 구교, 신교, 14만4천)이 활동하지만 짐승의 핍박으로 죽게 됨. 그러나 주님께서 승리하여 만왕의 왕이 되실 때 부활한다(계19:1. 2) 주님은 세상

을 영원히 통치하실 부모로 묘사됨(계 11:15. 17)

　*12장 : 6·25사변. 공산주의 핍박(전 3년 반 끝머리 후 3년 반 전반부 →
과도기에 전쟁 상황

　여자(조선)를 사탄이 일본과 북한을 통해 핍박함

　무저갱에서 올라온 짐승이 세상을 단번에 삼키려고 함. 마지막 나팔재앙
전으로 주님과 사탄 간에 치열한 투쟁을 벌인다. 세상은 주님을 알지 못하
고 핍박하므로 하늘섭리가 연장됨을 인식해야 됨

　*13장 : 50년대 상황. 두 짐승(적그리스도)들의 기세가 더욱 강하여짐

　*14장 : 주님은 시온의 영광으로 다시 한 번 14만4천의 인침을 보증함. 두
짐승의 핍박에 인내하는 하늘의 백성을 위로해 주는 장

　*15장 : 일곱 대접 재앙의 서막(계15:7) → 일곱 재앙이 끝나지 않으므로 성전
에 들어갈 수 없음(계15:8) 16장을 준하는 장. 16장 서론 (소망의 메시지가 있음)

　*16장 : 대접재앙이 일어남. 후 3년 반(사탄편 심판 : 전멸됨) 1955~89년
까지 : 공산주의 창궐하지만 멸망. 독수리의 셋째 화인 일곱째 나팔을 분 이
후(계11:15)에 대접재앙이 쏟아짐

　*17장 : 큰 음녀와 바벨론(적그리스도: 구소련을 중심한 공산국가)에 대한
본질과 그 심판을 말씀하심. 짐승의 비밀

　*18장 : 바벨론 멸망에 관한 것이 구체적으로 묘사됐다. 타락한 윤리 도
덕, 물신의 우상숭배, 퇴폐 자본주의가 멸망한다.

　*19장 : 지상 천일국 건설(2013년도) : 승리의 장이다. 탕감복귀 섭리(구
원섭리)가 끝나고 지상에서 네 번의 할렐루야를 찬양한다. 어린 양의 혼인
잔치가 이루어지면서 하나님의 나라를 건설한다.

　*20장 : 천상 천일국 건설(영계 재림부활장) : 하늘에서 내쫓긴 천사장과
악령들에게도 회개의 기회를 주면서 완전한 굴복과 구원을 하신다. 영적세
계에서는 곡과 마곡의 전쟁을 승리하면서 흰보좌 심판을 하신다.

*21장 : 하나님의 백성들이 새 하늘과 새 땅에서 어린 양과 신부를 중심하고(사위기대) 12진주문(12대상목적)을 통과해서 새 예루살렘에서 고통이 없는 삶을 이룬다. 어린양이 성전임(계21:12)

　*22장 : 하나님의 백성들 생명수의 강 좌우에 있는 생명나무를 통해 12가지 열매를 맺으면서 다시는 어둠이 없는 삶을 이룬다. 이 날을 위해서 재림주님이 곧 오신다(3번)는 희망의 메시지로 끝난다.

　*19장, 20장 : 천일국 하드웨어 (천일국 나라 건설)

　*21장, 22장 : 천일국 소프트웨어 (천일국 백성의 규범)

　복음이 커질수록 박해도 커졌다. 주님은 성도를 위로하고 격려하신다.

　교회는 어떤 모습으로, 성도는 어떤 신앙을 가져야 하겠는가? 참부모님의 승리를 상속받아서 열심히 싸워서 승리해서 참부모님을 맞이하자.

도표로 전체 주제 요약

신약시대		재림시대(1이래=7년대환란), 광야시대																성약시대(1992) 재창조섭리시대			
과거	현재(미래가 포함되어 있음)	미래계시																			
1	2	3	4	5	6	7	8	9	10	11	12	13	14	15	16	17	18	19	20	21	22

1920 (3 아래)　나팔재앙(8,9)　중간계시(10~15)　대접재앙(16)　1989(17,18)

화 화 화 3번 있음(1,2,3차 세계대전 예고)

　주님이 반드시 오셔서(계1~3장) 사탄을 멸하고(계4~18장) 하나님의 나라(계19~20장), 하나님의 백성(계21~22장)을 찾아 세운다. (방법은 복귀섭리의 원칙에 의해서 구원하심)

　1장 : 반드시 속히 오셔서 구원하심

2~3장 : 기독교 2천년을 통해 세계적 영적 기대가 조성되었음

4장 : 하나님께서 복귀섭리역사를 진행하심

5장 : 하나님의 복귀섭리역사는 재림주님을 통해서 일곱 인을 떼시면서 진행하심

6장 : 일곱 인에 대한 전체적인 시나리오를 보여주심

7장 : 일곱 인을 떼실 때 큰 재앙이 일어나므로 재림주님을 맞기 위해 정성들인 14만4천무리(상징)와 재림주님과 함께 고난에 동참해서 승리한 14만4천무리 (축복가정)는 재앙을 면케 하심(계3:10)

※하늘편(아벨)이 사탄편(가인)의 핍박을 당하면서 탕감조건을 세워서 믿음의 기대를 세운다. (전 3년 반) 예를 들면, 남의 자식과 싸울 때는 자기 자식부터 야단친다. 하늘편이 먼저 핍박당한다. 복귀 섭리는 용서의 섭리이다. 아벨을 먼저 복귀하는 것이다. 타락성 본성은 아벨도 있다. 탕감을 사랑으로 느낄 때 탕감이 된다. 그래야 복귀가 된다.

8~9장 : 나팔재앙. 사탄편에게 하늘편이 받는 고난

10~15장 : 중간계시로서 복귀섭리가 계속 진행되는 상황을 계시한 것이 아니고 8~9장의 나팔재앙과 16장 대접재앙 사이에 일어나는 내용이다. 특히 계시록

11~13장은 나팔재앙에 대해 구체적으로 설명하셨다.

14장 : 재앙의 내용이 견디기 어려우므로 하늘편에 소망을 주신다.

15장 : 마지막 재앙인 대접재앙을 내리기 위해서 하늘편이 준비하신다.

※사탄편(가인)이 중심이 되어 탕감조건을 세워서 실체기대를 세운다. (후 3년 반) 즉 죄악된 인류는 하늘편(아벨)에 순종해서 재림주님께 축복받고 하나님께 돌아오게 된다. 그러면 사탄은 인간과 수수작용할 수 없으므로

멸망하게 된다.

16장 : 대접재앙으로 하늘편이 사탄편을 심판하심

17~18장 : 대접재앙을 통해서 사탄과 사탄국가의 멸망을 구체적으로 설명하셨다.

19~20장 : 재창조 섭리의 장으로서 지상천국과 천상천국 건설에 대해서 설명하셨다.

21~22장 : 하나님 백성의 규범적 삶에 대한 내용의 말씀이다.

참부모님 말씀 : 구원섭리는 복귀섭리이기 때문에 묵시록하고 창세기가 맞아야 된다.(342권 01.1.9)

고통받는 공동체를 위한 소망의 메시지이다. 끝까지 참고 이겨서 새 하늘과 새 땅에서 만나자.

1장부터 22장까지 도표로 요약정리

신약시대			광야시대. 재림시대(1이래=7년대환란=70년대환란)=탕감복귀섭리시대															재창조섭리시대			
과거	현재 (미래가 포함되어 있음)		미래계시																		
1	2	3	4	5	6	7	8	9	10	11	12	13	14	15	16	17	18	19	20	21	22

1920

나팔재앙 / 중간계시 / 대접재앙 / 1989

화 화 화 3번 있음(1,2,3차 세계대전 예고)

		#	
신약시대	주님이 반드시 오셔서	1	"반드시 속히 오셔서 구원하심"(계1:1)
		2	7교회를 통해 메시아를 모시기 위한 준비기간의 비밀을 계시하심 (기독교 2천년을 통해 세계적 영적기대가 조성됨
		3	
광야시대* 재림시대 1이레* (단9:27) 7년 대환란 * 70년 대환란 * 복귀섭리 시대	사탄을 멸하고 (탕감복귀 시대, 사탄 분립시대)	4	복귀섭리 역사의 시작
		5	재림주님을 보내시면 일곱인을 떼시면서 복귀섭리를 진행
		6	일곱인에 대한 전체적인 시나리오를 보여주심
		7	14만 4천 무리가 재림주님을 맞이함. 그 가운데 재림주님과 고난에 동참해 승리한 흰옷 입은 무리가 나타남
		8	나팔재앙. 하늘편이 사탄편에서 받은 고난
		9	믿음의 기대를 조성
		10	중간계시(결국 하늘이 승리한다는 희망을 줌)
		11	나팔재앙을 설명함. 죽음과 부활
		12	11장:구·신교 핍박을 통한 죽음과 부활
		13	12장:선민국가와 재림주 핍박 받음
		14	13장:2짐승의 내용(구소련과 북한의 활동 → 공산주의 세계화
		15	14장:축복가정을 준비하심(고난을 견디기 위해 하늘편에 소망주심) 15장:사탄편에서 대접재앙을 내리는 준비
		16	7번째 나팔(대접재앙) 하늘편이 사탄편을 심판
		17	16장을 설명. 음녀(사탄, 붉은 용)와 짐승(공산당)을 멸함 17장:공산국가를 멸함(승공운동).
		18	18장: 타락한 자본주의를 절대사랑으로 멸함(순결운동)
재창조 섭리시대 성약시대 (가정연합 출범)	하나님의 나라와 하나님의 백성을 찾아 세운다	19	지상천국 건설
		20	천상천국 건설
		21	하늘 백성(축복가정)을 찾아 세움
		22	

순번	창세기	요한계시록
1	에덴동산(1:1), 처음 하늘과 처음 땅	하나님의 나라(21:1), 새 하늘과 새 땅
2	생명나무(3:22-24), 타락 후 금지된 나무	생명나무(22:2), 주님의 승리로 완 성한 인간
3	타락으로 참부부의 이상과 참부모 의 이상을 이루지 못함(창2:24)	참부부의 이상(계19:7)과 참부모 의 이상을 찾아세움(계22:17)
4	죄, 슬픔, 고통의 시작(3:16)	죄, 슬픔, 고통의 끝남(21:4)
5	첫 사망(2:17)	사망 지배(21:4)
6	첫 아담의 통치 : 실패(2:9,10)	주님의 통치 : 성공네 번의 할렐루 야 찬양(19장)
7	바벨탑 반역(창11장)	적그리스도의 멸망(16장)
8	뱀(사탄)이 하나님의 말씀가감 유 혹(3:4-5)	하나님의 나라 신천신지(계21:1) 말씀가감 불필요(22:18,19)
9	여자의 후손이 뱀의 머리를 상하 게 함(3:15)	계시록에서의 '여자'는 재림주님 을 잉태한 나라(12:2)
10	천지 창조(1:1)	새 하늘과 새 땅(21:5)

참부모님 말씀

'창세기가 인간의 타락을 기록한 장이라면 요한계시록은 복귀의 장이다.
그것이 안 맞으면 성경은 거짓말이다.'라고 했다. (참3.2.3:4, 89.11.7)

▶ 요한의 기독론적 관점 : 그리스도로 말미암아 구약에 나타난 하나님의 모든 구속적 경륜이 성취되었다는 것이다. 그러므로 종말에 반드시 이루어져야 하는 하나님의 구속 계획 성취가 그리스도로 말미암아 먼 훗날의 시점이 아닌 속히 이루어져야하는 순간이 온다. 라는 믿음을 갖고 있었다(단 2:28의 내용이 예수님으로 성취된다).

제1장

재림하시는 주님에 대한 환상과 재림의 약속에 관한 말씀이다. 초대교회의 일곱 교회가 심각한 종교적 위기에 처해 있을 때 주님은 반드시 오셔서 최후의 승리자가 되시며 세세토록 사망과 음부의 열쇠를 가지신 구원자이심을 묘사했다.

표제와 인사

1. 예수 그리스도의 계시라 이는 하나님이 그에게 주사 ①반드시 ②속히 일어날일들을 ③그 종들에게 보이시려고 그의 ④천사를 그 종 요한에게 보내어 알게 하신 것이라

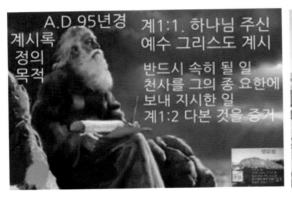

①하나님의 뜻에 있어서 100% 절대예정하신다.

*반드시 속히 일어날 일들을 보여주려는 내용은 무엇인가?

하나님의 뜻과 계획에 관련된 구속 사역을 이루기 위한 내용이다. 이 내용은 단2:28~29 배경으로 요한계시록의 메시지가 구약적 전망이 성취된 상태를 서술한다. 미래적 사건만이 아닌 현재 이루어진 일들에 대한 메시지를 담고 있다.

※ 요한이 썼지만 예수님의 계시 말씀이다.

계시의 점진성이 나타나는 원리 : 인간의 심령이 성장함에 따라서 나타난다.

반드시 속히 : 하나님의 심정은 구원역사를 지금 이 자리에서 곧 일어나길 바라신다. 하루라도 늦게 이루어지길 원하시지 않는다. 결과적으로 2,000년이 걸린 이유는 인간이 메시아를 맞을 준비가 되어야 보내줄 수 있다(기독교의 세계적 영적기대를 준비하는 데 2,000년 걸렸다).

*하나님의 책임분담 : 메시아를 보내주시는 것

인간의 책임분담 : 메시아를 맞을 심령의 준비(믿음의 기대, 실체기대)

메시아의 책임분담 : 구원(참부모님이 되서서 축복하심으로써 원죄 청산)

마24:36 : 하늘의 천사 아들도 모른다. 하나님만 아신다. 인간책임분담 수행여부에 의해서 재림의 때가 결정되기 때문이다.

②속히 : 예수 그리스도의 사역을 통하여 이미 시작되었을 뿐만 아니라 (과거적 측면) 성취는 계속되고 있다. (현재적 측면) 박해와 고통 속에서 하나님의 미래적 승리의 초대된 인생들이라는 것을 확인시킨다고 보아야 한다. 성취의 시작이 이미 되었고 (과거적 측면) 그 성취는 계속되고 있다 (현재적 측면) 미래는 완성된다. 곧 된다, 위로하셨다. 때가 차야 된다(갈4:4~6).

※신천지 오류 : 속히 일어날 일 : 전부 미래의 예언이라고 생각하면 안 된다. (계1:19) 과거 현재 미래로 되어있다. 예를 들면, 사8장 앗수루왕이 멸망된다. (구약의 예언이 구약에 이루어졌다.) 신약의 예언도 신약에 이루어졌다. (예를 들면 : 마테복음 24장 적그리스도가 나타났다. 요이1:7 적그리스도가 나타났다.)

*에베소 교회 : 책망했다는 것은 과거가 있었다는 것이다.

환상과 실상 : 환상 계시를 이만희가 실상을 가르쳐준다? 환상을 본 자가 실상도 얘기해줄 수 있다. 예를 들면, 계 2:13 안디바 상황, 현재 일곱 교회의 상황.

③기록하신 목적: 하나님의 뜻과 계획을 미리 알려주신다.(인간들에게 보이시고 구원에 대한 확신을 갖게 하고자 하신 말씀), 하나님→예수→천사→요한→종

※초대교인들에게 이해를 쉽게 하기 위해 효과적인 방법을 사용했다. 예를 들면 구약의 친숙한 양식과 구약의 성구를 400군데 인용하고 비유와 상징을 써서 알기 쉽게 이해시키려고 했다. 그 시대의 보편적 문화콘텐츠인 헬라의 연극양식을 사용했다.

희곡적인 구성을 이해할 필요가 있다.

④유대민족의 신앙관: 천사숭배사상

천사 : 헬라어(앙겔로스) : 하나님의 메신저를 의미한다. 하나님의 아들(욥1:6, 2:1) 거룩한 자(시89:5, 단4:13), 하나님의 사자(히1:13, 말2:7) ⇒ 인간보다 먼저 창조됐다(욥38:6)

위격 : 부리는 영(히1:14), 구속과 축복과 은총 받은 성도는 천사보다 높다(히 2:5~18). 천사를 숭배하면 안 된다.(골 2:18)

역할 : ① 하나님의 구속 계획 예고(창 18:9, 눅 1:11~20)

② 하나님의 백성을 인도(출14:19, 행 7:38) 하나님의 법도(갈3:19) 예언(계17:7)을 전한다③ 하나님의 백성을 보호(창 22:9) ④ 하나님의 백성을 도와준다(행 5:19 행 12:23)

⑤ 위와 같은 일을 하기 위해 비, 바람, 폭풍 일으킨다(계7:1, 계8:5), 대환란을 일으킨다. (계 9:14~21) ⑥ 하나님을 찬양한다(시103:20) ⑦부리는 영이다(히 1:14)

2. 요한은 하나님의 말씀과 예수 그리스도의 증거 곧 자기가 본 것을 다 증언하였느니라

하나님의 뜻을 있는 그대로 가감 없이 증거한다.

3. 이 예언의 말씀을 ①읽는 자와 듣는 자들과 그 가운데에 기록한 것을 지키는 자들은 복이 있나니 ②때가 가까움이라

①징계 받는 것만 나오는 것이 아니다. 복 받는다는 내용이 7개 나온다 (1:3, 13:14, 16:15, 19:9, 20:6, 22:7, 22:14) 요한계시록은 비관적이 아니라 오히려 신약에서 가장 낙관적인 책이다.

②때가 되면 비유로 하지 않는다.(요 16:25). 구원의 소망이 있으므로 바른길로 오라는 뜻이다(깨닫는 자도 복이 있다).

예언의 말씀으로 우리의 윤리적 삶의 변화를 촉구한다. 듣는 자는 복수, 듣는 자들이다. 지키는 자는 지키는 자들이다.

※ 계시와 예언의 의미

계시 : 계시의 큰 흐름이다(예를 들면 이사야, 다니엘, 에스겔). 언제나 있었지만 숨겨져 있어서 이전에는 밝혀지지 않았던 것을 '드러낸다'는 뜻이다. 성경은 점진적인 계시로 기록되어 있기 때문에 진리가 점차적으로 드러나는 경험을 하게 된다. 즉 이전에는 심령이 어려서 지각할 수 없었던 것을 이제는 지각할 수 있는 것이다. 물질적으로 보이지 않는 영적 실재를 드러내는 것이다. (고후4:18)

*일반 계시 : 자연 계시 (롬1:20) 만물에 나타난 하나님의 신성과 능력을 알 수 있다. 그러나 우리가 성경에서 볼 수 있는 구속자로서의 하나님의 지식을 얻을 수 없다.

특별 계시 : 예수님 자체가 구원의 말씀이다. 하나님의 영감을 받은 말씀이다.

성경은 하나님의 감동으로 쓰인 책이다. (딤후 3:16)

간접 일반 계시 : 하나님은 피조물이라는 매개체를 통해 자신을 계시하신다.

직접 일반 계시 : 하나님은 인간에게 하나님에 대한 선천적인 지식을 심어주셨다.

예수님의 출현으로 이미 시작되었고 예수님의 재림으로 완성되기 때문이다.(하나님의 나라)

*예언 : 실현될 것의 구체적인 내용이다. 궁극적 미래에 비추어서 현재나 가까운 미래에 순종하도록 하는 하나님으로부터 온 말씀이다. 지금 보이는 일시적인 세상보다는 눈에 보이지 않는 영적 실재를 바라보도록 하는 하나님으로부터 온 말씀이다.

※예언의 의미 : 다른 사람의 영적 유익을 위해 권면하고 위로하고 내면을 견고하게 하기 위한 것에 목적이 있다. (고전14:3) 단순히 미래를 예견하는 것이 아니다.

※예언의 목적 : 예고한 것이 그대로 이루어지는 것이 목적이 아니다. 나쁜일 심판을 피할 수 있도록 하기위한 경고의 말씀이다.(겔 33:11) 인간을 사랑하는 하나님은 인간이 심판받기를 바라는 것이 아니라 구원 받기를 원하신다.

요한계시록은 계시와 예언이 다 들어 있다.

4~6절 삼위의 하나님에 대한 말씀이 있다.

4. 요한은 아시아에 있는 ①일곱 교회에 편지하노니 ②이제도 계시고 전에도 계셨고 장차 오실 이시며 그의 보좌 앞에 있는 ③일곱 영과

①특정된 일곱 교회만이 아니다. 3절처럼 모두에게 하시려는 말씀이다.

교리적인 논쟁, 윤리적인 가르침이 있다. 교회의 문제에 대한 성경의 가르침이나 책망의 내용이 있다. 편지 형식 : 발신자, 수신자가 있다. 문안인사 : 사적 내용이 아니고 주님이 사도를 통하여 주시는 공적인 메시지이며 권위를 가진 말씀이다.

②현재-과거-미래 = 영원성 출3:14 스스로 계신다. 라는 표현보다 진일보

한 모습으로 표현했다.

③성령의 성격 7가지(사11:2)

※신천지 오류 : 환상이 아니다. 실제로 7교회가 있어서 편지했다. 문서로 남아있다.

※일곱 영 : 하늘수 3, 땅수 4 합한 7로써 완전수임. 성령의 완전성을 닮은 주님의 상징적인 모습이다.(계5:6, 슥3:9)

5. 또 충성된 증인으로 죽은 자들 가운데에서 먼저 나시고 땅의 임금들의 머리가 되신 예수 그리스도로 말미암아 은혜와 평강이 너희에게 있기를 원하노라 우리를 사랑하사 그의 피로 우리 죄에서 우리를 해방하시고 목회자의 사랑과 권면이 가득 찬 글이다.

피의 승리, 십자가의 구원. 성령에 감동한 자는 십자가는 저주가 아니고 구원임을 안다.(고전12:3)

※ 그의 피로 우리 죄에서 우리를 해방하시고 : 선민의 불신으로(고전2:8, 행7:51, 롬11:12) 모세를 통한 언약은 이스라엘의 불순종으로 파기됐다. 그래서 새 언약 즉, 믿음으로 말미암은 언약은 석판이 아니라 마음에 새겨야 한다.(렘31:31~34)

새 언약은 예수님의 피로 말미암아 종의 몸에서 해방을 받는 언약의 피, 구속의 피, 생명의 피로서 신약의 말씀이다.(히9:13, 롬5:8)

십자가의 보혈로 구속하신다는 내용이 계시록에서 5번 나옴 : ①계1:5 피로 해방 ②계5:9 피로 사서 하나님께 드렸다. ③계7:14 피로 씻음 ④계12:11 피의 증거로 이겼다 ⑤계19:13 피 뿌린 옷 → 하나님의 말씀이다(아픈 사연, 고난의 사연이 있다.)

십자가의 피는 하나님의 말씀이다(계 19:13), 진리의 말씀으로 우리를 낳으셨다. (약1:18)

오신 주님을 준비된 백성이 불신할 때는 피의 말씀이다. 즉 고난의 주(고난을 통한 구원)로 오신다. 그러나 준비된 백성이 책임분담을 완수해서 잘 믿게 되면 기쁨의 말씀, 즉 영광의 주로 오신다.

※신천지 오류 : 구원은 십자가의 보혈을 믿음으로 말미암아 되어 진다. 시대적으로 이만희가 비유를 풀어준 말씀으로 구원되는 것이 아니다.

6. 그의 아버지 하나님을 위하여 우리를 나라와 제사장으로 삼으신 그에게 영광과 능력이 세세토록 있기를 원하노라 아멘

※신천지 오류 : 신천지 사람들은 제사장이 되는 것이 목표라고 믿고 있지만, 벧전 2:9~10 이미 신약 성도들과 초대 교인들은 제사장이 되어 있었다.

7. 볼지어다 그가 ①구름을 타고 오시리라 각 사람의 눈이 그를 보겠고 그를 ②찌른 자들도 볼 것이요 땅에 있는 ③모든 족속이 그로 말미암아 애곡하리니 그러하리라 아멘

재림주님(미래)

①재림의 방법: 적그리스도 방지, 어려운 신앙노정 격려(단7:13)→준비된 14만4천을 상징한다. 거룩한 성도들의 무리이다.(히12:1,사19:1 빠른 구름)

※ 구름 타고 오심 : 비유

구름은 지상에서 더러운 물이 증발되어 올라간 것을 말한다. 그런데 계17:15을 보면 물은 타락한 인간을 상징하고 있다. 그러므로 구름은 타락한 인간이 중생하여 그 마음이 땅에 있지 않고 하늘에 있는 독실한 성도들을 의미하며 성서에서 군중(히12:1)을 표시한 말로 쓰여 있다.

*구름 타고 재림하실 것으로 말씀하신 이유

① 적그리스도의 미혹을 막기 위해서이다.

② 어려운 신앙노정을 걷고 있는 성도들을 격려하기 위해서이다.(로마 압정 핍박 가운데 성신의 은혜를 받아서 초대교회를 창건하였다)

*육신 탄생 : (사7:14, 사9:6, 미5:2)의 성서적 근거

초림 때도 구름 타고 오심(단7:13)→육신 탄생(마2:5) : 육신 탄생 부인하는 자 적그리스도(요2서 7절)

재림 때도 육신 탄생(계12:5)→믿음을 볼 수 없다고 했다(눅18:8).

고난 받았다(눅17:25).

예를 들면 엘리야(영왕하2:11)→세례요한(눅1:17, 마11:14, 마17:10) : 육신 쓰고 사명적 재림하신다.

재림주님도 2천년 전에 승천하셔서 영적 세계에 계신 예수님이 구름 타고 오시는 것이 아닙니다. 예수님의 남겨진 사명인 창조목적을 이루기 위해 오시기 때문에 준비된 성도들(구름) 가운데 육신 쓰고 사명적으로 재림하시는 것임을 분명히 깨달아야겠습니다.

구름 타고 오신다는 믿음은 고난을 받으면서 생긴 믿음이다. 구약 시대 이스라엘 민족이 가졌던 종말론의 전승이다. 하늘로부터 내려오는 종말이 아니라 내 속에서그릇된 삶이 종말 되어야 한다. 하늘은 높고, 인간은 낮은 죄인이므로 오직 하늘로부터 내려오는 은총에 살아갈 수 있었다. (영웅주의 신과 천민주의 인간관으로 잘못된 종말론을 갖게 됐다.)

기독교인이 참부모님을 믿지 않는 것은 메시아관이 다르다. 예를 들면, 구름 타고 오신다. 2천 년 전 그 예수님으로 오신다.

어떻게(계1:7) 언제(계3:10) 어디로(계7:2)

무슨 일(계17:14: 짐승을 멸한다. 계19:7~9: 기원절 '축복')

※ 성경의 많은 부분이 비유와 상징으로 쓴 이유

(시78:2, 겔20:49, 마13:10, 마13:34)

① 깊은 영적 진리와 보이지 않는 실재(사랑, 진리)를 말의 개념으로 설명하기 어렵기 때문에 비유와 상징으로 표현한다. 쉽게 설명하기 위해서이다. (마13:35)

② 심령이 어렸을 때는 비유와 상징으로 말씀하신다. (요16:12, 요16:25, 고13:12)

③ 시대적 요청이다(계5:9, 계10:11, 계22:10).

④ 사탄과 하늘편을 구분할 때 (마13:11)

⑤ 하나님께서 가르쳐 주면서 안 가르쳐 주었다는 입장에 서시기 위하여 (창2:16~3:13 : 예를 들면 죄의 근원, 선악과, 뱀의 정체) 인간 책임분담에 의해서 밝혀내야 한다.

종교개혁자들의 성경해석원리는 ①성경은 성경으로 해석한다. (성경의 한 책은 성경 내의 다른 책으로 해석한다.) ② 성경의 기록은 저자의 진실한 기록임과 동시에 오류가 없도록 성령께서 간섭하신 글이라는 사실을 믿는 것이다.(딤후 3:16~17)

②재림역사를 방해하는 자들(재림주님이 고난 받는다) (눅17:25, 마24:37~44)이다.

③육신 쓰고 오신 주님을 박해하므로 땅 위에 벌어질 상황이다.

오시는 예수님으로 말미암아 이 땅에 있는 모든 족속이 회개하게 될 것이며, 모든 역사를 주관하시는 전능하신 하나님으로 말미암아 모든 구속역사가 완성되게 될 것이다. 이것이 요한계시록의 핵심적 메시지이다.(7,8절)

8. 주 하나님이 이르시되 나는 알파와 오메가라 이제도 있고 전에도 있었고 <u>장차 올 자요</u> 전능한 자라 하시더라

주 : 존경을 표시할 때 신적 존재나 인간의 존재를 표현한다.

하나님의 아들 : 그리스도의 신성 인자 : 그리스도의 인성

구주 : 구원자라는 뜻이다. 구원자이신 하나님, 구원자이신 예수님이다.

시작과 끝, 영원한 존재성, 역사를 주관하시는 하나님, 단순한 영존성을 넘어 하나님의 종말적 오심을 역동성을 강조한다. 자신의 구속 계획의 완성을 마무리하기 위해 오신다.

역사에 대한 하나님의 주권을 강조했다.

알파 : 피조물보다 먼저 계시고, 인간 역사의 시작이다.

오메가 : 모든 인간의 역사를 넘어서 계신다는 점에서 마지막이다.

주님 오심의 목적: 심판이 아니고 구원이다(요12:47, 요5:22).

말씀이 구원과 심판이다.(요12:48)→십자가의 구원. 하나님의 말씀이다.(계19:13, 약1:18)

[그리스도의 명령] : 9절부터 19절까지 주님께서 아시아에 있는 일곱 교회에 서한을 보내게 된 경위와 그 뜻을 깨닫게 하시려고 밝힌 내용이다.

심각하고 절실한 문제에 직면하고 있다. 9~20절은 2~3장의 도입부분에 해당된다. 고난은 있어도 절망은 없다. 미래만이 아니고 현재적 교회를 붙잡아 주신다.

9. 나 요한은 너희 형제요 예수의 환난과 나라와 참음에 동참하는 자라 하나님의 말씀과 예수를 증언하였음으로 말미암아 밧모라 하는 섬에 있었더니

고난 가운데 있지만 성령에 사로잡혀 있다(은혜 가운데 있다).

당시의 고난과 박해를 나타낸다. 도미티아누스황제 시대에 황제숭배를 강요받았다. 자신들의 실존적 고난과 위기를 회피하거나 도피하지 않고 정면으로 헤쳐 나갈 것을 촉구한다. 요한은 사역을 위해 헌신하다가 모진 고난을 당하는 상황에서 과연 하나님은 지금도 통치하시는가라는 신정론에 관한 것이었을 것이다. 하나님이 전혀 역사하지 않는 것과 같은 현실에서 심각

한 물음을 하였을 것이다. 이에 대하여 예수 그리스도의 이상을 본다. 나약한 모습이 아니라 부활승천하신 찬란한 영광으로 가득 찬 모습으로 나타나셨다.

환란과 참음을 통해 하나님 나라에 동참하게 된다. 그리스도의 정체성이다. 천일국 백성은 어떤 공동체를 만들어야 하는가! 모든 축복가정은 신종족 메시아가 되는 것이다. 이것이 지금 이시대의 축복가정의 정체성이다.

10. 주의 날에 내가 성령에 감동되어 내 뒤에서 나는 나팔 소리 같은 ①큰 음성을 들으니

①하나님의 확정된(계획) 일이 일어날 때(보일 때). 14번 정도 나옴

주의 날 : 주님께 속한 상태이다.

성령에 감동되어 : 성령 안에 있다. 성령에 의한 황홀경의 상태이다.

주님께서 요한에게 사명을 주신 날을 의미한다. 한 주의 첫째 날이 주님의 날이다.

※ 나팔소리 : 하나님의 특별한 메시지이다.

구약 : 인간역사에 하나님의 개입을 상징한다(사27:13).

신약 : 주님의 재림과 깊은 관계가 있다(마24:31, 고전15:52, 살전4:16).

나팔소리는 인간을 향한 경고(습1:16), 전쟁신호이다(민10:2~7, 렘6:1, 딤후2:3).

11. 이르되 ①네가 보는 것을 두루마리에 써서 에베소, 서머나, 버가모, 두아디라, 사데, 빌라델비아, 라오디게아 등 ②일곱 교회에 보내라 하시기로

①요한은 예수님으로부터 본 것을 책에 써서
②만민에게 깨닫게 하시려고 일곱 교회에 보내라는 명령을 받았다.

사실성과 상징성을 동시에 내포하고 있다.

※왜 아시아에 있는 7교회인가?

이 지역에는 골로새, 히에라볼리 등 다른 교회들도 있었다(골4:13).

7의 특별한 의미

① 하늘수 3 + 땅수 4로서 하나님과 관련해서는 완전을 상징한다.

② 성경에서의 의미는 완전, 완성, 충만, 전체성을 상징한다. 예를 들면 7 영, 7별, 7교회, 7인, 7뿔, 7눈, 7나팔, 7천사, 7대접, 7천둥 7이라는 수를 자주 이용했다.

수가 있다는 것은 복귀섭리에는 원리(원칙)가 있다는 의미이다.

※요한은 계시와 환상의 내용을 효과적으로 전달하기 위해 구약의 친숙한 양식과 비유적 표현을 사용하는 한편, 헬라의 연극은 물론이고 구약의 극 (에스더, 욥, 아가, 요나)에 속하는 문학작품에서 기인한 연극의 배경과 양식을 사용했다. 그러므로 희곡적인 구성을 파악하면 요한계시록의 흐름을 이해하는 데 도움이 된다.

12~16절은 요한이 예수님에 대하여 본 내용이다. 예수님을 하나님, 왕, 제사장, 전쟁을 승리로 이끌어 가시는 전사로서 묘사하려는 목적이 있다.

12. 몸을 돌이켜 나에게 말한 음성을 알아보려고 돌이킬 때에 일곱 금촛대를 보았는데

교회 공동체의 중심으로 계시다. 7교회를 주관하고 통치하고 보호와 능력, 공급함을 받는 공동체임을 보여준다. 초림처럼 나약한 모습이 아니다.

세상을 비추는 교회(계1:20) 주님은 세상에 빛이 되는 곳에 계신다.

우리의 삶이 빛이 되면 함께 하신다.

13. 촛대 사이에 인자 같은 이가 ①발에 끌리는 옷을 입고 가슴에 ② 금띠를 띠고

에베소 교회에서 나타난 모습과 같다.

①권위의 상징이다(시104:1).

②완전성과 흠이 없는 의를 표상한다.

14. 그의 ①머리와 털의 희기가 흰 양털 같고 눈 같으며 그의 ②눈은 불꽃 같고

①흰색은 권위, 영광, 순결을 상징한다(단7:9).

②어둠(악)을 밝혀내는 예리한 공의의 눈을 표현한다.

(계2:18, 단10:6, 시139:23, 히4:13)

두아디라 교회에 나타난 모습

15. 그의 ①발은 풀무불에 단련한 빛난 주석 같고 ②그의 음성은 많은 물 소리와 같으며

두아디라 교회에 나타난 모습

①주님의 밝은 세상의 모든 죄악을 심판하실 말씀을 갖고 계신다(계2:18). 주석(구리):심판과 관련 있다.(성결함을 의미한다)

②말씀으로 세상을 심판하신다는 것을 나타낸다(사11:4)

16. 그의 ①오른손에 일곱 별이 있고 그의 ②입에서 좌우에 날선 검이 나오고 그 ③얼굴은 해가 힘 있게 비치는 것 같더라

①사데교회에 나타난 모습, 일곱 교회의 사자를 뜻한다(계1:20). 교회의 사자가 주님의 손안에 있으면서 가장 가까운 사이이다.

②버가모 교회에 나타난 모습이다. 살아 있고 능력 있는 하나님의 말씀이다(히4:12)

③주님의 거룩하고 눈부신 모습이다(마 17:1, 행26:13, 단10:8).

17~20절 요한이 예수님으로부터 들은 내용이다.

17. 내가 볼 때에 그의 ①발 앞에 엎드러져 죽은 자 같이 되매 그가 오른손을 내게 얹고 이르시되 두려워하지 말라 ②나는 처음이요 마지막이니

①요한을 안심시키고 세 가지 말씀을 주신다.

②주님의 영원성과 신성 예수님의 신적 권위를 나타낸다. 하나님과 동등한 것으로 강조한다.

18. 곧 ①살아 있는 자라 내가 전에 죽었었노라 볼지어다 이제 세세토록 살아 있어②사망과 음부의 열쇠를 가졌노니

①서머나 교회에 나타난 모습, 예수님은 육신이 십자가에 돌아가셨지만 영적으로는 영원성을 명시한다. 예수님의 신적 권위를 한결같이 강조한다. 항상 너희와 고난을 함께 하고 미래에는 영광이 주어진다. 역사의 주인공, 어린양 그 분 손 안에 미래가 있다.

②빌라델비아 교회에 나타난 모습, 성령을 거역하는 자들이 들어가는 곳이다(마12:31). 악령 구원까지도 주님의 권세에 달려 있다. 인류의 구세주로 오신다.

(벧전 3:19). 7인 재앙이 있다 하더라도 그 재앙이 어린 양 손 안에 있다. 두려워말고 미래의 소망을 가져라. 주님이 우리와 동행하신 발자국이 없는 날은 그 분이 우리를 업고 가신 시간이다.

하나님이 큰 권능의 오른손으로 나를 붙잡아 주시는데 고통이 있고 고난이 있는가? 주님이 과거와 현재를 대비하면서 승리의 길이 무엇인지 말씀하신다. 현재적으로 세세토록 살아 있는 승리를 얻는 길은 죽음을 통해서였음을 말씀하는 것이다. 고난을 통해서 면류관을 얻게 되었다는 것이다. 세상에서의 고난은 절대자의 저주나 인과응보의 시각으로 해석할 수 있겠지만, 우리는 탕감복귀를 이해함으로써 고난과 고통 속에 있는 하나님의 사랑과 용서를 깨달아야한다. 즉, 하나님 앞에 가까이 가기 위한 것이다. 기독교의 관점에서 주님을 위

해서 당하는 고난은 영원토록 승리하는 삶을 위한 영광의 관문이다.

19. 그러므로 네가 본 것과 지금 있는 일과 장차 될 일을 기록하라

네가 본 것 : 1장 이루셨고 (과거)

지금 있는 일 : 2~3장 이루고 있는 (현재)

장차 될 일 : 4~22장 이루실 것 (미래)

과거, 현재, 미래 → 사도요한사명을 확인시킨다.

※ '네가 본 것' : 요한이 지금까지 기록한 제1장의 말씀이다.

하나님의 계시, 주님의 지상 재림, 일곱 금촛대의 비밀, 주님의 얼굴, 주님 손에 있는 일곱 별의 비밀

'지금 있는 일' 2장 3장의 일곱 교회상황이다. 그러나 일곱 교회는 미래에 전개될 기독교 2000년 역사에 대한 하나님의 섭리적 내용이 계시되어 있는 중요한 장이다.

재림하신 주님만이 모든 비밀을 밝히시며 다시 예언하신다(계10:11).

장차 될 일' : 일곱인을 떼면서 시작되는 일곱 나팔재앙과 일곱 대접재앙으로 이어지는 하나님의 구원섭리에 관한 것이다(4장부터 22장까지의 내용).

20. 네가 본 것은 내 오른손의 일곱 별의 비밀과 또 일곱 금 촛대라 일곱 별은 일곱 교회의 사자요 일곱 촛대는 일곱 교회니라

그 시대의 사명자이다.

비밀 : 이후에 될 일로써 마지막에 반드시 일어날 일들이다. 교회 공동체는 성령에 의해 그 능력을 공급받고 그 존재의 의미를 발견하는 것임을 의미한다.

※ 계시록에는 4가지의 비밀이 있다.

① 일곱별의 비밀(계1:20) : 일곱 사자 → 계2장, 3장 언제 오시는가(계3:10)

② 하나님의 비밀(계10:7) : 창조, 타락, 복귀 → 언제 해결되는가? 일곱째 천사가 소리내는 날이다(계11:1).

③ 음녀의 비밀 (계17:5) : 재림주님이 와서 하실 일이다(사탄을 멸한다).

④ 짐승의 비밀 (계17:7) : 인류역사로 볼 때 적그리스도 국가(계9:1, 계11:7, 계12:3~9, 계13:1, 계14:19)

짐승을 이긴 자 (계15:2~5, 계17:14, 계6:2) 재림주님이 적그리스도(짐승)와 싸워서 이기신다.

교회에 보내는 편지 분석표

교회	에베소 (2:1-7) 사랑	서머나 (2:8-11) 고난	버가모 (2:12-17) 진리	두아디라 (2:18-29) 거룩함
주님 모습	하나님 일곱 별, 일곱 금촛대 주님(1)	부활하신 주님(8)	좌우에 날 선 검(말씀) 주님(12,16)	불꽃 눈, 빛난 주석 발의 주님(18)
칭찬	수고, 인내, 진실, 근면(2,3)	인내(9)	사단 위에도 충성(13)	사업, 사랑, 믿음, 섬김(19)
책망	처음 사랑 잃음(4) 관용이 없는 전통	없음 고난을 두려워하지마라.	거짓교훈, 행음, 우상(14) 교리와 타협 하지 마라.	이세벨 행음, 우상(20) 도덕의 타협, 부도덕을 용납함.
권면	①기억하라 ②회개하라 ③처음 행위 가져라(5)	죽도록 충성하라(10)	회개하라(16)	①회개하라 ②굳게 잡으라, 침상 던짐 (21-25)
경고	촛대를 옮기리라(5)	없음	사상전쟁(16)	큰 환란, 행위대로, 자녀를 죽임 (22-23)
약속	하나님의 낙원에 있는 생명나무의 과실을 먹게 하리라(7)	둘째 사망의 해를 받지 아니하리라 (11)	①감추었던 만나를 주고 ②흰 돌을 줄 터인데 ③그 돌 위에 새 이름을 기록(17)	①만국을 다스리라는 권세 줌 ②또 그에게 새벽별 주심 (26-28)
동시성 시대	초대교회 (기원~100년)	로마제국 박해 시대 (101~400년)	교구장제 기독교 교회 시대 (401~800년)	기독교 왕국 시대 120년 (801~920년)
내용	첫사랑이 식은 교회 시대로 예언	로마황제 10대 동안 가장 극심한 핍박과 환란 시대 예언	정치와 타협, 바벨론 이방신과 간음함	인구 9천 명 정도 소도시에 약 3천 명 의 신자 확보

우리교회는 주님이 어떠한 분으로 다가오는가

우리 교회가 주님에게 받을 책망은 무엇인가

교회에 보내는 편지 분석표

교회 이름	사데 (3:1-6) 진정성	빌라델비아 (3:7-13) 선교	라오디게아 (3:14-22) 온 맘을 다하라
주님 모습	하나님 일곱 영과 일곱 별의 주님(1)	다윗 열쇠의 권위적 주님(7)	아멘, 충성, 참된 증인, 창조근본(14)
칭찬	그 옷을 더럽히지 않은 몇 사람(4)	말씀 지킴,우상 멀리함 (8,9)	없음
책망	살았으되 죽은 영적 사망(1) 영혼이 죽어있다. 냉담하다	없음	미지근함(15,16) 물질 풍요 추구
권면	①일깨워라 ②굳게 잡으라 ③기억하라 (생각하라) ④회개하라(2,3)	굳게 잡으라(11)	금과 흰 옷과 안약 사라. 열심 회개(18,19)
경고	도적같이 임하리라(3)	없음	내 입에서 너를 토하여 내치리라 (분리)(16)
약속	①흰 옷을 입을 것 ②이름을 생명책에서 흐리지 아니함 ③아버지 앞, 천사장 앞에서 시인하리라(5)	①열린 문, 시험의 때를 면케 함 하나님 성전기둥이 되게 함 ②면류관 지킴, 나의 새 이름을 그 이 위에 기록(8-12)	문을 열면 더불어 먹으리라. 내 보좌에 함께 앉게 하리라 (20,21)
동시성 시대	동서왕조 분립, 교황포로 및 귀환 시대 (921~1516년)	메시아 재강림 준비 시대 400년 (1517~대환란기)	70년 대환란 (대환란 이후~현대)
내용	1517년 루터가 종교 개혁을 시도할 정도로 살았다는 이름은 가졌으나 실상은 거의 죽은 600년간의 교회 암흑시대 예언	온 땅을 시험. 새 예루살렘 예언. 놀라운 부흥운동 (감리교, 구세군, 성결교, 신령운동) 빌라델비아 교회 서신 →7년 대환란 예언. 환란을 피할 약속을 주심.	7년 대환란→70년 대환란으로 연장. 영적으로 타락한 교회 시대. 성경을 과학적으로 비평. 신학박사의 死神論 주장. 무신론공산주의,쾌락주의, 인본주의에 대한 출현 예언.

요한계시록의 일곱 교회 [요한계시록 ×장]

2,3장

현대교회 : 죽음을 맞이하기 전에 죽어가고 있다.

현대교인 : 생존은 하고 있는데 생명을 잃어버린 시대를 살아간다. 하나님의 음성을 듣지 못하기 때문이다. 참부모님을 만나서 이 시대에 하늘이 주시는 음성을 듣자.

절망적인 상황에서 현실을 다르게 봄으로써 희망은 실체가 돼서 절망적인 환경을 극복하고 소망을 바라보자. 우리가 만난 현실을 주님의 시선으로 바라봄으로써 이기는 것이 참된 신앙길이다. 현실을 보는 관점에서 이기는 식구가 되자. 우리는 주님이 핏 값을 지불하고 구속하신 귀한 존재들이다.

일곱 교회 : 너는 내 운명이다. 핏 값으로 산 교회를 포기하시지 않으신다.

일곱 교회에 대한 메시지는 주님이 주관하시는 교회를 향한 깊은 사랑과 기대를 볼 수 있다. 일곱 교회 의외에도 골로새, 막네시아, 드로와 등 여러 교회가 있었다. 일곱 교회는 사실성과 상징성이 있다. 묵시는 열려져있으면서 감춰져있다.

요한계시록의 해석과 적용 : 요한계시록은 적용의 역사이다. 초대교회의 역사적인 상황을 오늘날 시대에 어떻게 적용해야 하는가가 문제이다.

※타락한 인류는 재림주님을 맞기 위해서 메시아를 위한 세계적인 기대를 조성해야 한다. 즉 기독교를 통해서 믿음의 기대와 실체기대를 세워야 한다.

제2장

일곱 교회는 현재의 교회 상황을 가리키고 있지만 기독교 2천 년 역사의 각 시대에 대한(순서대로) 하나님의 섭리를 예언적으로 계시한 말씀으로써 재림주님만이 이 모든 비밀을 밝혀 주신다. 초림 이후 2천년 기독교 전 역사를 계시한 것으로 장차 오실 주님을 맞이할 준비기간의 비밀을 계시한 것이다. 동시성 섭리를 상징한 것으로 본다. 세대주의 전천년설이 어느 정도 부합된다.

일곱 교회에 말씀하실 때에는 언제나 여섯 가지 틀인 주님의 모습, 칭찬, 책망, 권면, 경고, 약속의 말씀을 주셨다.

에베소 교회에 보낸 편지

에베소 : 금융의 중심지, 다산의 여신을 숭배하는 중심지, 황제 예배 중심지

바울의 성공적인 목회지로 3차 전도여행 때 세워졌다(AD 53~58) 회개하지 않아서 262년에 망했다. 일설에 의하면 요한은 예수님 어머니 마리아를 이곳에 모셔 생활하다가 장사를 지냈다고 한다. 소아시아로 들어가는 가장 좋은 항구에 위치해있다. 선교 전략의 요충지이다. 예수님~100년 : 초대교회, 첫사랑을 잃은 교회이다. 열정이 식었다. 현재의 교회 상황을 얘기하지만 미래의 계시내용이 들어 있다. (사랑은 없고 형식과 의식만 남은 상태)

1. 에베소 교회의 사자에게 편지하기를 ①오른손에 일곱 별을 붙잡고 ②일곱 금 촛대 사이에 다니시는 이가 가라사대

선지적 메시지로 이해해야 한다.

특징 : 심판과 회개를 촉구하는 메시지와 종말적 약속을 담고 있다.

①장차 오실 주님께서 항상 성도들을 가까이서 당신의 권능의 주권 아래 두시고 어떤 세력에도 파멸되지 않도록 보호하신다.

②당신의 이름으로 빛 가운데 있으면 항상 함께 하신다.

※신천지 오류 : 일곱 교회에게 편지를 보내고 있다. 실제이다. 환상 중에 썼으면 글과 문서가 어떻게 남아있었겠는가?

2. 내가 네 행위와 ①수고와 네 인내를 알고 또 ②악한 자들을 용납지 아니한 것과 자칭 사도라 하되 아닌 자들을 시험하여 그 거짓된 것을 네가 드러낸 것과

①황제숭배 강요②거짓선지자에 대한 분별력과 통찰력, 예수님의 성육신 하심을 부인하는 무리의 도전이 있었지만 굴복하지 않았다.

거짓사도 : 우상숭배와 같은 이교적 행위를 적당하게 기독교적 진리와 혼합하려는 시도를 한다.

3. 또 네가 참고 내 이름을 위하여 견디고 게으르지 아니한 것을 아노라

4. 그러나 너를 책망할 것이 있나니 너의 처음 사랑을 버렸느니라

주님에 대한 열정적 사랑을 잃고 형식과 의무만 남았다.

교리(말씀)를 많이 공부 한 교회이다. 정통파 교회로써 교리적 분별력을 갖고 있다. 그러나 사랑으로 감당하지 않고 의무와 형식으로 하게 되었다. 타락의 종착역은 죄를 짓는 것이지만, 타락의 시작은 주님을 향한 사랑이 식는 것이다. 생명이 없는 형식적 전통주의자가 됐다. 우리는 처음 사랑을 지금도 가지고 있는가 스스로에게 물어 봐야 한다.

※신천지 오류 : 과거가 있다. 미래에 이루어진 예언이 아니다.

5. 그러므로 어디서 떨어진 것을 생각하고 회개하여 처음 행위를 가지라 만일 그리하지 아니하고 회개치 아니하면 내가 네게 임하여 네 촛대를 그 자리에서 옮기리라

회개하면 잃어버린 예수 그리스도에 대한 사랑을 회복한다. 예를 들면,

제자들도 마가의 다락방에서 회개하므로 성령의 사랑을 받았다.

생각하고 비교하고 회개해서 처음 사랑을 가지라.

6. 오직 네게 이것이 있으니 네가 니골라당의 행위를 미워하는도다 나도 이것을 미워하노라

※ 니골라당 : 니골라는 처음에는 금욕주의였으나 제자의 그릇된 행위로 니골라 3세 때는 육체의 해방을 부르짖었다.

니골라당의 가르침

첫째 : 은혜와 복음의 시대이기 때문에 더 이상 율법과 관례에 얽매일 필요 없다. 이것은 기독교의 자유와 불신의 방종을 구분하지 못했다.

둘째 : 헬라 철학을 받아들여 사람의 영은 죄가 없고 순결하여 육신이 아무리 먹고 마시고 방탕하고 음란하여 쾌락을 추구해도 영혼에는 상관이 없다고 했다. 육신은 근본적으로 악하다고 했다.

셋째 : 예수님 안에 있는 자는 항상 예수님이 보살펴 주시기 때문에 무엇을 하든지 죄가 되지 않는다고 하여 교회를 어지럽혔다. 교회 안에 계급제도를 만들었다.

니골라당, 발람, 이세벨 : 우상숭배와 음행에 관련된 행위였다.

7. 귀 있는 자는 성령이 교회들에게 하시는 ①말씀을 들을찌어다 ②이기는 그에게는 내가 하나님의 낙원에 있는 ③생명나무의 과실을 주어 먹게 하리라

①들음 : 하나님 나라의 진리에 대해 마음을 열고 들으라는 선지적 경고이다. (사6:9~10)

②이김 : 종말적 약속이 수반된다. 이김의 형식이 각 교회 공동체의 정황에 따라 다르다. 처음 사랑을 회복하면 이긴다. 에베소 교회는 처음 사랑을 회복하려는 촉구이다. 교회들에게 라는 복수 사용은 각각의 메시지가 한 교회만을 향하고 있는 것이 아니라 다수의 모든 교회를 향하고 있는 것을 분명히 한다.

③주님의 말씀으로 진리의 사람, 사랑의 사람이 되어지는 것을 말한다.

※생명나무 : 구약인, 신약인의 소망으로서(잠13:12, 계22:14) 창조이상을 완성한 남자 주님을 지칭하는 것이다.

　　※신천지 오류 : 영생에 관한 말씀은 구약 때도 있었고, 신약 때도 있었다. 이만희만 영생 주는 게 아니다.

　　영생의 의미: 헬라어로 올람하바로서 새로운 시대, 즉 기쁨과 행복의 시대가 도래한다는 뜻이다. 현시대(헬라어:올람하제)는 고통과 불행의 삶이다. 그러므로 예수님 말씀에 나를 믿고 따르면 영생한다는 뜻은 올람하제의 시대에서 올람하바의 시대의 삶으로 전환한다는 뜻이다. 예수님 믿으면 육신의 생명이 연장된다는 뜻이 아니다. 메시아 재림주 참부모님은 새로운 시대인 천일국, 즉 기쁨과 행복의 영생의 시대를 열었다.

　　*성령의 의미: 요14:26 보혜사는 성령, 요16:7 보혜사를 보내주신다. 요20:22 성령을 받으라고 하셨다. 오순절에 성령이 120명에게 임했다. 행2:33 약속하신 성령을 부어주셨다. 행4:8 베드로가 성령에 충만했다. 엡4:4 성령은 한 분, 고전12:11 성령은 한 분이다.

　　보혜사의 의미 : 그리스도와는 다른 실체이나 본질적으로는 동일한 종류의 보혜사를 약속하신 것이다. 보혜사 성령은 지상에서 교회시대에 활동하는 성령의 기능을 강조하는 용어이다.

　　성령 : 제3위의 하나님으로서 구원자신 예수님의 구속 사역을 돕고, 증거하며 계속하시는 대리자이다.

　　※신천지 오류 : 일곱 교회 중에서 어느 교회도 버린 곳이 없었다.(소망 주신다)

　　배도 : 가망성이 없을 때 사용한다. 서머나, 빌라델비아교회는 배도하지 않았다. 계2:13 안디바도 배도하지 않았다. 베드로, 바울은 배도했지만 멸망시키지 않았다. (살후2:3 배도멸망구원은 틀린 내용이다) 마24:4 미혹하는 자가 먼저 나왔다(거짓 선지자). 멸망자이다.

서머나 교회에 보낸 편지

서머나 : 아름답고 훌륭한 해안 도시. 로마와 인도와 페르시아로 가는 교통의 중심지. 무역-과학-의술이 발달한 부유한 도시. 제우스를 섬기는 제단이 있고 황제숭배의 중심지. 종교의 집산지로 유대인이 많이 살고 있었고 로마제국을 충동질하여 기독교인들을 처형하는 데 선봉에 섰다. 300년 동안 기독교인들이 박해를 받았다. 황제숭배 거부 → 잔인한 박해를 받았다.

101~400년 로마박해시대, 부활하신 주님 : 부활론(계20:4~6), 10일 박해 : 로마의 10황제가 박해했다, 기독교 천년왕국의 초석이 되었다.

8. 서머나 교회의 사자에게 편지하기를 ①처음이요 마지막이요 ②죽었다가 살아나신 이가 이르시되

① 역사의 주인이신 창조주이심을 각인시켰다.

② 투옥과 사형을 앞둔 이들에게 부활의 소망을 갖게 하고 확신을 갖게 한다.

9. 내가 네 환난과 궁핍을 아노니 실상은 네가 부요한 자니라 자칭 유대인이라 하는 자들의 비방도 알거니와 실상은 유대인이 아니요 사탄의 회라

'여호와의 총회'라고 자부하던 유대인을 비꼬아 한 말이다. 유대인들이 사탄의 사주를 받아 복음과 교회를 핍박한 사실을 강조한 말이다. 로마제국과 밀착하여 기독교인들을 거짓으로 고발하여 사형장으로 끌어냈다(행 13:50,14:2,19장17:5).

경제적 구조가 황제숭배로 이루어져있으므로 거부하면 직업을 갖기 어려웠다. 그래서 초대교인들은 가장 부유한 곳에서 경제적으로 빈곤했다.

사탄(비난자 훼방꾼) : 타락한 천사장 루시엘(창3:1~13)

사탄의 실체 : 시험하는 자 (마4:3, 살전3:5), 악한 자(마13:19), 참소하는 자(계12:10), 원수(마13:39), 마귀(벧전5:8), 마귀의 왕(마9:34, 계12:4) 세상 통치자(요12:31), 공중권세 잡은 자(엡2:2), 바알세불(마10:25), 붉은 용(계12:9), 온 천하를 꾀는 자(계12:9)

차수	연도	로마 황제명
1 차	64	네로
2 차	90 년경 ~96 년	도미티아누스
3 차	98~117	트라야누스
4 차	117~138	하드리아누스
5 차	161~180	마르쿠스 아우렐리우스
6 차	202~211	셉티무스 세베루스
7 차	235~236	트라키아의 막시미누스
8 차	249~251	데키우스
9 차	257~260	발레리아누스
10 차	303~311	디오클레티아누스 갈레리우스

10. 네가 ①장차 받을 고난을 두려워 말라 볼찌어다 마귀가 장차 너희 가운데서 몇 사람을 옥에 던져 시험을 받게 하리니 너희가 ②십일 동안 환난을 받으리라 네가 죽도록 충성하라 그리하면 내가 생명의 면류관을 네게 주리라

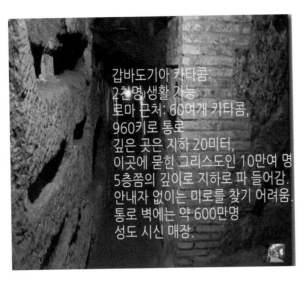

갑바도기아 카타콤:
2천명 생활 가능
로마 근처: 60여개 카타콤,
960키로 통로
깊은 곳은 지하 20미터,
이곳에 묻힌 그리스도인 10만여 명
5층쯤의 깊이로 지하로 파 들어감.
안내자 없이는 미로를 찾기 어려움.
통로 벽에는 약 600만명
성도 시신 매장.

① 순교를 예고했다.
② 첫 번째 박해자 네로 황제 (AD37~68년까지) 열 번째 디오클레시안 황제까지 (AD303~312년까지)박해가 심했지만 그가 죽은 뒤 25년 만에 기독교가 공인됐다.

소련 공산당도 10대째 망했다.

환란기를 이김으로 기독교 왕국의 초석이 됐다.

단1:12~15 배경이 있다 : 시험기간이다.

죽임을 당할지라도 영광스러운 부활이 기다린다. 예수님이 영생을 주신다. 죽기까지 신실할 수 있을까 생각하게 한다.

※로마박해시대에 그리스도인들의 삶 : 초대 기독교인은 지하에 카타콤(무덤)과 같은 곳에서 비밀리에 예배를 드렸다. 자신의 신분을 알릴 때는 물고기(헬라어: 이쿠투스)라는 말을 썼다. 이 글자가 '예수 그리스도는 하나님의 아들 구세주'란 말의 첫 자와 일치한다. 60개의 카타콤이 있었는데 총 길이가 960km나 되었고 지하 20미터에 5개 층으로 된 것도 있었다. 로마박해기간에 600만 명 정도가 지하 통로 벽에 매장되었다.

11. 귀 있는 자는 성령이 교회들에게 하시는 말씀을 들을지어다 <u>이기는 자는 둘째 사망의 해를 받지 아니하리라</u>

환란과 핍박에 견디어내면 재림주님과 함께 승리했다.

첫째사망 : 아담

아담의 불신으로 사망했다.

둘째사망 : 예수님 불신한 자(영적죽음) 재림주님의 새말씀을 받지 못하여 하늘백성이 되지 못한다는 뜻이다(계20:14, 계21:8). 둘째 사망의 해 : 하나님의 최후의 심판을 받아 영벌에 처하게 되는 것을 가르킨다.

※신천지 오류 : 이기는 자는 계2:13 안디바, 계3:4 몇 명의 사람 즉, 여러 명이 있었다.

첫째 사망인 육체적 죽음이 없다고 가르치지만 성경 말씀은 둘째 사망이 없다고 가르치신다. 영적 사망이다.

버가모 교회에 보낸 편지

이교적 숭배 행위 중심지이다. 여러 다양한 신들이 많았다.

버가모 : 소아시아의 수도, 정치권력, 이방신 숭배, 학문의 중심지로 화려한 도시 바벨론 종교의 본거지 : 니므롯 왕이 구 바벨론을 세웠던 곳이다(창10:8~14).

니므롯 : 큰 사냥꾼, 노아홍수 이후로 그가 메시아인 줄 알았다. 비극적으로 죽었다. 그의 아내 세미라미스가 니므롯을 이용하여 종교를 만들었다.

세미라미스는 자기 남편인 니므롯을 아들처럼 자기가 품에 안고 있는 모습을 그림으로 그렸다. 자기를 성모인 것처럼 나타내어 자기를 통해서 구세주가 나온 것처럼 종교를 만들고 제도화 했다. 바벨론 종교가 로마로 진출하였으며, 이 종교를 육성했다. 정치적으로 이용하여 황제숭배 하게 했다. 다마스커스 감독은 바벨론 종교를 혼합해서 세미라미스를 성모마리아로 이름만 바꾸었다. 미켈란젤로의 조각상 피에타(주여, 불쌍히 여기옵소서 : 거룩한 동정)

400년~800년 교구장제 신정 일체(황제가 교황이 됨) 전쟁에 이용했다: 죽음을 두려워하지 않았다(기독교의 내세 신앙). 이단이 많이 나왔다.

투철한 신앙을 가지고 있음에도 불구하고 이단적 가르침에 빠질 수 있다는 사실을 인식해야 한다.

12. 버가모 교회의 사자에게 편지하기를 좌우에 날선 검을 가진 이가 가라사대

공의와 권위와 강력함을 지닌 말씀심판 모습
버가모는 황제 숭배의 중심지이기 때문에 단호한 어조로 시작한다.

13. 네가 어디 사는 것을 내가 아노니 거기는 ①사탄의 권좌가 있는 데라 네가 내 이름을 굳게 잡아서 내 충성된 ②증인 안디바가 너희 가운데 곧 사탄이 사는 곳에서 ③죽임을 당할 때에도 나를 믿는 믿음을 저버리지 아니하였도다

①황제를 숭배하고 분향했다. 여러 신전이 많았다. ②순교자의 의미, 버가모 교회의 감독으로 도미티아누스황제 때 끓는 청동 솥에 삶아져서 죽임을 당해도 배도하지 않았다. ③인내하는 교회의 대표적 모형

14. 그러나 네게 두어가지 책망할 것이 있나니 거기 네게 발람의 교훈을 지키는 자들이 있도다 발람이 발락을 가르쳐 이스라엘 앞에 올무를 놓아 우상의 제물을 먹게 하였고 또 행음하게 하였느니라

발람, 니골라당은 사랑을 잘못 적용했다. 책망하려는 것은 비난하려는 것이 아니라 회개시키려고 하신다.

발람의 교훈 : 거짓 선지자의 악한 교훈과 가르침을 조심하라. 안디바 같은 순교의 피가 있었는데 발람의 교훈을 쫓은 것은 교회가 사랑을 잘못 적용한 것이다. 사랑은 있으되, 진리가 부족했다. 에베소는 진리는 있으나 사랑을 잃어버렸다. 민22:1~6, 민24:1 모압 여인과 육체적으로 행음하고 그들

의 신들과 영적인 음행을 했다

15. 이와 같이 네게도 니골라당의 교훈을 지키는 자들이 있도다

세상과 타협하고 향락을 즐겼다.

투철한 신앙을 가지고 있음에도 불구하고 이단적 가르침에 빠질 수 있다는 사실을 경고한다.

16. 그러므로 회개하라 그리하지 아니하면 내가 네게 속히 임하여 내 입의 검으로 그들과 싸우리라

진리를 타협하지 마라.

17. 귀 있는 자는 성령이 교회들에게 하시는 말씀을 들을찌어다 이기는 그에게는 ①내가 감추었던 만나를 주고 또 ②흰 돌을 줄 터인데 그 돌 위에 ③새 이름을 기록한 것이 있나니 받는 자밖에는 그 이름을 알 사람이 없느니라

①내가 감추었던 만나 : 메시아의 말씀축제, 영원한 축복을 받는다.
②흰 돌 : 메시아가 주관하는 축복식에 참여할 수 있는 초청장이다.
죄를 사했다(무죄판결 할 때 흰 돌을 꺼냈다).
③새 이름 : 메시아로부터 축복을 받음으로 생명책에 기록된다.

두아디라 교회에 보낸 편지

계속적인 제사(형식주의), 800년~920년 기독교통일왕국시대(카알대제) 이세벨의 행음(계2:20) 솔로몬 행음, 만국을 다스릴 권세(계2:26)

두아디라교회 : 인구 9천 명 정도의 소도시에서 3천 명 가량의 신자를 확보하는 놀라운 부흥을 했다. 의미는 미사 즉 '계속적인 제사'를 뜻함과 같이 형식주의에 빠져 영적인 음행에서 벗어나지 못했다. 그러므로 기독왕국시대 이후 동서로마 400년 분립시대를 맞이했다.

18. ①두아디라 교회의 사자에게 편지하기를 그 ②눈이 불꽃같고 ③그 발이 빛난 주석과 같은 ④하나님의 아들이 가라사대

①제사에만 치중하고 순수한 신앙이 타락되고 바벨론 종교와 혼합하여 영적인 음행 했다. ②주님의 통찰력 모든 일을 두루 살피신다. ③격렬한 심판 ④제우스의 아들, 아폴로에 대응해서 참아들은 예수님임을 강조했다.

19. 내가 네 사업과 사랑과 믿음과 섬김과 인내를 아노니 네 나중 행위가 처음것보다 많도다

모든 제반 행동 : 교회가 세상의 권세를 잡았다. 우리가 처음보다 좋았는가 물어보신다.

균형 잡힌 영성을 소유하고 있는 수준 있는 신앙이다. 에베소 교회와 반

대로 말씀하셨다.

20. 그러나 네게 책망할 일이 있노라 자칭 선지자라 하는 여자 ①<u>이세</u><u>벨</u>을 네가 ②<u>용납함</u>이니 그가 내 종들을 가르쳐 꾀어 행음하게 하고 ③<u>우상의 제물</u>을 먹게 하는도다사탄의 조종을 받은 개인 지도자다.

①이스라엘 아합왕의 아내가 되어 우상숭배와 부도덕의 화신이다(왕상 16:31). 아합의 부인을 연상하게 한다. 이스라엘 신앙의 공동체를 와해시켰다. 유혹적인 것을 가르쳤다.

②잘못된 말이나 행위를 수용하는 것 바알숭배에 넘어가서 신앙 공동체를 와해시켰다.

③행음(영적 간음), 경제적 이익과 관련해서 침투했다.

21. 또 내가 그에게 회개할 기회를 주었으되 그 음행을 회개하고자 아니하는도다

22. 볼찌어다 내가 그를 ①침상에 던질 터이요 또 그로 ②더불어 간음하는 자들도 만일 그의 행위를 회개치 아니하면 큰 환난 가운데 던지고

①고통과 질병을 상징한다.
②이세벨의 가르침을 따르던 자들이다.

23. 또 내가 사망으로 <u>그의 자녀를 죽이리니</u> 모든 교회가 나는 사람의 뜻과 마음을 살피는 자인 줄 알찌라 ①<u>내가 너희 각 사람의 행위대로 갚아 주리라</u>

실제 그 당시에 많은 사람이 성병으로 죽었다.

①행위대로 갚아주신다. 행위심판 공의의 하나님, 공평하신 하나님. 교회에 있는 자나 교회 밖에 있는 자나 같다.

네 번의 행위심판 사상이 언급된다. (계22:23, 18:6, 20:12~13, 22:12) 회개하기를 바라신다.

인간의 권력 : 17장 공산주의 권세 멸망 (로마 황제의 권세에 굴복하지 말 것)
돈에 대한 과신 : 18장 자본주의 멸망 (경제적 이익과 타협하지 말 것)

야고보 : 수신자가 예루살렘 성도, 예수님을 믿는 자에게 유대인보다 올바르게 생활하라고 행위를 강조했다.

바울 : 수신자 이방인 성도, 예수님을 모르는 자에게 믿음을 강조했다(칭의 은총).

지금 이 시대는 예수 그리스도를 많은 사람이 알고 믿기 때문에 믿음의 강조보다 행위와 실천을 강조해야 된다.

24. 두아디라에 남아 있어 이 교훈을 받지 아니하고 ①소위 사탄의 깊은 것을 알지 못하는 너희에게 말하노니 ②다른 짐으로 너희에게 지울 것이 없노라

영지주의 영향을 받아 자생하면서 자신들만이 하나님의 깊은 곳을 안다고 했지만 사실은 이세벨 집단이 사탄의 깊은 곳이라고 말씀하셨다.

이세벨은 사탄과 대결하는 데 가장 효과적인 방법은 행음으로 그 본거지 안으로 들어가는 일이라고 주장하면서 음란을 행했다. 이런 내용을 소수의 사람만이 그 진위를 간파할 수 있었다.

①주님은 다 아신다. 달콤한 약속, 신비한 비밀을 풀어준다고 유혹한다. 예를 들면 요가, 사주팔자, 신비주의

②경제적 손실과 우상 숭배 거부 외의 다른 십자가는 없다.

영지주의(지식 그노시스) 1c~2c : 혼합적 종교철학(헬라철학, 동양의 세계관)

영지(경이로운 마법적 지식) 최초인물 : 마술사 시몬(행8장)

그리스도가 취한 육신은 참육신이 아니고 가짜였다고 주장하는 학설(그리스도 가현설이라고 한다.) 인간의 구원은 그리스도의 영의 힘으로, 육체를 벗어나 영화되는데에 있다고 주장했다. 3C에 쇠퇴했다(요2서 1:7). 이단으로 규정했다.

※발람 : 속이는 자 : 성적문란을 통해서 우상숭배를 하도록 유혹했다. 세상에 순응하라고 가르쳤다.

니골라당 : 세상과 분리되지 말자. 구별되지 말자. 우리가 속한 사회에 순응하라고 가르쳤다.

이세벨 : 달콤한 유혹으로 신비주의에 빠지게 해서 교회를 와해시켰다.

25. 다만 너희에게 있는 것을 내가 올 때까지 굳게 잡으라

26. ①이기는 자와 끝까지 내 일을 지키는 그에게 ②만국을 다스리는 권세를 주리니

유혹을 이기면 권세를 줬다.
①끝까지 남을 수 있는가. 심각하게 권면하신다.
②복음을 섬기는 자. 군림이 아닌 왕 같은 제사장. 통치와 양육의 책임이다.
만국을 다스릴 권세를 주리라. 제사장을 삼아서 왕 노릇 하리라. (왕(王)의 의미는 하늘과 땅과 인간을 연결시키는 자이다. 즉 천지인참부모님이다.)

27. 그가 철장을 가지고 저희를 다스려 질그릇 깨뜨리는 것과 같이 하리라 나도 내 아버지께 받은 것이 그러하니라

말씀으로 사탄을 괴멸한다.

28. 내가 또 그에게 ①새벽 별을 주리라 (미래)

주님의 상징이다(계22:16).
①고난받는 성도들이 부활 후에 별처럼 영원히 빛날 것이다. 이긴 자들의 불멸성. 메시아적 통치에 대한 또 다른 표현이다.

29. 귀 있는 자는 성령이 교회들에게 하시는 말씀을 들을찌어다

이기는 자에게 주어지는 종말적 약속 : 영생에 관한 것을 다양한 방법으로 표현했다. 구원을 얻을 수 있는 자들은 영적 전쟁에서 승리해야 한다. 메시지의 본질은 위로와 격려다.

※에베소 : 사랑(소망)이 없다.
버가모 : 진리가 없다. 발람과 니골라 당에 속하는 거짓 교사를 용납한 이유는 사랑을 잘못 적용했다.
두아디라 : 달콤한 유혹(공동체 와해) 사탄의 깊은 곳으로 초대하는 달콤

한 약속 때문이다. 1세기에 신비종교가 번창했다. 예를 들면, 영지주의. 신비종교는 정통교회에서 풀 수 없는 비밀을 풀어주고, 기사와 이적 같은 것으로 사람들을 미혹했다. 예를 들면, 기독교적이지 않지만 훨씬 종교적이고 신비한 것을 추구하는 것 : 초월적 명상, 심령술, 점성술, 사주팔자

※일곱 교회는 로마시대의 상황에서 일어난 예언이기도 하지만 그러나 거기서 멈춰서는 안 된다. 우리는 더 나아가 그리스도인으로서 우리의 믿음과 삶을 위해 영구적으로 유효한 영적 원칙, 구원(복귀)섭리역사의 원칙을 깨달아야 한다. 역사는 동시성 복귀(구원)섭리역사이므로 재림시대에도 로마시대와 같은 현상이 나타난다는 것을 알아야 한다.

인류역사의 과정을 살펴보면 비록 그 정도와 범위의 차이는 있지만 지나간 어느 시대에 있었던 것과 흡사한 형의 역사적 과정이 뒤 시대에 반복되고 있는 사실을 많이 발견할 수 있다. 사가들은 이러한 역사적인 현상을 보고 역사노정은 어떠한 동형의 나선상을 돌고 있다고 말하고 있지만 그 원인이 어디에 있는지를 전혀 알지 못하고 있다. 어떤 시대가 그 전시대의 역사노정과 흡사한 모습으로 반복되는 경우 그러한 시대를 섭리적 동시성의 시대라고 한다. 이 현상은 본래 하나님의 탕감복귀섭리에 기인하고 있다.

섭리적 동시성의 시대는 어찌하여 생기는가? 복귀섭리의 목적을 이루어 나오는 과정에서 되어진 모든 사실들이 역사를 형성해 나왔다. 하나님의 뜻에 대한 예정은 절대적이기 때문에 하나님은 다른 인물을 그의 대신으로 세워 새 시대를 다시 세워 나가는 것이다. 따라서 새 시대는 전시대를 탕감복귀하는 시대가 되기 때문에 다시 한번 똑같은 노정의 역사를 반복하게 되어 섭리적 동시성의 시대를 형성하게 되는 것이다.

그러므로 일차적으로 요한계시록은 초대교인들에게 알려주는 계시의 말씀이지만 모든 세대의 그리스도인들에게도 적용되는 말씀이다. 하나님의 복귀섭리의 원칙을 이해함으로써 전 시대에 걸친 하나님의 복귀섭리가 어떻게 진행되는지 이해해야 한다. 그래야만 지금의 재림시대에도 하나님의 계시가 재림주님을 중심하고 어떻게 이루어지는가를 알 수 있다.

제3장

921~1516년(600년) 동서왕조분립 및 교황포로 및 귀환시대. 중세암흑기, 교회의 모습, 교황 박해가 심했다. 십자군전쟁(1095~1456년) 예루살렘인 7만명 죽임, 더럽고 부패했지만 깨끗한 사람이 있었다(계3:4).

(알비젠시스 운동, 왈덴스 운동, 요한클리프 운동, 제롬 사보나로라 신부, 마르틴 루터)

사데 교회에 보낸 편지

도망쳐 나온 사람을 의미한다. (600년 암흑시대) 과거에는 화려한 도시, 주전 1200년경 이디야 왕국 수도로서 전설적인 부의 상징을 의미한다. 사데는 전쟁과 재난이 많은 곳이다. 죽음과 생명의 관심이 많은 도시다. 겉은 아름답지만 속은 썩었다.

1. 사데 교회의 사자에게 편지하기를 하나님의 ①일곱 영과 일곱 별을 가진 이가 가라사대 내가 네 행위를 아노니 네가 살았다 하는 이름은 가졌으나 ②죽은 자로다

책망부터 하시지만 그래도 회복시키고자 하는 의지가 계시다. 너는 내 운명 버릴 수 없다.

①일곱 교회를 보호 보존하기 위해 존재하는 일곱 천사, 주님은 그 당시 무기력한 사데교회를 권면하면서 소수의 충성된 사람들을 보호 보존하시고 격려하기 위해 성령과 천사(사자)를 보내시며 나타난다. 성령과 메신저의 주관자다. 성령의 힘으로 살리시려는 의지가 나타난다.

②점점 열정이 사라지고 믿음이 식어진 상태이다.

2. 너는 일깨워 그 남은바 죽게 된 것을 굳게 하라 내 하나님 앞에 네 행위의 온전한 것을 찾지 못하였노니

경고하는 신호가 무엇인지 우리는 그 음성을 듣고 있는지 생각해 봐야한다.

3. 그러므로 네가 어떻게 받았으며 어떻게 들었는지 생각하고 지키어 회개하라 만일 일깨지 아니하면 내가 도적같이 이르리니 어느 시에 네게 임할는지 네가 알지 못하리라

깨어 있지 않으면 도둑같이 오신다(살전5:2, 벧후3:10) 깨어 있으면 도적 같이 오시지 않는다(살전 5:4~6절). 초림 때 유대인들은 주님을 알아보지 못해서 도적같이 오셨다. 회개하면 희망은 있다.

4. 그러나 사데에 그 옷을 더럽히지 아니한 자 몇명이 네게 있어 흰 옷을 입고 나와 함께 다니리니 그들은 합당한 자인 연고라

무기력한 모습 가운데 순수한 신앙을 지킨 자가 있다. 암흑시대이지만 희망의 불씨가 있다. 이교적인 것과 타협하지 않는 자가 있다. 이기는 자가 있다. : 루터

5. 이기는 자는 이와 같이 흰 옷을 입을 것이요 내가 그 이름을 생명책에서 반드시 흐리지 아니하고 그 이름을 내 아버지 앞과 그 천사들 앞에서 시인하리라

구원에 대한 확고한 보증이다. 법정에서 하는 고백을 가리킨다. 법정구속력을 말한다(마10:32, 눅12:8). 미래 계시가 포함되어 있다.

6. 귀 있는 자는 성령이 교회들에게 하시는 말씀을 들을찌어다

빌라델비아 교회에 보낸 편지

 형제사랑의 의미, 1518~1920년 메시아 재강림준비시대, 19세기 말~20세기 초(구세군, 감리교, 성결교, 신령운동, 시험의 때 면한다. 재림의 때를 말씀한다(계3:10).

7. ①빌라델비아 교회의 사자에게 편지하기를 ②거룩하고 진실하사 다윗의 ③열쇠를 가지신 이 곧 열면 닫을 사람이 없고 닫으면 열 사람이 없는 그이가 가라사대

①빌라델비아 교회는 서머나교회와 같이 책망 없이 큰 칭찬만 받은 교회이다.

②구별된다, 분리된다는 뜻으로 하나님을 표현할 때만 사용된다.

(사6:3, 호11:9, 요17:11), 절대완전한 분(요1:9)

③왕정국가 시대에 권위와 통치를 상징한다. 이스라엘 전체를 통치하시는 주님께서 메시아적 약속이 예수님에게 성취된 것으로 해석한다. 메시아 왕국이 도래한다. 구원과 심판에 대한 권세를 가지고 계신다는 뜻이다. 모든 심판을 아들에게 맡기셨다(요5:22).

8. 볼찌어다 내가 네 앞에 열린 문을 두었으되 능히 닫을 사람이 없으

리라 내가 네 행위를 아노니 네가 적은 능력을 가지고도 내 말을 지키며 내 이름을 배반치 아니하였도다

일곱 교회 중에서 열악한 환경에도 가장 뜨거운 교회로 칭찬받았다. 일곱 교회 중 가장 복음화가 활발했다. 세계적인 복음화를 상징한다.

말씀을 지키고 배반하지 않으려면 인내와 환란에 동참해야한다.

9. 보라 ①사탄의 회 곧 자칭 유대인이라 하나 그렇지 않고 거짓말 하는 자들 중에서 몇을 네게 주어 저희로 와서 ②네 발앞에 절하게 하고 ③내가 너를 사랑하는 줄을 알게 하리라

①계2:9절에 서머나 교회와 같이 유대인들이 주님을 메시아가 아니라고 부인하고 주님을 메시아로 믿는 사람을 핍박하는 자들이다.

②주님이 이 땅에 오실 때 모두 무릎을 꿇게 하시며 성도들에게 영광을 얻게 하실 것이다. 유대인을 회개하게 한다.

③주님의 사랑에 의한 핍박이므로 끝까지 책임져 주실 것이다.

10. 네가 나의 인내의 말씀을 지켰은즉 ①내가 또한 너를 지키어 시험의 때를 면하게 하리니 이는 ②장차 온 세상에 임하여 땅에 거하는 자들을 시험할 때라

주님을 언제 오시는가?
시험의 때 면케 함(3:10)
7년 대환난

다니엘
다니엘이 바벨론에 포로로 잡혀간 시기는 소년기였으나 그는 바벨론의 풍요과 향락에 물들지않았다.
하나님의 계명을 지키고자 노력하였으므로.

다니엘이 말한 바 멸망의 가증한 것이 거룩한 곳에 선 것을 보거든(마24:15)
(읽는 자는 깨달을 진저)

매일 드리는 제사 패하며 멸망케 할 미운 물건을 세울 때부터 1,290일 지나 1,335일이르면 복이 됨. (단12:11,12)

다니엘 선지자 초림 정확 재림예언 (단8~12장)
저작연대: B.C.6세기 추정. 너무 정확하여 의심할 정도.

①선책임 후은사, 계7:1~4 에 해당된다.

②**재림의 때**(모름: 마24:36, 안다: 암3:7, 마24:4~9, 행 2:17, 살전5:4) 주님이 오실 때 세상이 말세가 된다. 마24:15 → 단12:11, 단9:27(7년 대환란) 세상 종말 때는 믿지 않는 자는 심판이고 믿는 자는 구원이다.

〈재림의 때 관련 성구〉

①마24:15 그러므로 너희가 선지자 다니엘이 말한 바 멸망의 가증한 것이 거룩한 곳에 선 것을 보거든 (읽는 자는 깨달을진저)

②단12:11 매일 드리는 제사를 폐하며 멸망하게 할 가증한 것을 세울 때부터 천이백구십 일을 지낼 것이요 단12:4 마지막 때 빨리 왕래하고 지식이 더한다. (19~20세기) 단12:7 성도의 권세가 깨진다. (한때 두때 반때) 민14:34 너희는 그 땅을 정탐한 날 수인 사십 일의 하루를 일 년으로 쳐서 그 사십 년간 너희의 죄악을 담당할지니 너희는 그제서야 내가 싫어하면 어떻게 되는지를 알리라 하셨다 하라

※시험의 때를 면하게 한다. 온 세상에 시험이 온다(말세). →마24:15

주님이 오실 때는 단12:11을 적용하셨다(언제 오시는가?) 단12:4 마지막 때 단12:7 한 때, 두 때, 반 때(성도 권세가 깨진다) BC605~538년

단12:11 미운 물건 이후(재림때) : 마호메트가 630년 1월 메카정복(예루살렘 뺏김), 3대 성지 중의 하나이다(아브라함). 마호메트가 날개 달린 말을 타고 승천했다는 믿음이 있다. 691년 성전 건축했다.

630+1290일(민14:34 : 1일=1년) = 1920년(기록된 형벌과 진노의 날이 끝나는 날) 눅21:22

1920+45(단12:12) ⇒복이 있다고 한다. 1965년(아버님이 1년 내내 순회하면서 성지를 택하면서 세계적으로 구름을 만들었다(세계택지선정)).

다니엘서 : 주님이 언제 오느냐를 간절히 기도했다.

초림과 재림이 정확히 예언되어 있다(단8장~12장).

재림주님의 역할을 하려면 다니엘서에 정확히 맞아야 한다. 재림주님은 오셔서 노아 때와 같이 인자의 때도 고난 받았다(눅17:26). 주님이 고난 받지 않는다는 전천년설은 틀렸다. 70이레를 통한 하나님 나라의 회복(단9:24~27) : 렘25:9 : 바벨론 포로 끝나고 고국으로 돌아가는 것을 알고 싶었다.

〈7년 대환란 관련 성구〉 (단9:24~27)

24. 네 백성과 네 거룩한 성을 위하여 일흔 이레를 기한으로 정하였나니 허물이 그치며 죄가 끝나며 죄악이 용서되며 영원한 의가 드러나며 환상과 예언이 응하며 또 지극히 거룩한 이가 기름 부음을 받으리라

25. 그러므로 너는 깨달아 알지니라 예루살렘을 중건하라는 영이 날 때부터 기름 부음을 받은 자 곧 왕이 일어나기까지 일곱 이레와 예순두 이레가 지날 것이요 그 곤란한 동안에 성이 중건되어 광장과 거리가 세워질 것이며

단9:25 : 7이레+62이레=69이레, 69×7(1이레는 7일)=483-445=AD38년 (윤년 5년 빼면 33년. 예수님 예루살렘 성 입성(실체성전))

(기원전 445년 파사나라의 아닥사스다왕이 예루살렘 중건 명령하셨다. 이후 483년 지나서 윤년 5년 빼고 AD 33년 실체성전이신 예수님 오심)

26. 예순두 이레 후에 기름 부음을 받은 자가 끊어져 없어질 것이며 장차한 왕의 백성이 와서 그 성읍과 성소를 무너뜨리려니와 그의 마지막은 홍수에 휩쓸림 같을 것이며 또 끝까지 전쟁이 있으리니 황폐할 것이 작정되었느니라

단9:26 62이레 후에 : 62×7=43.4년 기름 부음을 받은 자와 성읍과 성소가 한 왕이 와서 훼파시켰다. 예수님 33세에 돌아가신 이후 43.4년 약 AD 70년에 로마황제 티투스에 의해 이스라엘 멸망됐다.

27. 그가 장차 많은 사람들과 더불어 한 이레 동안의 언약을 굳게 맺고 그가 그 이레의 절반에 제사와 예물을 금지할 것이며 또 포악하여 가증한 것이 날개를 의지하여 설 것이며 또 이미 정한 종말까지 진노가 황폐하게 하는 자에게 쏟아지리라 하였느니라 하니라.

마24:15(종말예언) : 역사는 동시성 복귀섭리역사로 진행하기 때문에 AD 70년에 일어나는 것이 재림 때에도 일어날 수 있다.

26절 27절의 의미

26절. 이스라엘민족이 오신 메시아를 책임 다해서 믿고 모시지 못하면 홍수에 휩쓸리는 것같이 황폐하게 될 것을 예언하셨다. 실제로 예수님 이후 하나님의 섭리는 유대교에서 재림주님이 오실 때까지 교회(기독교)시대를 맞이하게 되었다. 이 기간 동안에 유대민족은 디아스포라로 세계 각지를 유랑하며 핍박을 받아오다가 1945년에 독립했다.

27절. 그리고 남은 한 이레(7년 대환란)를 마치면 모든 죄악이 끝난다는 것을 예언하는 말씀이다. 실체적으로 1920년 참아버님의 탄생으로 재림시대가 시작되면서 1989년 공산주의 종언을 선포하시면서 환란의 시대를 끝냈다.

성전건축 3번

① 솔로몬 → 바벨론 느브갓네살에게 기원전 586년 파괴됐다.

② 스룹바벨(영적 의미로 예수 그리스도 상징 BC 538년 5만 명 이끌고 이스라엘로 돌아옴)로부터 시작해서 에스라, 느헤미아를 거쳐서 기원전 536년 기초해서 20년 후 완성됐다. 기원전 168년 시리아의왕 안티오쿠스 에피파네스 4세에 멸망됐다.

③ 헤롯(이방인 분봉왕) 유화정책으로 기원전 20년 착공하여 AD 63년에 완성했다. AD 70년 티투스장군(황제) 로마에 무너짐(벽만 남아 있음. 통곡의 벽(회교성전 있음))

[69이레]
하나님의 언약
(렘31:31)
예루살렘 입성(32.4.6)
(마21:1-11)
다니엘 예언성취
(단9:24,25)
33년=445+69이레
(483년=69x7)

신천년설

	초림 ↓ 박해 · 천년왕국	재림주님 1920년 ↓ 박해 · 승리	신원 할렐루야(19:1) 3대 축복(19:3, 창1:28) 하나님 참보좌(19:4) 하나님의 나라 통치(19:6) 어린양 혼인잔치(19:7) ↓〈신천신지〉
BC445↑ 구약시대 4천년	↑〈69이레〉… 신약시대 (단9:25,26훼파 홍수엄몰 황폐)	〈1이레〉 70년 대환란 (3:10, 마24:15, 계20:3; 단9:27; 12:11; 민14:34)	영원한 하나님의 나라 (19:1~6; 21:1~5; 22:5; 11:15,17)

↑ 적그리스도 출현
(일제침략, 볼셰비키 혁명,
제1 · 2차 세계대전, 공산화,
라오디게아형 적그리스도)

↑ 아마겟돈 전쟁
영계구원: 곡과 마곡의 전쟁
(벧전3:18~22)
영계입성: 흰보좌 심판
(히9:27; 마18:18)

신약시대 : 20장 큰 용이 천 년 동안 무저갱에 갇혀있는 상태

영원한 하나님의 나라 : 천년왕국 : 기원절부터 천년왕국이 시작돼도 의롭지 못한 자, 배도자, 음행하는 자는 있다.(계22:11,15)

70이레를 통한 하나님나라의 회복(단9:24~27)

구약	신약~69이레	재림시대~1이레(7년 대환란=70년 대환란)	재창조(신천신지)
단9:24 ~27 7년 대환란 예언	마24:15 종말예언 단12:11 주님 오심 630+1290 1920년 오심	계4장~18장 계3:10⇒마24:15⇒단9:27(민14:34 1일=1년) 재림주님 하실 일 : 계17:14(짐승. 멸함), 계19:7(어린양 혼인잔치(축복)) 7년 대환란(1이레 황폐함) 전 3년 반 : 나팔재앙(하늘편 탕감 받음 1/3 멸망) 후 3년 반 : 대접재앙(사탄편 재앙. 전멸) 이 기간에 3번의 화가 있음(계8:13)	계19~22장 계19:7 기원절 축복 계21:9~22 가정적 사위기대를 통한 영원한 창조목적인 선의 세계를 이룬다 계22:17 참부모님을 통한 영생

11. 내가 속히 임하리니 네가 가진 것을 굳게 잡아 아무나 네 면류관을 빼앗지 못하게 하라

8절에서처럼 예수님에 대한 신실한 태도를 갖춘 자이다.

12. 이기는 자는 내 하나님 ①성전에 기둥이 되게 하리니 그가 결코 ②다시 나가지 아니하리라 내가 하나님의 ③이름과 하나님의 성 곧 하늘에서 내 하나님께로부터 내려오는 ④새 예루살렘의 이름과 나의 새 이름을 그이 위에 기록하리라

①하나님의 장막에 있게 한다.
②하나님나라에 영원한 백성으로 삼는다.
③하나님나라 시민권을 준다.

④하나님의 이름으로 백성을 삼는다. 하나님의 임재와 통치를 누리는 영역을 의미한다. 새 예루살렘은 가정완성을 이룬 공동체이다. 하나님의 임재로 성령이 충만한 하나님의 백성이 있는 곳이다.

13. 귀 있는 자는 성령이 교회들에게 하시는 말씀을 들을찌어다

라오디게아 교회에 보낸 편지

민권교회, 인간중심의 의미를 가졌음, 1920년 이후 현대교회. 주님을 받아들이지 않으므로 영적고갈, 무신론의 공산주의와 인본주의 출현 로마제국에 충성해서 행정 중심의 도시가 되었다. 섬유, 금융으로 부유한 도시가 되었다

14. ①라오디게아 교회의 사자에게 편지하기를 ②아멘이시요 충성되고 참된 증인이시요 하나님의 창조의 근본이신 이가 가라사대

①전혀 칭찬받지 못한 교회이다.

②하나님 구원의 약속이 성취될 것, 확실히 될 것 새 창조의 사역을 배경으로 한다. 재림주님의 새 시대이다.

15. 내가 네 행위를 아노니 ①네가 차지도 아니하고 더웁지도 아니하도다 ②네가 차든지 더웁든지 하기를 원하노라

①두 주인을 섬길 수 없다(심판: 선악분립, 구원, 선을 통해서 악을 구원하심), 주님을 믿는 신앙에 있어서 분명한 입장을 요구한다. 골로세 지역에서 분출되는 신선한 물이다. 히로에 폴리스는 약용으로 사용되는 뜨거운 물이다.

②분립하지 않으면 역사할 수 없다.

16. 네가 이같이 미지근하여 더웁지도 아니하고 차지도 아니하니 내

입에서 너를 토하여 내치리라

17. <mark>네가 말하기를 나는 부자라 부요하여 부족한 것이 없다 하나 네 곤고한 것과 가련한 것과 가난한 것과 눈 먼 것과 벌거벗은 것을 알지 못하도다.</mark>

<mark>마지막 교회: 현재의 교회를 얘기한다.</mark> 재물축복이 하나님의 영광을 드러내지 못함으로 하나님을 떠나게 했다. (하나님의 고민) 영적 분별력을 요구한다. 우상숭배에 가담했다.

18. 내가 너를 권하노니 내게서 ①불로 연단한 금을 사서 부요하게 하고 ②흰 옷을 사서 입어 벌거벗은 수치를 보이지 않게 하고 ③안약을 사서 눈에 발라 보게 하라

①베드로의 견해처럼 믿음을 의미한다(벧전1:7). 영적 부요를 얻도록 촉구한다. 순결함에 대한 성경적인 표현이다(벧전1:7).

②주님의 은혜와 속죄의 흰옷으로 입어라 교회 공동체의 정체성을 회복하라.

③영적인 빈곤과 수치를 깨달아서 영성을 회복하라 영적 분별력을 가져라

19. 무릇 내가 사랑하는 자를 책망하여 징계하노니 그러므로 네가 열심을 내라 회개하라

그리스도와 관계를 새롭게 하라.

20. 볼찌어다 ①내가 문밖에 서서 두드리노니 누구든지 내 음성을 듣고 문을 열면 내가 그에게로 들어가 그로 더불어 ②먹고 그는 나로 더불어 먹으리라

①주님이 이미 오래전부터 지금까지 계속해서 친구가 되기를 각자의 마음 문 밖에서 기다리고 계신다. 이미 오셔서 두드린다. 에베소교회나 버가모교회는 아직 오시지 않았으나 라오디게아교회에는 이미 오셨다(재림시대

이후의 교회를 상징한다).

②친교를 나누고 싶다.

21. 이기는 그에게는 내가 내 보좌에 함께 앉게 하여주기를 내가 이기고 아버지 보좌에 함께 앉은 것과 같이 하리라

주권을 강조하는 말씀이다. 하나님의 통치와 심판에 의미가 있다. 종말론적인 약속으로 이 땅에 불의와 맞서야 하며 자신의 영적인 태만에 대하여 몸부림을 쳐야 하는 용기와 인내가 있으라 당부하셨다.

22. 귀 있는 자는 성령이 교회들에게 하시는 말씀을 들을찌어다

라오디게아 교회는 교회사적으로 볼 때 현대를 상징한다. 의미로는 민권교회를 뜻한다. 이 시대는 현대로써 20세기 초기에 들어와서 독일로부터 시작된 이성주의와 과학실증적 접근방법으로 신학을 철저히 비평하기 시작했다. 이러한 운동은 1920년대 본격적으로 미국을 강타하여 자유주의 현대주의 신신학의 명분하에 유럽은 물론 미국의 교회들이 죽어 갔다. 결국 라오디게아 교회는 목적도 없이 오직 물질만능과 쾌락주의에 함몰된 것처럼 오늘날의 현실을 그대로 예언했다. 그러나 하나님께서는 타락한 모습의 인류를 버리지 않으시고 인간이 마음의 문을 재림시대에 이미 오셔서 열어 주기를 문 밖에서 기다리고 계신다.

소아시아 박해적 상황에서 현재 양자택일의 실존에 서 있다. 신이 된 인간을 선택할 것인가 아니면 하나님을 선택할 것인가 황제를 선택할 것인가. 아니면 하나님과 예수님을 선택할 것인가 세계의 절대 권력자라도 단지 보잘 것 없은 피조물에 불과하니 오직 하나님과 그리스도만이 경배와 찬양의 대상이다.

7장과 겔1~2장 배경을 연구할 필요가 있다. 2,3장은 현실에 초점이 맞춰져 있다. 4~5장은 하늘에서 펼쳐지는 장면으로써 천상적 관점에서 하늘 전망대에서 보는 새로운 시각이다. 이것이 진정한 하나님의 백성의 현실이다. 승리하게 되어있다. 현재 당하는 핍박과 고난, 앞으로 전개되는 재앙과 심판을 바르게 해석해야 한다. 성령에 감동되어 하늘보좌 위에 계신 하나님이 그리스도를 통해서 하나님의 뜻과 계획을 집행하시므로 용기와 담력을 갖고 교회에서 새로운 삶을 결단해야 한다. 재림 때 세상을 새롭게 하실 그 날에 하늘이 온전히 열려 하늘과 땅이 서로 하나 되는 새 창조를 완성하신다.

제4장

① 4장 이후는 복귀섭리가 진행되므로 전부 재림주 말씀이다.

② 하나님의 영광의 모습을 보여주시면서 복귀, 구원섭리를 직접 주관하신다는 것을 말씀하신다.

③ 2~3장의 계시적 내용을 보고 회개하지 못하는 인류에게 7년 대환란을 준비하는 서론의 장이다.

하나님의 보좌와 그 주위

1.①이 일 후에 내가 보니 하늘에 열린 문이 있는데 내가 들은바 처음에 내게 말하던 나팔소리 같은 그 음성이 가로되 ②이리로 올라오라 ③이 후에 마땅히 될 일을 내가 네게 보이리라 하시더라

①초림 이후 주님이 오실 때까지의 준비기간인 2천년간 일곱 교회 시대가 종료된 후에

②고대 유대문학에서는 하늘을 층별로 나누는 예가 있다(고후12:1~4:3층천).

③미래계시 필연적으로 이루어질 일이다(믿으면 구원, 불신하면 멸망).

하늘 전망대에서 새로운 시각으로 현실을 보면서 승리의 희망을 갖게 하신다. 하늘보좌를 바라봐라.

※하늘에 열린 문 : 요한이 개인적으로 잠시 휴거했다. 성령이 올라오라고 했다. 성령 안에 있음으로 계시의 진실성에 있어서 확실한 것임을 보여준다. 역사는 하나님이 주관하신다. 재림주님 안에서 성취된다. 성령에 이끌리어 감동되어서 보는 영적인 문으로 하늘의 계시를 받는 자가 겪는 하늘에 대한 영적인 경험을 강조한 것이다. 에스겔의 환상(겔1:1) 스테반의 환상(행7:56), 예수께서 세례를 받을 때 성령강림(마3:16), 베드로의 환상(행10:11)

하나님의 뜻과 계획은 비밀스럽게 감추어져 있다. 하나님께서는 자신의 마음에 합한 사람을 찾으신 때 하늘 문을 여시고 그 뜻과 비밀을 계시해 주신다.

본문에 나와 있는 '열린 문'이란 하나님께서 비밀스럽게 감추어 두셨던 당신의 뜻과 비밀을 인간에게 내비치시기 위해 열어놓으신 '계시의 문'을 의

미한다. 창세기 28장 12절 이하에 보면 야곱에게 이 문이 열렸음을 증거하고 있다.

※이리로 올라와라

창28:17 하늘문이다. 벧엘에서 하나님을 만났다. 요1:51 야곱의 사건이 예수님 때 성취된다. 주님을 통해서 종말적 성취 의미를 드러낸다.

① 요한이 영적인 비밀을 깨닫기 위해 이 세상의 차원을 초월한 예지력을 부여받는다는 뜻이다(고후12:2).

② 죄악의 세계와 구별됨을 뜻한다(살전4:17, 출19:4).

※ '이 일 후에' : 6번 나옴

계4:1 : 초림 이후 주님이 오실 때까지의 준비기간인 2천 년간 일곱 교회의 종료를 뜻한다. 아시아 일곱 교회에 편지를 마친 후에

계7:1 6장에서 말씀한 환란을 알린 후

계7:9 주님한테 인침을 받은 14만4천 무리를 찾아 세운 후에

계15:5 주의 의로우신 일이 나타난 것을 본 후에 (하늘편이 준비된 후에)

계18:1 음녀가 받은 심판을 보여준 이후

계19:1 16~18장에서 음녀인 큰 성 바벨론을 중심으로 하는 짐승과 열왕이 패망하고 난 후에

※묵시문학의 특징

①항상 종말론적이다(모순적인 현실을 종결시키기 위하여 하나님이 역사를 하신다).

②이원론적이다(눈에 보이는 모순 뒤에는 두 개의 엄청난 초자연적 세력이 있는데 하나는 사탄세력이고 다른 하나는 하나님이시다).

③결정론적이다(인간 만사가 모두 하나님이 짜놓으신 시간표에 의해 움직인다).

④많은 상징과 환상이 나타난다(꿈이나 환상 가운데 하늘로 이끌려 올라

가서 하나님의 영원한 계획을 보는 것으로 되어있다).

⑤익명성을 가진다(차명성을 가진다. 실제 저자는 자신의 이름이나 신분을 감추고 구약 성경에 등장하는 유명한 저자를 빌려온다. 관심을 끌기 위해).

묵시란 열려진 동시에 감추어진 계시라는 이중적 특성을 갖고 있다. 화려하고도 난해한 표현이 많다. 모호한 암시가 있다.

요한묵시록 특징

①현실적이고 낙관적이다.

②실제 7교회에 서신했다.③실명서신이다(요한).

2. 내가 곧 성령에 감동하였더니 보라 하늘에 보좌를 베풀었고 그 보좌 위에 앉으신 이가 있는데

요한이 하나님의 실체대상이 되어 은혜 가운데 있다(유배지 밧모 섬이다). 영적인 황홀경에 젖어 있다.

우리를 통치하시는 하나님이 교회 공동체에게 위로를 준다.

※그 보좌 위에 앉으신: 성자 예수님이 성부 하나님 우편에 앉아 계신다(막16:19,행7:55)는 표현이나 성령님이 성부 하나님 보좌 앞에 계신다(계1:4)는 표현은 모두 권위적 속성을 말하고 있는 것이지 방위의 위치를 말하고 있는 것이 아니다.

40회 등장한다. 역사를 주관하시는 하나님의 주권과 권위를 강조한다. 통치와 심판과 영광이 로마황제의 보좌가 아니라 하나님의 보좌가 세상의 중심이다.

하나님의 통치가 사탄의 통치를 멸하고 하나님의 통치시대가 온다. 하나

님의 통치와 심판의 의미이다.

1. 고난당하는 주의 백성들에 향한 위로의 말씀이다.

2. 진정한 왕 되심을 말한다.

3. 세상을 굴복 시킬 수 있는 방법을 말하기보다는 세상을 다른 눈으로 바라볼 수 있는 안목을 제시한다(하늘보좌에서 보는 관점).

짐승의 보좌 : 계13:2, 계16:10

3. 앉으신 이의 ①모양이 벽옥과 홍보석 같고 또 ②무지개가 있어 보좌에 둘렸는데 그 모양이 ③녹보석 같더라

보석은 찬란하고 번쩍이는 빛을 내는 것처럼 하나님도 빛처럼 보이기 때문에 보석으로 묘사했다.

①진정한 하나님의 형상은 인간이다(창1:27). 모양이나 형태로 묘사하지 않고 광체나 빛으로 묘사했다 (요일1:5, 딤전6:16). 겔1:26~27 남 보석 같고 무지개 같다는 표현은 고귀하고 아름답다는 표현이다.

②약속 언약의 징표로써 하나님의 형상을 나타낸다.(창9:12), 하나님의 자비이다.

③한 점의 티가 없는 주님의 거룩한 모습이다(겔1:26~28).

4. 또 보좌에 둘려 이십 사 보좌들이 있고 그 보좌들 위에 이십 사 장로들이 흰 옷을 입고 머리에 금 면류관을 쓰고 앉았더라

목자와 같은 사역자들로서 지상과 천상의 모든 사역자들을 대표한다. 구약 12장로, 신약 12장로는 하나님의 백성을 상징적으로 대표한다.

※장로 : 히브리어로 자겐, 즉 턱수염을 뜻하는 연장자를 의미한다. 초대교회의 장로직분은 교회감독과 성도의 영적생활을 지도한다(딤전3:1~5, 약5:14). 목자와 같은 사역자이다(딤전4:14). 그리스도의 고난의 증인, 영광에

참예한 자이다(벧전5:1~3). 불변의 심정으로 충성하는 자들이다. 성도들의 존경을 받는 최후의 승리자들이다.

24장로 : 3X4=12수의 배수로, 하늘과 땅의 완성수를 의미한다. 지상과 천상의 모든 사역자들을 대표한다.

5. 보좌로부터 ①번개와 음성과 우렛소리가 나고 보좌 앞에 ②일곱 등불 켠 것이 있으니 이는 하나님의 일곱 영이라

①하나님 능력과 위엄을 나타낸다(출19:16,겔1:13). 심판을 위해 오시는 종말적 현상이다

일곱 등불: 하늘성전으로서 새로운 성전을 재건하겠다는 단호한 하나님의 의지이다. 하나님의 구속 계획을 반드시 이루신다.

②하나님 일곱성령이다(삼하22:29,시편119:105).

6. 보좌 앞에 ①수정과 같은 유리 바다가 있고 보좌 가운데와 보좌 주위에 ②네 생물이 있는데 앞뒤에 ③눈들이 가득하더라

①성결한 하나님의 말씀이다(엡5:26). 거룩함, 궁창의 물이다, 하늘성전의 거룩한 상징이다.②4수로 만물을 대표함 각 분야에 탁월한 존재들이다(겔 1:10, 10:12).

③하나님의 전지전능하신 지혜와 지식이 함께하신다.

7. 그 첫째 생물은 ①사자 같고 그 둘째 생물은 ②송아지 같고 그 셋째 생물은 ③얼굴이 사람 같고 그 넷째 생물은 ④날아가는 독수리 같은데

①용맹 ②희생 ③지혜 ④높은 기상

구원섭리 때 교회가 어떤 자세를 가져야할 것인가.

구원섭리의 사역자요 찬양을 드리는 천사들의 모습이다.

※네 생물 : 겔1장을 연상케 한다.

자연계의 대표성을 지닌 것으로 하나님의 본체적인 창조사역을 나타낸다.

하는 일은 밤낮 쉬지 않고 하나님에게 거룩하심, 전능하심, 영원하심에 대하여 송영을 드렸다. 네 생물은 4복음서에 비유하기도 한다.

여러 가지 견해 중에 어거스틴 설을 가장 보편적으로 받아들인다.

사자 : 용맹, 의인(잠28:1) : 마태복음 : 다윗의 뿌리로 모든 선지자의 예언을 성취하시는 분으로 오셨다(마1:1, 21)

소 : 희생(레4:3, 히9:12) : 누가복음 : 모든 사람을 구원하기 위해 희생하신 주님으로 묘사하고 있다(눅2:32, 눅19:10)

사람 : 만물의 영장으로 지혜(출31:3, 사11:2) : 마가복음 : 주님에 대한 인간생활에 대한 사실적인 기록을 담고 있다(막3:20, 막4:38)

독수리 : 새의 왕으로 높은 기상(사40:30~31) : 요한복음 : 성육신(요1:1~18) 영광, 중생에 관한 중요한 교리를 가장 탁월하게 표현하고 있다.

이사야 6장이나 에스겔 1장은 선지자에게 네 생물의 모습이 계시되었을 때 하나님의 택함을 입은 이스라엘의 시대 상황은 매우 어렵고 절망적이었다. 어둡고 절망적인 시대 상황에서 네 생물의 환상을 보여주심으로써 그 환경 속에서 사자와 같은 용기와, 사람과 같은 동족애와 지혜로, 소와 같은 끈기와 충성으로, 독수리같이 높은 이상과 소망을 갖고 이겨내야 한다는 비전을 갖게 하셨다. 이것은 요한계시록을 읽는 교회와 성도들에게도 마찬가지로 적용될 수 있다. 주님은 사도 요한에게 네 생물의 모습을 계시하시고 기록하여 교회들에게 증거하도록 하심으로써 성도들이 하나님의 말씀인 사복음서의 말씀을 믿고, 하늘의 상급을 바라보며, 용기를 갖고 힘써 복음을 증거하고, 신앙의 정절을 지키되 죽기까지 충성하며, 끝까지 참고 인내하고 승리하기를 바라고 계신다.

8. ①네 생물이 각각 여섯 날개가 가졌고 그 안과 주위에 눈이 가득하더라

그들이 밤낮 쉬지 않고 이르기를 ②거룩하다 거룩하다 거룩하다 주 하나님 곧 전능하신이여 전에도 계셨고 이제도 계시고 ③장차 오실 자라 하고

①네 생물과 스랍이 합쳐있는 존재(사6:2)로서 강한 지도력을 발휘하는 존재이다(겔1:1~18).

②구원과 심판 가운데 세상에 오신다. 우주를 통치하시는 하나님은 단순히 영원히 존재하는 분이 아니라 미래에 역동적으로 이 세상 속으로 하나님의 계획을 완성하시기 위해 오신다.

③하나님의 뜻을 실행하는 역할을 한다. 새 세상, 종말의 구속사를 완성하신다. 역사를 넘어서 계신다. 영원성의 관점이다.

역사 배후에 계신 하나님의 뜻과 목적과 계획에 의해서 섭리가 진행된다. 그러므로 곧 하나님의 통치시대가 열릴 것이다.

9,10절은 하나님이 왕 되심에 인간은 예배와 찬미를 돌린다.

9. 그 생물들이 영광과 존귀와 감사를 보좌에 앉으사 세세토록 사시는 이에게 돌릴 때에

모든 피조물은 항상 하나님께 영광과 찬양을 돌려야 한다.

10. 이십 사 장로들이 보좌에 앉으신 이 앞에 엎드려 세세토록 사시는 이에게 경배하고 자기의 면류관을 보좌 앞에 드리며 가로되

하나님께 완전한 승복을 의미하며 최고의 주로 모시는 행위이다. 삶의 전체를 드린다.

11. 우리 주 하나님이여 영광과 존귀와 능력을 받으시는 것이 합당하오니 주께서 만물을 지으신지라 만물이 주의 뜻대로 있었고 또 지으심을 받았나이다 하더라

하나님을 찬양하라! 로마황제들과 비견하여 오직 하나님만이 경배와 예배를 받기에 합당하신 분이다. 하나님이 세상의 주관주, 주권적왕이시다.

　　①계1:4~8　②4:1~5:14　③7:9~17　④11:15~19　⑤14:1~5　⑥15:1~8　⑦19:1~10

　　계시록에는 7번의 예배광경에서 찬미와 영광을 돌린다. 하나님과 어린양만이 유일한 예배와 경배와 찬미의 대상이다. 그 당시 황제가 아니다

제5장

하나님의 섭리를 직접 주관하시는데 주님을 통해서 하신다.

메시아 강림과 그 재림의 목적이다(원리강론 4장).

주님이 일곱 인을 떼신다(그 중심에는 7년 대환란이 있다).

하나님과 사탄 사이의 잘못된 계약을 하나님을 대신한 메시아이신 재림주님이 계약을 푸신다.

인봉한 계약서를 다시 써야 하는데 그것을 위해서 피의 대가(탕감)를 지불하게 되므로 고난으로 인을 떼신다.

재림주님이 일곱인을 떼심

7인을 떼시면서 복귀섭리를 진행하시는 참부모님의 생애노정을 이해해보자.

참부모님의 생애노정을 이해하는 관점

①연대기적 설명

②사건적 이해 : 어떤 원인이 결과에 어떤 영향을 미쳤는가

③복귀섭리적 관점(신학적 관점)

④인간적 관점 : 몸 마음이 있는 인간으로서 마음에 따라서 행동하신 참부모님을 이해해야 한다.

참부모님은 하나님의 계시를 받고 움직이는 것이 아니고 육신과 마음(지.정.의)을 갖고 있는 사람으로서 진리를 추구하고 하나님의 한을 느끼고 섭리를 풀어가시는 참부모님으로서 이해하는 관점이다.

16세 이전에는 자연과 만물에 관심을 갖게 됐다. 또한 국가와 가정이 어려웠으므로 고통받고 있는 나, 민족, 국가, 세계에 대한 문제를 갖게 됐다. 내 문제로부터 세계의 문제까지 심각하게 고민하셨다. 16세 이후에 하늘로부터 천명을 받았다. 문제를 갖고 해결하기 위해서 노력했지만 누구도 가르쳐 주는 사람이 없어서 골방에서, 산에서 기도하셨다. 물론 기도만 한 것이 아니고 일상생활을 통해서 해결하려고 노력하셨다. 답을 풀기 위한 삶이 섭리였다. 문제의식을 갖게 하기 위해서 하늘은 형제가 죽고 가축이 죽는 상황을 갖게 하면서 문제를 갖게 하셨다. (현대인은 문제가 없으므로 답도 없

다. 고민하지도 않는다.)

답을 풀기 위해서 40년대는 진리탐구를 하셨다.

50년대는 준비된 교단, 민족에게 버림받았다.

60년대는 교회성장의 뿌리내리는 섭리였다. 어떻게 하면 교회성장을 시킬 수 있을까. 동원과 개척을 했다.

70년대에는 기독교 복귀를 위해 정성 들이셨다. 초교파 운동을 많이 하셨다.

80년대에는 공산주의를 없애기 위해 승공운동을 하셨다. 사탄을 멸하셨다. 재림주님이 오셔서 해야 할 가장 중요한 일이었다.

90년대에는 가정을 찾는 섭리였다. 메시아 선포 이전에는 선포 안 하셨다. 탕감복귀시대를 끝내고 성약시대를 여셨다. 축복활동이 중심이었다.

2000년대 이후에는 축복활동이 끝나고 왕권즉위식 하시고 이후에는 천일국을 선포하셨다. 신종족메시아 선포활동을 하셨다.

우리는 참부모님의 승리를 상속받아야겠다. 어른 무등을 타고 먼 곳을 보면서 안 보이던 곳을 보고 기뻐하는 거와 같이 승리의 경험을 같이 공유해야겠다. 지금은 창조본성을 발휘하는 시대다. 2세도 좋아하고 잘하는 것을 개발해야 된다. 과정적으로 율법과 복음을 지키는 것은 나의 영적 성장에 필요하다. 신종족메시아 사명을 완수함으로써 인격완성을 해야겠다. 지금은 실체시대이기 때문에 조건적으로 하면 마음이 편치 않다.

7인을 떼시기 위한 내적 활동

참부모님 16~25세 노정

신앙생활의 심화

참아버님은 경성상공실무학교 당시 흑석동 달마산에 올라가셔서 기도하셨습니다. 당시 참아버님께서는 하루 12시간 이상 기도에 몰입하셨습니다.

하나님이 그리워서 미칠 만큼 사무친 경지에서 통곡을 거듭하셨고, 거듭되는 기도로 무릎과 팔꿈치에 생긴 굳은살을 평생 남아 있었다고 하십니다. 기도와 정성을 통해 원리를 찾기 위한 처절한 시련과정을 거치셨습니다. 그리고 흑석동 시절 초기에 서빙고동에 위치한 오순절교회에 인연되셨다가 새예수교회에 참여하셨습니다. 말씀 중에 "흑석동에 가면 명수대교회가 있다. 그 교회는 선생님과 몇몇 동지들이 지은 교회이다."라고 하셨듯이 참아버님께서는 교회 신축공사의 주역이셨습니다. 새예수교회 현판 글씨를 손수 쓰시기도 하셨습니다. 흑석동 새예수교회에는 150명에서 200명 정도의 신도들이 모였고, 주일학생은 50명 안팎이었습니다. 분위기는 상당히 신령했다고 합니다. 평양에서 이호빈 목사 등이 자주 내려와 부흥회와 사경회를 가졌습니다. 참아버님께서는 그때마다 동참하시고 그들과 깊은 교분을 가지셨습니다. 그리고 새로운 진리 구명의 차원에서 하늘과 더욱 깊이 교통해 나가셨습니다. 참아버님께서는 명수대교회를 다니시면서 주일학생들을 각별한 애정으로 지도하셨습니다. 어린이들을 소망의 상대로 여기고 극진히 존중하며 사랑하셨습니다.

일본 유학 시절 – 원리구명, 심신훈련, 독립운동

참아버님께서 서울에서 공부하던 시절 일제의 황민화정책 기도가 점차 극으로 치닫던 참담한 현실상황이 지속됐습니다. 그런 가운데 참아버님께서는 적국을 바로 알아야 그들을 극복하고 장래를 기약할 수 있다고 보셨습니다. 그래서 일찍부터 작정하셨던 일본 유학을 추진하셨습니다. 1941년 3월 31일 서울역에서 경부선 히카리호 열차를 타고 부산으로 떠나셨습니다. 참아버님은 '내가 일본에 가 있는 동안 이 민족과 이 나라를 지켜주십시오'. 이렇게 하늘 앞에 기도하면서 울면서 일본으로 가셨다고 합니다. 옆에 있던 아주머니가 손수건을 건네주면서 부모님이 돌아가셨느냐고 하며 위로해 줄 정도로 통곡을 하셨다는 것입니다. 4월 1일 부산 부두에서 삼엄한 일본 경찰의 조사를 거쳐 부관연락선 쇼케이마루를 타고 떠나셨습니다. 시모노세키를 거쳐 도쿄에 도착하신 참아버님께서는 4월 초 와세다대학 부속 와세다고등공학교 전기공학과에 입학하셨습니다. 참아버님이 일본 유학시절에 하셨던 일은 크게 세 가지였습니다. 원리 구명과 심신훈련, 항일 독립운동이었습니다. 유학시절 내내 재일 한인 유학생회 항일운동 주동자로서 지하활동을 하셨습니다. 그런 일로 취조를 받기도 하셨습니다. 일경의 한인유학생 단속이 급격히 강화되던 상황 하에 요주의 감찰대상으로서 형사들이 그림자처럼 뒤따랐습니다. 매달 한 차례는 경시청 산하 도쓰카 경찰서에 소환돼 취조를 받으셨고, 항상 행방과 일상동태에 대해 감시당하셨습니다. 방학 때 한국을 오가실 때에도 일본 경찰조직이 먼저 알았으며, 부두나 정거장의 개찰구에서는 사복형사의 마중을 맞이하곤 했습니다. 참아버님께서는 진리 말씀에 대한 규명에 열중하셨습니다. 종교서적과 철학서적을 탐독하셨고, 정치경제학과 친구와 공산주의 사상을 놓고 격론을 벌이기도 하셨습니다. 참아버님 유학시절 수행 표어는 '우주주관 바라기 전에 자아주관 완성하라'였습니다. 식욕과 성욕, 수면 주관 등의 훈련, 일시에 웃음을 멈추는 훈련, 간지럼을 참는 훈련, 보고 싶은 것을참는 훈련 등을 거듭하셨습니다. 인정을 물리치고 천정을 앞세우셨습니다. 그리고 인간이 겪는 온갖 고락을 경험하고 최저 생활을 하는 등 모진 수련을 거치셨습니다. 혁명적 사명 완수를 위해 어떤 환경에서도 한계선을 돌파하고 목적지점까지 가시고자 만사에 대처할 수 있는 역량을 축적하셨습니다. 비록 일본이 원수 나라이지만 원수 나라 사람을 형님같이, 부모같이 사랑하고자 하셨습니다. 굶주린 친구들을 먹여주고 노동을 해 번 돈으로 고학생들에게 학비를 대주시기도 했습니다. 천태만상의 인간 생활을 연구하고 체험하셨습니다. 노동 일, 목수 일, 농부 일, 목동 일, 어부 일, 염전 일, 탄광 일, 숯 굽기, 회사 급사, 고관의 비서 등을 두루 거치셨습니다.

공식노정 출발을 위한 내적 준비 완료

참아버님께서는 하나님과 예수님과의 영적인 만남을 통해 천명을 받으신 이후 한국 해방 때까지 10년간 내적인 준비노정을 걸어 나오셨습니다. 하나님의 뜻 성사는 함께 일할 대상, 즉 상대기대가 마련돼야 하기에 그전까지는 원리의 어떤 부분도 발표하실 수 없었습니다. 그런 준비과정에서 묵묵히 민족 해방의 날을 기다리며 하늘이 준비한 섭리기대를 찾아 여러 지하교회를 답사하셨습니다. 1943년부터 국내 실정을 면밀히 파악하셨습니다. 전국의 유명한 목사, 부흥사들과 신령교단들을 답방하시면서 그들의 영적 위치와 사명의 급수를 점검해 나가셨습니다.

4장이 역사를 주관하시는 창조주 하나님을 중심으로 논했다면 5장은 하나님의 계획을 성취하신 구속자, 예수님(재림주님)을 강조한다. 하늘보좌에서 주관자의 관점, 하나님의 관점에서 본다. 재림시대에는 기독교 대표 국가인 미국을 중심하고 세계질서가 편성됨으로써 세계복귀가 가능한 환경이 조성되었다. 하늘보좌에서 목도한 예수님(재림주님)을 설명하신다. 심판, 구속, 계획을 성취하는 주님이시다. 최종적으로 완성하는 것이 하나님의 계획 성취의 메시지이다. 5장은 5개의 부분으로 나눈다. 1. 도입(1절) 2. 누가 책의 인을 뗄 것인가(2~4절) 3. 유다지파의 사자, 다윗의 뿌리가 책의 인을 떼시리라(5~7절) 4. 기도와 새 노래(8~10절) 5. 천사들의 찬양(11~14절)

책과 어린양

1. 내가 보매 ①보좌에 앉으신 이의 ②오른손에 ③두루마리가 있으니 안팎으로 썼고 일곱 인으로 봉하였더라

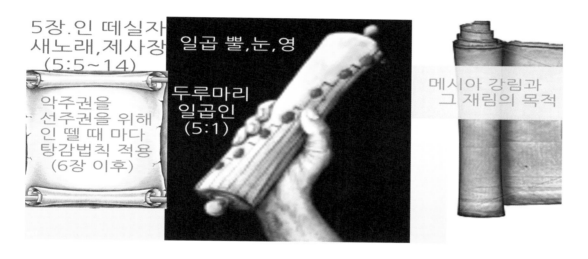

①심판주 되신 하나님 ②가장 가까운 대행자를 통하여 강력하게 성취하신다. 가장 가까이 계신 주권과 능력, 하나님의 미래의 역사를 주권적으로 결정하신다.

③타락한 인간을 구원하기 위한 재창조 말씀이다. 고대인들이 앞뒤 양면으로 계약서를 쓸 때에는 사적으로 사용되는 비매품일 때 쓴다. 하나님 말씀은 완전한 것으로 하나님 이외는 누구도 알 수 없는 비밀로서 마지막까지는 아무도 내용을 알 수 없다(단12:1~4).

하나님의 진노, 심판, 최종적인 구속의 완성과 하나님의 백성의 승리에 대한 내용이 담겨있다. 더하거나 뺄 것이 없다. 상세하게 기록되어 있다.

※두루마리에서 코덱스(책)로 넘어간 시기는 4세기부터이다. 성경의 장과 절이 구분된 것은 구약은 12세기부터이고, 신약은 인쇄업자인 스테파누스가 1551년부터 구분했다.

※일곱 인으로 봉하였다. 하나님의 구원계획이 들어있다.

하나님께서 말씀으로 7일간(7단계) 창조한 것이 아담의 타락으로 잃어버렸으므로 일곱인으로 인봉된다(7은 하늘수 3수와 땅수 4수를 합한 완전수를 상징함). 완전하게 봉해졌다.

재림주님은 아담이 하나님에게 불순종해서 영육의 타락으로 사탄과 맺어진 계약으로 종된 입장인 인간을 말씀으로 해방시켜 주어야 한다.

재림주님은 7단계의 과정을 통해서 탕감조건을 지불하고 일곱 인을 떼셔서 인간을 영육 구원하실 책임을 갖고 오신다.

'일곱 인으로 봉한 책'은 '애가와 애곡과 재앙의 말이 기록'된 에스겔 2장 10절의 예언을 배경으로 하여 장차 이 세상에 임할 심판을 기록한 것이다. 에스겔3:1~3절에는 다니엘에 의하여 이 세상의 구원과 종말에 이루어질 일들에 대한 예언이 "마지막 때까지 이 말을 간수하고 이 글을 봉함하라"(단12:4~9)고 내려졌으나 이제 때가 찬 하나님의 경륜에 따라 "이 책의 말씀을 인봉하지 말라 때가 가까움이니라"(계22:10)는 말씀처럼 개봉해야 할 것으로 본다. 그러므로 일곱인으로 봉인된 책의 내용은 요한계시록이 증거하고 있는 장차 될 일의 사건으로 본다.

그 책이 성부 하나님의 오른손에 들려 있다는 것은 그 책의 내용을 계시하고 실행하실 주권자가 하나님이심을 보여준다. 천상천하에 그 어떤 피조물도 그 책의 인봉을 뗄 자격자가 없고, 오직 '유대지파의 사자 다윗의 뿌리'가 되신 어린양 재림주님 한 분만이 그 자격이 있음을 계시하고 있다. 구원의 완성자는 오직 하나님을 대신한 재림주님이심을 확실하게 보여주는 계시내용이다.

장차 있을 종말의 때에 심판과 구원의 주로 오실 재림주님께서 하나님의 오른손에 있는 책을 취하시고 일곱 인봉을 떼심으로써 역사의 종말에 일어날 하나님의 심판과 구원 계획이 인류 앞에 계시되고, 계시된 하나님의 말씀은 반드시 성취되어 실체로 나타날 것이다. '일곱 인으로 봉인된 책'은 곧 요한계시록에 계시되고 있는 '장차 될 일' 곧 역사의 종말에 있을 심판과 구원의 완성을 안팎으로 기록한 두루마리 책으로 보는 것이 적절하다.

모든 시대를 향하여 전할 때 훼손되거나 변조하지 못하게 하는 조치를 취하라는 것이다. 모든 시대에 하나님의 계시의 말씀은 열려있고 전수되었던 것이 사실이다. 철저하게 신비에 가려진 책으로 덮어두라는 것은 아니다. 미래에 완성된 성취 때를 향하여 나아갈 것을 암시한다. 그러나 온전한 의미는 마지막 때에 완전한 계시의 실체이신 참부모님에 의해 그 의미가 무엇인지를 확인할 수 있다. 종말론적인 성취의 때인 재림의 때에 구속 사역의 결과로 밝혀진다.

※신천지 오류 : 봉해진 말씀이다. 쓰기 전에는 봉해져 있었지만 줄 때는 봉해져 있지 않았다. 그리고 유재열이 봉할 권한이 없다. 하나님이 봉했다. 하나님 손에 있다. 3절에는 아무도 볼 자가 없다고 기록되어 있다. 신천지는 봉한 자인 멸망자가 봉했다고 하지만 하나님의 말씀은 멸망자가 봉할 수 없다.

2. 또 보매 ①힘 있는 천사가 큰 음성으로 외치기를 ②누가 두루마리를 펴며 그 인을 떼기에 합당하냐 하니

①'힘 있는 천사' 3번 나온다(계5:2,10:4,18:21). 가브리엘 이름의 의미이다 : 하나님은 나의 힘이라는 뜻이다.

②누가 역사의 주인인가. 구원 계획을 성취할 자가 누구냐. 요한은 누구인지 알고 있지만 역사의 주인인 예수님을 강조하기 위한 것이다.

우주만물에 대한 하나님의 계획과 목적을 이룬다는 뜻으로 인간의 힘으로는 불가능하다.

3. ①하늘 위에나 땅 위에나 땅 아래에 능히 ②그 두루마리를 펴거나 보거나 할 이가 없더라

마지막 때까지 이 내용을 아무도 모른다(단12:1~4).

①3중적 위치. 우주적 범위를 말할 때 쓰인다.

②모든 시대에 하나님의 계시가 말씀이 열려져 있고 전수되었던 것이다. 그러나 온전한 의미는 재림주님의 의해서 밝혀지고 성취된다.

전우주 만상에 인간의 구원을 위한 재창조의 말씀을 아는 자가 없다.

4. 이 ①두루마리를 ②펴거나 보거나 하기에 합당한 자가 보이지 않기로 ③내가 크게 울었더니

요한도 복귀섭리를 모르기 때문에 받아 쓰기만 했다.

①책(말씀). 구원의 계획과 목적에 관한 내용이다.

②펼쳐지지 않으면 악인에 대한 심판과 성도들에 대한 하나님의 구원이 이루어지지 않는다. 책을 펴신다는 것은 구원계획을 성취한다는 뜻이다.

③요한이 주님에 대한 간절한 염원을 알 수 있다.(우리도 본받아야 한다, 하나님나라에 대한 간절한 마음이다, 실천해야 한다.) 절망 속에서도 절대로 포기할 수 없는 결연한 의미의 눈물이다. 초대교회 성도들은 하나님 앞에 진한 눈물로 나아왔다.

5. 장로 중에 하나가 내게 말하되 울지 말라 유대 지파의 사자 ①다윗의 뿌리가 이기었으니 ②이 두루마리와 그 일곱 인을 떼시리라 하더라

①다윗 혈통으로 오셨지만 다윗 자손이 아니다. 하나님과 같은 분이다(빌2:6).

②다시 오는 재림주님만이 사탄과 싸워 이겨서 일곱인을 봉한 내용을 알 수 있다. 복귀섭리의 주인이신 재림주님을 만난 자만이 계시록을 알 수 있다.

※인을 떼신다.

하나님의 말씀으로 계획과 목적을 이룬다는 뜻으로 재림주님만이 떼실 수 있다. 복귀(구원)섭리는 재림주님만이 하실 수 있다.

계7:3 이마에 인친다 : 이마에 인친다의 의미는 말씀을 듣고 믿는 상태가 되면 하나님의 소유로 하신다는 뜻이다.

※신천지 오류

사자의 뜻을 멸망자의 짐승으로만 비유한다면 예수님도 멸망자가 된다.

6. 내가 또 보니 보좌와 네 생물과 장로들 사이에 ①어린 양이 섰는데 ②일찍 죽임을 당한 것 같더라 ③일곱 뿔과 일곱 눈이 있으니 이 눈은 온 땅에 보내심을 입은 하나님의 일곱 영이더라

①사자 다윗과 어린 양의 대조적 표현이다. 어린 양의 희생으로 유다지파의 승리이다. 십자가를 넘어서 승리하신다는 것을 보여주는 것이다. 악을 처단하는 방식이다. 주님의 승리의 방식이다. 힘으로 승리하는 것이 아니다. 구속은 사랑의 방법으로 승리한다.

②예수님은 살해당하셨다. 그럼에도 불구하고 살인자(유대백성)를 용서하시므로 십자가의 죽음의 승리로 재림주님이 인 때시기에 합당했다. 예수님의 희생의 공로가 있었다.

본 장에만 3번 나온다(6,9,12절). 원죄 없으신 예수님이 속죄양으로 십자가에 죽으시고 부활승천한 기대가 있으므로 장차 오실 재림주님이 인을 떼시게 된다. 재림의 기대를 만드셨다.

③동물의 뿔은 힘의 근원이라 생각했다.

일곱 뿔 : 완전한 힘을 나타낸다.

일곱 눈 : 완전한 통찰력이다.

7. ①어린 양이 나아와서 보좌에 앉으신 이의 ②오른손에서 두루마리를 취하시니라

①재림주님을 상징한다.

②인을 떼신다(하나님의 비밀을 푸신다).

구속 계획을 시행하시는 모습을 공식적으로 나타내 보여준다.

기독론을 제시한다 : 세상의 구세주임을 보여준다.

하나님의 계획이 있다.

아담 해와 : 창조목적 : 사랑의 완성(3대축복)

예수님 : 구원의 계획, 죄로부터 구원, 십자가의 대속

참부모님 : 창조목적 완성의 계획 : 3대축복을 통해서 사랑의 완성. 구원을 넘어서 완성의 계획. 효자를 넘어서 참부모 되셨다.

하나님은 알파와 오메가로서 처음과 끝이 동일하다. 처음에 아담, 해와로 시작했기 때문에 끝도 후아담, 후해와로 완성하시는 것이다. 그러므로 재림주는 후아담, 후해와로 오셔서 창조목적을 이루신다. 창조목적은 3대축복을 이루는 것이다. 외적으로는 가정완성을 이루어서 내적으로는 사랑의 완성, 인격의 완성을 이룬다.

8. ①그 두루마리를 취하시매 ②네 생물과 이십 사 장로들이 어린 양 앞에 엎드려 ③각각 거문고와 향이 가득한 금 대접을 가졌으니 이 향은 성도의 기도들이라

①어린양이 진리의 말씀을 갖고

②하나님의 비밀을 푸심으로써 피조물의 대표인 네 생물과 구속함을 입

고 성도들의 대표인 24장로들이 경배한다.

③거문고를 갖고 찬양과 영광을 돌린다. 히브리인들은 기도할 때 향을 피운다.

이는 기도와 정성을 상징한다(신33:10, 시141:2). 성도의 기도를 받으시는 분은 주님이시므로 금대접은 주님을 표징한다(계16:1). 이 정성으로 대접재앙을 내리실 수 있다.

⇒ 16장의 대접재앙을 말씀하신다(주님의 심판).

기도가 예수님께 상달됨을 은유적으로 표현했다. 성도들의 기도와 정성으로 주님이 인을 떼어서 심판을 하실 수 있다(대접재앙).

9. ①새 노래를 노래하여 가로되 두루마리를 가지시고 그 ②인봉을 떼기에 합당하시도다 일찍 죽임을 당하사 각 족속과 방언과 백성과 나라 가운데서 사람들을 ③피로 사서 하나님께 드리시고

①새로운 감격, 성약의 새말씀이다(요16:12, 요16:25, 계10:11). → 기독교는 계시가 예수님으로 끝났다고 믿는다. 그러므로 구원은 교회 밖에는 없다고 믿는다. 또 다른 구원을 얘기하면 이단이다. 새말씀으로 새로운 구원의 역사를 이룸으로 감사의 찬양을 한다. 그리스도의 구속 사역을 묘사한다(새창조).

시33:3, 40:3, 144:9, 사42:10, 계14:3 : 새노래 → 구원 받은 자가 감사하는 내용이다(구약에서도 불렀다). 계16장부터 부를 수 있다.

모세의 노래(계14:1~5)

메시아의 시대 도래. 구속과 새창조. 종말론적 상황이 전개된다.

②사탄과 맺은 언약을 재림주님이 탕감으로 떼신다.

희생의 재물이 되어서 인 떼기에 합당하다. 우리를 왕 삼으셨다(제사장).

③주님의 고난으로(탕감) 구원하신다. → 주님이 빨리 오시지 못하는 이유는 탕감조건으로 믿음의 기대와 실체기대를 세워야 하기 때문이다.

10. 저희로 우리 하나님 앞에서 나라와 ①제사장을 삼으셨으니 저희가 땅에서 ②왕노릇하리로다 하더라

①둘째사망에 주관 받지 않으면서 천년동안 왕 노릇(섬김) 한다(계20:6).
※신천지 오류

재림주님, 이전에도 제사장을 삼으셨다. → 과거 : 벧전2:9~10 신약 성도인 초대교인들은 제사장이 되어졌다. 신천지는 인 떼고 이만희가 받아먹고 인 받은 자가 제사장, 왕 된다고 가르친다. 그러나 인 떼시기 전에 신약의 성도들 중에도 제사장, 왕 노릇 하고 있었다.

②주님이 인을 떼시고 승리하셔서 재림시대에 필연적으로 지상에서 뜻이 이루어진다. 주님이 승리하실 것을 예언하신다.

※"저희가 땅에서 왕 노릇 하리로다"라는 말씀은 앞으로 성취될 미래형의 예언이다. 이 말씀은 재림주님과 함께 승리한 성도들과 계20:4~6절에 나오는 첫째 부활에 참여하는 순교자들이 하나님과 그리스도의 제사장이 되어 천년왕국에서 재림주님과 더불어 왕 노릇하는 축복을 받게 될 것이라는 예언의 말씀이다.

고난으로부터 승리할 것이다. 애급의 고난으로부터 승리한 것 같이. 로마로부터, 또 죄악세계로부터 승리할 것이다. 애급민족과 로마는 심판과 죄악을 받아 멸망할 것이다. 로마황제로부터 고난과 박해와 시련을 극복하고 오직 예수님만을 주님으로 믿고 나아가며 승리할 것이다. 목양적 메시지가 있다.

11. 내가 또 보고 들으매 보좌와 생물들과 장로들을 둘러 선 많은 천사의 음성이 있으니 그 수가 만만이요 천천이라

죽음을 이기시고 부활하신 주님을 찬양하신다.

12. 큰 음성으로 가로되 죽임을 당하신 어린 양이 능력과 부와 지혜와

<u>힘과 존귀와 영광과 찬송을 받으시기에 합당하도다 하더라</u>

하늘에 있는 모든 영적 존재들이 일곱 가지로 찬양하신다.

13. 내가 또 들으니 하늘 위에와 땅 위에와 땅 아래와 바다 위에와 또 그 가운데 모든 만물이 가로되 보좌에 앉으신 이와 어린 양에게 <u>찬송과 존귀와 영광과 능력을</u> 세세토록 돌릴찌어다 하니

지상에서 4가지로 찬양한다.

찬양하는 3가지 이유

①죽임을 당하셨다(희생의 길을 걸으셨음).

②자신의 피를 지불하고 우리를 사서서 하나님께 드렸다.

③우리를 나라와 제사장으로 삼으셨다(현재부터 미래까지 왕 노릇 한다).

14. 네 생물이 가로되 아멘 하고 장로들은 엎드려 경배하더라

신이 된 인간을 선택한 것인가, 하나님을 선택할 것인가. 황제를 선택할 것인가, 예수 그리스도를 선택할 것인가, 세계의 절대 권력자라 할지라도 보잘 것 없는 피조물이다. 오직 하나님과 그리스도만을 경배하고 찬양하라.

일곱 인봉된 하나님의 주요 계시 내용(6:1~18:24)

메시아를 맞기 위한 인간 책임분담을 이해해야 알 수 있다.
(나팔재앙 : 믿음의 기대, 대접재앙 : 실체기대)

인순서	1	2	3	4	5	6	7(일곱)인 중에 하나씩을 떼니(6:1~8:1) 메시아를 위한 기대													
							일곱 나팔 재앙(8:2~15:8) : 믿음의 기대													
							1	2	3	4	5	6	일곱째 나팔(11:15, 왕 노릇, 셋째 화 도래, 진노의 심판)						
													일곱 대접 재앙 (16:1~18:24) 실체기대						
													1	2	3	4	5	6	7
재앙의 종류	흰말과 그탄자활 → 재림주님의 승리	붉은말과 그탄자칼 → 공산주의사망권세	검은말과 그탄자저울 → 인본주의영적주림갈등	청황색말과 그탄자사망음부검 → 이슬람사상실천력	재림시에 순교당한 영혼들의 신원	큰지진과해가검어지고달이피같이됨 진노의큰날	피섞인 우박과 불로 땅과 수목이 탐	불붙은 큰산같은 것을 바다에 던짐	불타는 큰별이 강물 샘 떨어짐	해·달·별의 1/3이 침을받아 빛이 없음	무저갱을여니 황충괴물의 재앙	유브라데네 천사가 풀려사람 1/3죽임	우상에 경배한 자에 독한종기	바다가 죽은자의 피같이 됨	물 근원에 쏟아피가 됨	해의 불로 사람을 태움	나라의 어둠과 고통에 혀를 깨묾	아마겟돈 전쟁 위해 왕들을 모음	큰지진과 큰우박의 재앙
재앙수				1/4			1/3	1/3	1/3			1/3							

6:2~8에 등장하는 네 말(馬)의 의미 :

말 탄 자들에 대한 환상이 슥1:8, 슥6:1~8 에 있는 내용을 배경으로 해서
기록되어 있다.

첫째 인 : 흰 말과 그 탄 자	활	의미
· 너희 죄가 주홍 같을지라도 눈과 같이 희어질 것이요(사1:18) · 흰 옷을 입고 나와 같이 다니리니(계3:4)	· 그리스도의 군대 (딤후2:3~4) · 화목케 하는 직책 (고후5:18~20)	흰 말 탄 자 : 재림주님
둘째 : 붉은 말과 그 탄 자	칼	
· 멸망당할 자의 옷(렘4:30) · 하늘을 대적하는 붉은 용(계12:3)	· 화평을 제하고 서로 죽이게 하는 큰 칼 · 살육의 무기(레26:6, 렘5:12,삼상17:51, 삼하2:16)	붉은 말 탄 자 : 공산주의 괴수 (스탈린, 김일성 등)
셋째 : 검은 말과 그 탄 자	저울	
· 주림의 열기로 인해 아궁이처럼 검음(애5:10) · 양식이 없어 주림이 아님. 여호와 말씀의 빈곤 (암5:11)	· 잡다한 사상에서 취한 합리적 수단 · 감람유와 포도유는 해치 말라	검은 말 탄 자 : 인본주의 사상가 (프로이드, 로저스, 매슬로우 등 '제3의 세력)
넷째 : 청황색 말과 그 탄 자, 사망과 음부	검, 흉년, 사망, 땅의 짐승	
· 혼합주의(청, 홍, 백색) · 땅 1/4의 권세 얻음	코란+율법(구약) +복음(신약)	청황색 말 : 과격파 이슬람 사상 (알카에다 빈라데니즘 등)

목회자로서 계시록을 기록했다. 계시의 말씀, 예언의 말씀이지만 목회적 서신이다. 믿음을 지키라고 격려한다. 성도들에게 행하는 대로 갚아준다(행위 심판). 짐승을 따르지 말고 신앙을 타협하지 말라. 신앙의 책임과 윤리를 강조했다. 계시록을 이해하는데 있어서 재림시대의 그 시대적, 역사적 상황과 맞아야 한다.

※가치관이 병존하는 시대로서 사상적 혼란을 겪는다. 단12:4 마지막 때 빨리 왕래하고 지식이 더한다. (19~20세기) 단12:7 성도의 권세가 깨진다. (한때 두때 반때) 3년 반이 지나야 한다(전 3년 반).

참부모님 말씀: 요한계시록에 기록되어 있는대로 모든 것을 총 탕감하지 않으면 안 되는 때가 되었다. 다시 말하면 창세기의 목적을 이룰 때가 된 것이다. (16권, 66.5.2쪽)

제6장

재림역사 중에서 광야시대의 전체 프로그램이다(일곱 인의 비밀에 대한 계시록의 시나리오로써 완전히 신약시대는 끝나고 재림역사시대이다).

7년 대환란으로 세상이 황폐화되고 인류에게는 심각한 환란이다 (구세주이신 예수님을 살해한 이후, 그 죄과로 인하여 이스라엘민족과 전 인류에게 필연적으로 나타나게 될 대탕감역사다). 단9:27 내용, 초림과 재림을 예언했다(다니엘 자신도 잘 모르면서 적기만 했다(단12:8))

네 말은 하늘의 네 바람이다(슥6:1~5). 선지자를 바람이라고 상징했다(렘5:13).

네 말과 바람은 말세에 일어날 네 사자의 사상운동이다.

일곱인의 내용

보좌에 앉으신 이가 심판하신다. 하늘의 통제 아래 심판하신다(자연 재앙이 아니다).

1. 내가 보매 어린 양이 일곱 인 중에 하나를 떼시는 그 때에 내가 들으니 네 생물 중에 하나가 우레소리같이 말하되 오라 하기로

재앙을 관장하는 분이 어린 양이다. 희생의 상징이다. 구원 계획을 펼치신다. 사도요한에게 오라고 한다.

대환란의 때가 됐다는 것이다 : 말세때는 선악이 교체되면서 총체적인 탕감을 하게 된다.

※첫째 인부터 넷째 인까지 이어지는 네 말의 계시 내용은 시간적으로 간격을 두고 일어나는 사건이라기보다는 동일한 기간 동안 네 가지 다른 상황

의 사건들이 동시다발적으로 발생하는 사건으로 볼 수 있다.

■2 내가 이에 보니 ①흰 말이 있는데 그 탄 자가 ②활을 가졌고 ③면류관을 받고 나가서 ④이기고 또 이기려고 하더라

①주님이 세계 전역에 복음화 운동을 하신다. 심령을 정복하는 복음의 능력 말씀이다.

(수9:13,히3:8,시45:5) 나쁜 표현이 없다.

②활: 1.악한 자의 무기 2.선하고 의로운 자의 무기(창49:24,삼하22:35,욥29:20). 비유의 상징성은 양면성에 있다. 동일한 개체가 방향과 동기와 목적에 따라서 선과 악을 결정하기 때문에 상징성을 나타내는 문장은 전후 상황을 살펴서 해석해야 한다. 예를 들면, 칼을 의사가 사용하면 생명을 살리는 선한 칼이 되지만 강도가 사용하면 악한 칼이 된다.

③왕으로서 승리자 되셔서 개선한 용사에게 하나님께서 주신다. 이미 승리하셔서 면류관을 받아 쓰셨고, 아직도 영적 싸움을 하면서 승리하실 것임을 증거하고 있다. 또, 장차 이기실 미래의 승리를 확증하는 말씀이다.

④새말씀을 가지시고 승리하시는 분(계17:14,계19:15) → 재림주님이 싸우신다.

말 탄 자에 대한 말씀, 면류관을 받고 : 재림주되신 참부모님은 16세에 '영광의 면류관을 드리오리다'를 말씀하시면서 메시아의 정체성과 섭리의 길을 자각하고 하나님을 위로하고 해방해 드리겠다고 결심한다.

※초대 교회 성도들이 이 계시의 말씀을 전해 듣고 얼마나 큰 위로를 받고 용기를 얻었겠는가? 주께서 사도 요한을 천상에 끌어올려서 환상을 계시하시고 기록하여 증거하게하신 이유와 목적이 바로 여기에 있다.

로마의 황제 숭배와 유대인들의 핍박 등으로 용기를 상실한 체 침체에 빠져 있는 초대 교회에게 이미 승리하신 당신이 면류관을 받아 쓴 것과, 지금

도 살아서 교회를 위해 싸우시는 승리의 주가 되신 것과, 장차 악의 세력을 멸하시고 궁극적인 승리자로 구원을 완성시키실 것을 계시해 주고 계신 것이다.

우리가 요한계시록을 읽을 때 염두해 두어야 할 것은 요한계시록이 우리에게 맨 처음 주어진 책이 아니라는 사실이다. 우리를 위해서 주어진 책이지만 우리에게 처음 주어진 책은 아니다. 요한계시록을 보다 올바르게 해석하기 위해서는, 하나님께서 초대 교회 성도들에게 먼저 말씀하셨고, 그들에게 예수 그리스도의 복음을 믿고 증거하며 신앙의 정절을 지키는 일 때문에 환란과 핍박을 받고, 가난과 궁핍을 겪으며, 날마다 죽음을 각오하며 살아가고 있는 초대 교회 성도들에게 보낸 편지이다. 더 나아가서 재림시대에도 재림주님을 따르는 하나님의 백성들에게 동일한 교훈과 감동, 위로와 용기를 전해 주고 있다는 점을 기억해야 한다. 계6장은 재림시대에도 세상의 불신으로 재림주님의 새말씀을 믿고 따르는 성도들에게는 신앙의 정절을 지키며 경건하게 살고자 할 때에는 반드시 환란과 핍박이 뒤따르게 된다. 이런 상황에도 재림시대의 성도들은 어떤 처지와 환경 속에서도 승리의 주가 되시는 재림주님을 바라보며 감사와 찬양과 경배를 올려 드리는 신실하고 정결한 주님의 신부로 살아가야 할 것이다.

참부모님 생애노정

하나님의 천명

"인류의 참부모로 하늘의 인침을 받은 본인 부부는 타락의 혈통으로 태어나 부모 없는 고아로서 수천 수만년을 방황하고 있는 인류를 구해 함께 데리고 들어오라는 하늘의 지상명령을 받았습니다."[평화경 1582쪽]

참아버님께서는 장로교에 다닐 무렵부터 장래문제와 현실문제에 대한 심각한 의문들에 봉착하셨습니다(육신이 있기 때문에). 삶과 죽음, 인생의 고통과 슬픔에 대해 심각하게 고민하는 시간이 늘어가기 시작했고(지정의가 있기 때문에), 일제 식민지 치하 민족의 비참상, 즉 약소민족의 고통과 비애를 마음 깊이 체감하셨습니다. 참아버님께서는 주로 생가의 뒤편에 있는 '샛말잔등'이라는 낮은 야산의 나무숲에 들어가 기도하셨습니다. 또 교회에서 가까운 묘두산 자락에 들어 홀로 깊은 사색에 몰두하시는 가운데 하늘과 담판하셨습니다. 즉 "나는 누구인가, 나는 어디서부터 왔는가, 인생의 목적은 무엇인가, 사후 우리 생명은 계속되는가, 하나님은 실존하시는가, 하나님은 과연 전능하신가, 전능하시다면 왜 인류세계 문제를 해결해 주시지 않는가, 지구상에는 왜 수많은 고통이 존재하는가?" 등 끝없는 문제들에 골몰하신 나머지 신앙을 통해서, 나아가 하나님을 통해서 그 해결점을 찾고자 몸부림치셨습니다. 그러던 중 16세가 되시던 해, 정주보통학교 전학 직후였던 1935년 4월 17일 새벽 참아버님께서는 오랜 시간 산중 기도 끝에 하나님과 예수님으로부터 천명을 받으셨습니다. 영적인 세계가 돌연히 눈앞에 펼쳐졌던 것입니다. 예수님께서는 하나님께서 고통을 받고 있는 인류 때문에 슬픔 가운데 계신다고 말씀하셨습니다. 기쁨과 행복과 영광의 보좌에서 군림하시는 하나님이 아니라 자식을 잃어버린 부모로서 단장의 슬픔에 한 맺히신 외로움과 고뇌의 하나님이시라는 것이었습니다. 그러면서 하나님의 지상역사에 대한 특별한 역할을 해 달라고 요청하셨습니다. 인류를 죄악과 고통과 불행으로부터 건져내어 한 많은 하나님을 해방시켜 드리는 그 일을 대신 맡아 달라고 당부하신 것입니다.

(참아버님은 메시아의 정체성과 섭리의 길을 자각하시게 됐다. 10년 간 기도와 정성을 통해 원리를 규명하기 위한 처절한 시련과정을 거쳤다.)

영광의 면류관

이때부터 참아버님은 메시아의 정체성과 섭리의 길을 자각하시게 됐습니다. 자신이 이 땅 가운데 평범한 개인의 인생을 살기 위해서 온 것이 아님을 깨닫고 이 민족과 인류의 고통의 길을 해결하고 하나님을 위로하고 해방해 드리는 길을 가겠다고 결심하게 된 것입니다. 이런 참아버님의 깨달음을 잘 보여주는 시가 참아버님께서 16세경에 지으신 '영광의 면류관'입니다. 2002년 미국 국제시인협회가 주최한 세계 시 경연대회에서 최우수상을 수상한 시입니다. 당시 약관의 어린 시절에 참아버님의 심중 깊이 자리한 심오하고도 원대한 사랑의 경지와 하늘 대한 극진한 효심의 일단을 이 시를 통해 헤아려 볼 수 있습니다.

"내가 사람을 의심할 때 나는 고통을 느낍니다. 내가 사람을 심판할 때 나는 견디지 못합니다. 내가 사람을 증오할 때 나는 존재가치를 잃습니다. 그러나 만일 내가 믿으려면 나는 분명히 속임을 당합니다. 내가 만일 사랑하면 나는 거역을 당할 것입니다. 오늘 저녁 내 머리와 몸은 고통과 슬픔에 떨고 있습니다. 내가 잘못하고 있는 것입니까? 예, 그렇습니다. 나는 잘못하고 있는 것입니다. 그러나 내가 속임을 당할지라도 나는 역시 믿습니다. 내가 반역을 당할지라도 나는 역시 용서합니다. 나는 나를 증오하는 자를 송두리째 사랑할 것입니다. 오, 주여! 사랑한다는 아픔이여! 내 손을 보아주세요. 이 내 가슴에 주의 손을 얹어 주소서. 나의 가슴은 말할 수 없는 고뇌 속에 터질 듯만 하옵니다. 그러나 나는 거역한 자들을 내가 사랑할 때 승리를 성취하옵니다. 만일 당신도 나같이 사랑한다면 나는 당신께 영광의 면류관을 드리오리다.

마무리

참아버님께서는 한국이 광복되고 공식노정을 출발하기까지 천리를 밝히기 위한 진리탐구에 몰두하셨고 인격완비를 위한 수양의 노정을 걸으셨습니다. 특히 천명을 받으신 이후에는 개인의 안위를 위한 생각은 추호도 없으셨으며 오직 고통받는 민족을 해방하고 세계를 위해 하나님 앞에 간곡히 몸부림치며 기도생활을 하는 가운데 공생에 출발의 날을 준비하셨던 것입니다. 2천년 기독교 역사는 재림주님을 맞기 위한 신부의 역사로서 한국의 신령운동으로 연결됐습니다. 이는 조원모 외할머니와 홍순애 대모님 그리고 참어머님으로 이어지는 3대에 걸쳐서 결실이 이뤄지게 됩니다. 참어머님께서는 탄생 이후 온갖 어려운 환경을 거쳐 오셨지만 하늘의 보호와 오로지 주님을 만날 그날을 위해 살아온 조원모 외할머니와 대모님의 정성의 터 위에 참아버님을 만나시고 성혼식을 통해 참부모님으로 등장하시게 됐습니다.

3. 둘째 인을 떼실 때에 내가 들으니 둘째 생물이 말하되 오라 하더니

4. 이에 ①붉은 다른 말이 나오더라 그 탄 자가 ②허락을 받아 땅에서 화평을 제하여 버리며 서로 죽이게 하고 또 큰 ③칼을 받았더라

피를 흘리는 전쟁으로 서로 죽이는 전쟁이다.
①적그리스도는 붉은 색깔 죄악 상징이다(렘4:30,사1:18).

②유대민족이 예수님을 살해했으므로 사탄역사를 허락할 수밖에 없다. 탕감조건을 세워야한다(사탄 때문에 싸우는 것이다). 연단을 통해서 분립해야 한다. 인간을 용서하기 위해서 다시 사랑의 관계를 맺기 위해서다.

③말씀을 상징한다(사49:2,히 4:12). 사탄이 인간의 심령 지배하는 말씀을 갖고 나타난다. 재림시대에 공산주의 이론이다.

5. 셋째 인을 떼실 때에 내가 들으니 셋째 생물이 말하되 오라 하기로 내가 보니 ①검은 말이 나오는데 그 탄 자가 ②손에 저울을 가졌더라

①검은색은 주림의 열기이다. 주림은 영적 고갈로서(암8:11) 기근, 가뭄을 뜻한다.

②복음과 적그리스도 사이에서 갈등하는 인간의 표상, 정신적 빈곤의 시대(무신론적 인본주의)이다.

6. 내가 네 생물 사이로서 나는 듯하는 음성을 들으니 가로되 ①한 데나리온에 밀 한되요 한 데나리온에 보리 석되로다 또 ②감람유와 포도주는 해치 말라 하더라

① 일반 노동자의 하루 품삯 : 극심한 인플레이(극심한 영적 빈곤)

② 불변의 신앙을 갖는 성도 긍휼을 잊지 아니하시는 자비와 사랑의 하나님, 자식을 기다리시는 하나님이다.

적그리스도의 의미

① 예수 그리스도께서 육체로 임하는 것을 부인하는 자(요이1:7)

② 아버지와 아들을 부인하는 자들이다(요일2:22, 요일4:3).

③ 어떤 특정한 사람만을 지칭하는 것보다는 성령을 거역하는 자들이다(마12:32).

7. 넷째 인을 떼실 때에 내가 넷째 생물의 음성을 들으니 가로되 오라 하기로

8. 내가 보매 ①청황색 말이 나오는데 그 탄 자의 이름은 사망이니 ②음부가 그 뒤를 따르더라 ③저희가 땅 사분 일의 권세를 얻어 ④검과 흉년과 사망과 땅의 짐승으로써 죽이더라

①종말에는 라오디게아교회가 상징하는 것처럼 하나님의 존재를 무시하는 세대로 많은 사상이 나온다(현대의 과격한 이슬람주의자(알카에다, 북한의 주체사상).

②부활 전에 중생하지 못한 자가 잠정적으로 머무는 곳이다.

③제한적 영역에서 이루어진다.

④강력한 실천력을 가진 사상이다. 짐승이 아닌 짐승들로서의 복수이다.

9. 다섯째 인을 떼실 때에 내가 보니 하나님의 말씀과 저희의 가진 증거를 인하여 ①죽임을 당한 영혼들이 ②제단 아래 있어

하나님의 백성도 재앙의 시대에 영적인 전투를 피할 수 없다. 고난은 있지만 패하지는 않는다.

①초림 이후 주님이 오실 때까지 재앙 중에 순교를 당한 영혼들이다.

②생명의 피가 하나님께 제물로 드려졌다는 의미이다.

10. 큰 소리로 불러 가로되 거룩하고 참되신 대주재여 ①땅에 거하는 자들을 심판하여 ②우리 피를 신원하여 주지 아니하시기를 어느 때까지 하시려나이까 하니

①하나님을 거부하는 자들로서 용과 바다 짐승을 경배하며 땅 짐승의 미혹을 받는 자들이다.

②악인들의 심판을 빨리해서 영혼들(순교자)의 가슴에 맺힌 원한을 풀어주기를 간청한다. 자신의 보복을 위한 것이 아니라 하나님의 이름을 비웃는

자들에 대한 공의의 심판을 기도 한다. 주님의 때가 가까워지고 있으므로 신원을 호소한다. (14만4천무리)계14:4, 계19:1

11. 각각 저희에게 ①흰 두루마기를 주시며 가라사대 ②아직 잠시 동안 쉬되 저희 동무 종들과 형제들도 자기처럼 죽임을 받아 ③그 수가 차기까지 하라 하시더라

①승리의 상징으로서 이긴 자들이다. 미래에는 확실한 승리이다.

②인내를 갖고 기다려라. 신원해주신다.

③희생과 정성이 밑거름 되어야 한다(탕감). 부활섭리의 원칙, 지상승리의 조건으로 영계해방을 한다.

때가 차야 된다(갈4:4~6). 하나님은 아무 때나 영혼들의 신원을 들어 줄 수 없다. 지상인의 승리적 조건이 지상인 성도의 부활을 통해 상대기준 조성으로 재림부활 할 수 있다.(마16:19, 고전15:45~46) 그러면, 언제 이들의 수가 차게 될까? 7년 대환란(70년 대환란)이 끝날 때 1989년 이후가 된다.

단9:27(한 이레 7년 대환란) 우주적 환란으로서 안전한 곳은 없다. 구약의 세계관에 입장에서 표현된 종말적 심판의 현상이다. 하늘편이 책임 못하면 사탄편은 더 큰 재앙을 받는다. 예를 들면, 한국이 책임 하지 못하므로 북한의 고난이 더 가중된다.

12. 내가 보니 여섯째 인을 떼실 때에 큰 지진이 나며 해가 총담 같이 검어지고 온 달이 피 같이 되며(욜2:31)나팔재앙(전 3년 반)

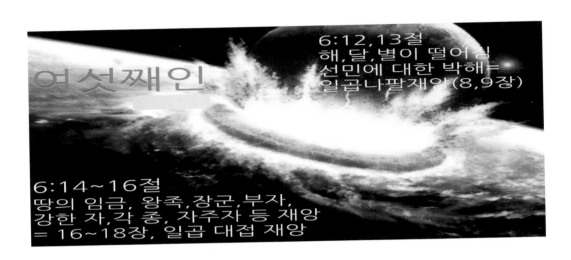

하늘편이 핍박과 환란을 받는 기간이다. 주님의 섭리가 대환란과 핍박으로 일시적으로 어두워짐을 뜻한다. (사13:10, 마24:28)

해달별 의미 : 아버지(주님), 어머니(성신), 형제(성도) → 창37:9

13. 하늘의 별들이 무화과나무가 대풍에 흔들려 설익은 과실이 떨어지는 것같이 땅에 떨어지며

사탄의 공세에 의한 강한 핍박과 기독교인들이 재림주님을 반대하므로 실족하는 모습(눅18:8, 마7:23,사34:4)이다.

14. 하늘은 종이 축이 말리는 것같이 떠나가고 각 산과 섬이 제자리에서 옮기우매

천지는 없어져도 주님의 말씀은 영원하다(마24:35, 요14:6).

15. ①땅의 임금들과 왕족들과 장군들과 부자들과 강한 자들과 각 종과 ②자유인이 굴과 산 바위틈에 숨어 대접재앙(후 3년 반)

사탄편의 재앙과 심판이다.

①왕부터 바닥까지 전부 무너진다. 회개하면 대접재앙이 안 내린다.

말씀심판(요12:44)땅: 사탄이 통치하고 악한 영이 활동하는 영역

②사탄은 회개하지 않는다(계20:3).

16. 산과 바위에게 이르되 우리 위에 떨어져 보좌에 앉으신 이의 얼굴에서와 어린 양의 진노에서 우리를 가리우랴

이방의 권세를 의미한다(계 7:9, 신 32:31).

17. 그들의 진노의 큰 날이 이르렀으니 누가 능히 서리요 하더라

일곱째 인을 떼기 전에

약간의 7인이 나온다.(6인7인이 오버랩해서 들어가 있다.) 마지막 재앙에 대한 최초의 언급한다(마24장).

잘못된 세상을 향해 인내와 순교로 저항하고자 했던 이들에게 필요한 것은 임박해있는 죽음 너머에 있는 구원의 희망과 확신이었을 것이다. 그래서 7장은 기독교 공동체의 구원사를 조망하면서 구원의 희망을 불러일으킨다. 세 재앙이 있는 기간 동안 하나님이 성도들을 보호하신다. ①인 치심 (7:3, 9:4) ②측량하심 (11:1~2) 성도들이 재앙기간 즉 환란기간에 고난을 피해가는 것이 아니라 이 기간을 통과하면서 하나님의 보호를 받는다. 그러므로 자신들의 실존적 고난과 위기를 회피하거나 도피하지 않고 정면으로 헤쳐나갈 것을 촉구하는 목회적 서신서이다.

제7장

선민을 찾아 세운다.

하늘의 백성에게 대환란을 이기는 소망을 주시기 위해 인을 치신다. 시험의 때를 피한다(계3:10). 재림의 장소를 언급하였다(계7:2).

1. ①이 일 후에 내가 네 천사가 땅 ②네 모퉁이에 선 것을 보니 땅의 사방의 바람을 붙잡아 바람으로 하여금 땅에나 바다에나 각종 나무에 불지 못하게 하더라

①6장에서 환란을 알린 후

②땅 전체를 네 바람으로 인한 사상적 대립을 억제하고 하늘의 섭리를 이루기 위한 인침의 역사를 시작하기 위해서, 즉 재림할 수 있는 섭리적인 기대가 이루어지므로 주님이 오신다. 하나님의 본심은(렘29:11) 나 여호와가 말하노라 너희를 향한 나의 생각은 재앙이 아니라 곧 평안이요 너희 장래에 소망을 주려하는 생각이라 : 평안과 소망을 주시기 위하여 기다리신다.

2. 또 보매 ①다른 천사가 살아계신 ②하나님의 인을 가지고 ③해 돋는 데로부터 올라와서 땅과 바다를 해롭게 할 권세를 얻은 네 천사를 향하여 큰소리로 외쳐

①메시아를 천사로 묘사했다.(슥3:1) 선한 천사, 하늘의 역할은 같다. 다시 오실 주님을 상징한다.

②하나님의 인은 소유권을 나타내고 주의 진노에서 보호된다는 것을 나타낸다.

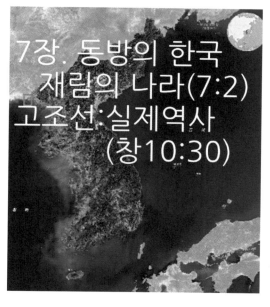

③주님이 재림하는 곳은 동방이다(겔 43:4, 슥14:4). 극동3국 중국, 일본, 조선 중에 조선을 의미한다.(한국은 성서의 말씀대로 큰 환란을 이기고 나왔으며 주 야로 하나님을 섬기는 민족이다.(계 7:14~15)

※해 돋는 데로부터 : 창조사에 나타난 의도를 보면, 동편은 창조주 하나님과 만날 수 있는 복의 장소로서의 상징성을 지니고 있다. 창세기 2장 8절에 보면 "여호와 하나님이 동방의 에덴에 동산을 창설하시고 그 지으신 사람을 거기 두시고"라는 말씀이 증거 되고 있다. 첫 창조에 있어서 동쪽은 창조주 하나님의 사람과 복을 느낄 수 있는 방향을 나타낸다. '해 돋는 데로부터'라는 표현은 방향적으로 동쪽을 의미하는데 동쪽은 자연적으로 태양이 떠올라 지구촌 곳곳에 생명의 빛을 비춰주는 방향이다.

하나님을 만날 수 있는 복의 장소이다. 이는 복음적으로 의의 태양이신 재림주님의 새말씀이 동쪽으로부터 온 세상에 전파되어 어두웠던 세상에 생명의 빛이 비침으로써 모든 생물이 새롭게 되는 구속의 역사가 펼쳐질 것을 상징하는 표현이다.

겔43장을 보면 에스겔 선지자가 본 이상을 통해서도 동편은 하나님의 영광이 이르는 방향을 나타내고 있다.

마2장1절은 '동방'과 '해 돋는데'는 말씀의 소식이 전해지는 출발지를 나타내는 같은 방향이다. (마2:1)

3. 가로되 우리가 우리 ①하나님의 종들의 ②이마에 인치기까지 땅이나 바다나 나무나 해하지 말라 하더라

재앙이 있는 동안 하나님이 성도들을 보호하신다. 고난 가운데에서도 우리를 지키시는 하나님이다.

①하나님의 말씀을 증거하기 위해 하나님께서 찾아 세우신 자들이다.

본격적인 대환란의 시작을 기다려 달라는 것이다. 유브라데스에 결박한 네 천사를 놓아주는 날에는 인간의 삼분의 일이 죽는다(계9:14). 이것은 두 번째 화의 시작을 의미한다.(계8:13, 계9:12) 사망의 골짜기에 있을 때도 함께 계신다. 안위를 주신다(시23:4).

②짐승의 표와 대조적이다(계13:16~17). 말씀을 받은 자는 하나님의 사람으로 인정한다(요3:33). 말씀을 듣고 믿는 상태가 되면 성령이 인을 치신다. 즉, 하나님한테 인정받는 것을 말한다(엡1:13). 하나님의 소유를 나타내는 것이다. 말씀 받은 자를 인 치신다.

4. ①내가 인 맞은 자의 수를 들으니 이스라엘 자손의 각 지파 중에서 인 맞은 자들이 ②십 사만 사천이니 (겔9:4~6)

①하나님 말씀을 듣고 하나님의 주관권에 있는 자 이스라엘 자손 중에 14만4천이 구원의 인침을 받는다고 할 때 육적 이스라엘이 아니다. 세계적인 기독교 기반으로 하는 모든 성도들이 부르심을 입고 주님과 함께 승리자가 돼야 한다.(계17:14)대환란기의 두 증인이다(계11:3). 7년 대환란 기간 : 전 3년 반 기간의 증인이다.(믿음의 기대의 중심교단)

②준비된 기독교인들로서 재림주님이 오실 때 영접하는 사람들이다. 12

지파들은 주님이 인도하시는 22장의 생명수를 받을 샘에 이르러야 할 12가지의 완성한 인간형을 표상하며 이들이 지파장이 된다(계7:17, 계22:17). 원래 이스라엘이라는 칭호는 야곱에게 주어진 '겨루어 이기었다'는 승리에 대한 축복이다.(창32:27~28) 할례는 마음에 할지니(롬2:28)와 같이 영적 이스라엘을 뜻한다.

※신천지 오류

첫 열매가 신천지는 1984년부터 라고 하지만 약1:18 첫 열매가 있었다. 약1:1 12지파가 우리이다. 초대교회의 이스라엘 12지파에 의해서 첫 열매가 나타난다.

※14만4천의 의미

12수는 하나님의 수. 3과 땅수 4의 승수인 완전수. 12의 제곱인 144에 1000을 곱한 수가 14만4천이다. 1000은 모든 수의 대표수이다(전7:28). 그러므로 될 수 있으면 많은 사람들을 인치시키겠다는 하나님의 무한한 사랑의 표현이다. 14만 4천명만 인치시면 패배자의 하나님이 된다. 무한한 능력을 가지고 계시는 사랑의 하나님이 14만 4천명만 사랑하시지 않는다. 상징적인 수의 의미이다.

육적 이스라엘을 의미한다면 '단'지파를 생략할 수 없다. 그리고 계14장 1절에 나오는 14만4천은 하나님의 뜻을 이루는 데 필요한 세상을 대표하는 절대수의 상징으로서 어린양의 혼인잔치에 참여하는 자로서 주님의 영원한 생명수를 받는 자들이다(계14:1~4, 19:7~9, 22:17)

5. 유다 지파 중에 인 맞은 자가 일만 이천이요 르우벤 지파 중에 일만 이천이요 갓 지파 중에 일만 이천이요

계수의 목적은 하나님 군대인 이스라엘이 전쟁의 진용을 정비하기 위해서이다. 신실한 신앙공동체가 아니라 하나님 나라 통치를 이루는데 필요한

군대이다.(전투하는 교회)(민1장 20~50세 사이)

유다지파를 제일 먼저 위치시키는 것은 요한이 어린 양 예수 그리스도를 유다지파의 사자 다윗의 뿌리로서 규정하므로 메시아 성취를 확증했듯이 유다지파로부터 메시아의 출현과 그 성취에 대한 인식을 반영해주는 것이다.

6. 아셀 지파 중에 일만 이천이요 납달리 지파 중에 일만 이천이요 므낫세 지파 중에 일만 이천이요

7. 시므온 지파 중에 일만 이천이요 레위 지파 중에 일만 이천이요 잇사갈 지파 중에 일만 이천이요

8. 스불론 지파 중에 일만 이천이요 요셉 지파 중에 일만 이천이요 베냐민 지파 중에 인맞은 자가 일만 이천이라

단 지파가 빠진 이유 : 우상 숭배의 원인이 있다.

고난의 과정을 통해서 승리가 보장된 전투에서 승리한 자들이다. 우리는 혼자서 싸우는 것이 아니다. 항상 하나님이 지켜주신다. 내 백성은 반드시 승리한다.

구속함을 받은 자의 찬미

휴거의 장 (관련 성구 : 계8:9~17, 살전4:13~17, 고전 15:51~52, 계11:12)

재림주님과 함께 고난에 동참해서 승리한 축복가정이다. 후 3년 반 기간의 증인이다(계11:7~13). 여자와 더불어 더럽혀지지 않은 자들이다 (계14:4~5). 처음 익은 열매이다.

지금은 작고 초라하지만 우리 공동체는 반드시 승리해서 큰 공동체를 이룰 것이라는 위로와 희망적 메시지이다.

9. ①이 일 후에 내가 보니 각 나라와 족속과 백성과 방언에서 아무라도 능히 ②셀 수 없는 큰 무리가 ③흰 옷을 입고 손에 ④종려 가지를 들고 보좌 앞과 어린양 앞에 서서

①주님에게 인침을 받은 14만4천무리를 찾아 세운 후에

②안식을 누리는 무리, 셀 수 없는 큰 민족이다. 아브라함에게 하신 하나님의 약속이다(창13:16).

③성결, 예의, 정성의 예복이다(계19:8, 계22:14). 승리의 축하를 위한 축제복장으로서 전쟁에서 승리한 무리가 입는 옷이다(계7:9~17).

④번성을 의미한다(시92:12, 아7:6~8). 기쁨, 감사, 승리(요12:13)는 어린양에게 돌린다.

⇒ 인침을 받은 자들은 구원의 은혜에 감사하며 하늘보좌 앞에 영광을 돌린다.

10. 큰소리로 외쳐 가로되 구원하심이 보좌에 앉으신 우리 하나님과 어린 양에게 있도다 하니

믿음을 지키면 약속의 말씀이 이루어진다.

11. 모든 천사가 보좌와 장로들과 네 생물의 주위에 섰다가 보좌 앞에 엎드려 얼굴을 대고 하나님께 경배하여

큰 무리의 찬양에 대하여 천사가 화답한다.

12. 가로되 아멘 찬송과 영광과 지혜와 감사와 존귀와 능력과 힘이 우리 하나님께 세세토록 있을찌로다 아멘 하더라

일곱가지 경배와 찬양을 올린다.
계10:7 일곱째 천사가 소리 내는 날 그의 나팔을 불려고 할 때
하나님의 비밀이 그 종 선지자들에게 전하신 복음과 같이 이루어지리라
살전4:16 주께서 호령과 천사장의 소리와 하나님의 나팔소리로
마24:30 그가 큰 나팔소리와 함께 천사들을 보내리니
일곱째 나팔과 하나님의 나팔을 같은 나팔이다. 이때에 휴거된다(하나님의 나팔=일곱 번째 나팔=큰 나팔)
마지막 나팔인 7번째 나팔(대접재앙)이 끝나고 천년동안 왕 노릇한다(천일국).
고전15:51 마지막 나팔 때
하나님의 비밀 : 복귀, 재창조섭리, 하나님의 통치, 거룩한 하나님의 나라가 되는 비밀 지금의 재림주님과 함께하고 있는 축복가정인 우리들의 말씀이다.

13. 장로 중에 하나가 응답하여 내게 이르되 이 흰옷 입은 자들이 누구며 또 어디서 왔느뇨

큰 환란에서 이긴 자(계14:1~3) 14만4천 무리이다.

14. 내가 가로되 내 주여 당신이 알리이다 하니 그가 나더러 이르되 이는 ①큰 환란에서 나오는 자들인데 ②어린양의 피에 ③그 옷을 씻어 희게 하였느니라

①환란 한 가운데에서 즉 환란을 통과해서 휴거된다(핍박, 탕감).

②6장 이후의 어린양의 피는 재림주님의 새말씀의 피이다.

③14장의 14만4천 무리이다. → 어린양의 혼인잔치에 청함을 받아서 복된 자들이 되었다(계19:9). 축복받고 원죄 청산 받았다(계19:13). 하나님의 말씀이다.

승리한 축복가정이 하나님의 성전에서 축복의 삶을 사는 것에 대한 묘사

15. 그러므로 그들이 ①하나님의 보좌 앞에 있고 또 그의 ②성전에서 밤낮 하나님을 섬기매 보좌에 앉으신 이가 그들 위에 ③장막을 치시리니

①어린양으로 말미암아 5가지 은사를 받는다(은혜의 보좌 앞에 있다).

②성전에서 하나님을 섬기는 것은 제사장에게만 주어지는 특권이다. 직접 하나님을 섬길 수 있다 : 직접주관권 (계22:3,계21:3)

③하나님과 함께한다(출40:34). 참 장막(히8:2)은 승리한 축복가정의 삶에 대한 구체적인 의미로서 제21장 22장에 있다.

16. 저희가 다시 주리지도 아니하며 목마르지도 아니하고 해나 아무 뜨거운 기운에 상하지 아니할찌니

바벨론에서 포로 귀환을 해서 가나안 땅으로 오게 된 말씀이다. 새 출애급이다. (사49:10)

주님께서는 목자가 되시므로 생명수 샘으로 인도하신다.

17. 이는 보좌 가운데 계신 어린양이 저희의 목자가 되사 생명수 샘으로 인도하시고 하나님께서 저희 눈에서 모든 눈물을 씻어 주실 것임이러라

우리는 혼자서 싸우는 것이 아니다. 항상 하나님께서 지켜주신다(계21:6, 계21:4). 어린양의 혼인잔치에 청함을 받음으로써 진정한 첫 열매로 거듭나게 되므로 이전에 당한 아픔과 고통의 슬픈 기억까지도 완전히 제거해 주신다(계19:9, 슥14:8).

기원절 축복이다

참부모님 말씀

요한계시록에 기록되어 있는 것과 같은 일들이 정말로 일어날까요?

사실은 현재 일어나고 있는데 모르고 있다. 요한계시록은 인간에게 비유하여 설명하면 전부 설명할 수 있다.(15권, 65.10.7)

제8장

일곱째인 뗄 때 본격적으로 일곱째 나팔재앙이 시작된다

일곱째 나팔 재앙은 8장~14장에 걸쳐 있다.

8장은 첫째나팔~넷째 나팔까지, 9장은 다섯째~여섯째 나팔
까지 나팔재앙은 적그리스도로부터 하늘백성이 받는 재앙으로
42달 동안 핍박과 박해이다(탕감기간).

계6:13~14절이 적용된다.

첫째 나팔환란부터 넷째 나팔환란까지

7재앙 시리즈는 독립된 실체라기보다는 서로 밀접한 연관성 가운데서 종말을 향하고 있다.

※하늘편(아벨)은 사탄편(가인)의 핍박을 당하면서 탕감조건을 세워서 믿음의 기대를 세운다. 아벨편은 하늘이 믿을 수 있는 기대(환경권)를 조성해야 한다. 전 3년 반의 해당하는 내용으로서 사탄분립기간에 속한다.

1. 일곱째 인을 떼실 때에 하늘이 반시 동안쯤 고요하더니

하나님의 백성들의 회개와 기도를 기다리시는 하나님의 자비로운 모습이다. 평안과 소망을 주시기 위해 기다리신다(렘29:11).

2. 내가 보매 하나님 앞에 시위한 일곱 천사가 있어 일곱 나팔을 받았더라

세상은 하나님의 뜻과 재림주님을 인식하지 못하고 영접하지 못하므로 나팔재앙이 전개된다.

오신 재림주님을 불신하므로 복귀섭리가 연장된다.

※'일곱 천사가 일곱 나팔을 받았더라'

1. 전쟁과 위험한 일에 대한 경고를 알리기 위해

2. 거룩한 절기, 안식일, 혹은 위대한 사람의 죽음을 알릴 때

3. 마지막 때, 하나님이 진노의 날을 선포하기 위해 사용한다.

4. 출애굽 10재앙과 많은 유사성의 표현이 있다.

구약에서의 나팔 : 인간역사에 하나님의 개입을 상징한다 (사27:13)

신약에서의 나팔

① 주님의 재림과 깊은 관계가 있다. (마24:31, 고전15:52, 살전4:16)

② 인간을 향한 경고이다(습1:16). 전쟁의 신호이다(민10:2~7, 딤후2:3~4).

3. 또 ①다른 천사가 와서 제단 곁에 서서 금 향로를 가지고 많은 향을 받았으니 이는 ②모든 성도의 기도들과 합하여 보좌 앞 금단에 드리고자 함이라

성도들이 드린 기도와 정성에 대한 응답이다.

①성도를 위해 봉사하는 기능을 가진 영체로서 성도의 기도는 하나님께 드린다.

②다섯째 인을 떼실 때(계6:9~11) 하나님의 뜻을 위해 죽임을 당하여 신원해 달라고 간청을 했는데 수가 차기까지 쉬라고 하셨다. 그런데 계7:4에서 14만4천 무리의 인 맞은 자의 수가 결정되어 마침내 심판의 때가 되었기 때문에 하나님의 심판과 진노가 시작된다.

4. 향연이 성도의 기도와 함께 천사의 손으로부터 하나님 앞으로 올라가는지라 성도들의 기도를 통하여 하나님은 세상에 대하여 하나님이 가지고 계신 뜻과 계획을 성취해 가신다(인간의 정성, 책임분담이 필요하다). 우리의 기도로 복귀섭리가 진행된다.

하나님 앞에 성도들의 신원을 합하여 기도의 향을 드린다. 이유는 계7:4에서 14만4천 무리의 인 맞은 자의 수가 결정되어 마침내 심판의 때가 되었기 때문이다. (예를 들면 노아가 방주를 지음으로써 심판이 시작됨) 기도가 상달되었다. 하나님이 들으실 수 있는 기도 : 선하신 뜻에 합당한 의로운 기도를 해야 된다.

5. 천사가 향로를 가지고 단 위의 ①불을 담아다가 땅에 쏟으매 ②뇌성과 음성과 ③번개와 ④지진이 나더라

①하늘편과 사탄편의 대접전이 예고되고 하나님의 진노가 시작된다.

②죄악의 세상에서는 패망과 응징으로 주의 백성에게는 하나님의 영광과 구원의 승리이다. (삼상7:10, 삼하22:14, 시104:7)

③하나님의 영광과 능력이다(출19:16~17, 삼하22:14~15, 겔1:13~14).

④하나님의 현현으로 심판과 진노를 상징한다(출19:18, 왕상19:11~12).

[나팔 소리]

나팔의 의미 : 하나님의 말씀을 따르지 않을 때에 재앙을 의미한다. 재림 때에는 선택받은 자들의 인침의 역사가 이루어지게 되고 이에 대한 사탄의 반대역사로 성도들에게 환란과 박해의 기간이 도래하면서 땅 위에는 하늘편과 사탄편의 선악 간의 세계적 대전쟁이 일어난다.

심판의 나팔이 울릴 날에 대비하는 삶을 살아야 한다. 하나님의 뜻과 계획 가운데 울리는 나팔소리를 들을 수 있어야 한다. 나팔은 승리와 멸망을 동시에 선포한다.민10:2~10 백성을 소집해서 전쟁을 통한 구원

출19:16~18 하나님의 임재(강림)

수6:1~4 심판

하나님이 임재 하셔서 구원과 심판으로 나눠진다(구원과 심판).

이미 임한 확실한 승리와 미래에 임할 최종적인 승리의 사이에서 잠시 고난을 당하더라도 세상의 유혹과 핍박에 넘어지지 말고 싸워 나가라고 하신다.

※ 7인에서 끝날 것인데 인간이 책임분담 못하므로 연장돼서 7나팔의 재앙이 나타나게 될 것을 예언한 것이다.

출애굽 10재앙과 유사성이 있다 : 10재앙이 내려져서 바로의 마음을 강퍅하

게 하여서 이스라엘 백성이 다시는 바로 밑에서의 삶을 끊게 하려는 것과 같이 7번의 재앙을 통해서 하나님의 백성들이 사탄 주관의 삶을 완전히 정리하게 하시려는 뜻이 있다.

6. 일곱 나팔을 가진 일곱 천사가 나팔 불기를 준비하더라

끝날의 대환란의 징조는 7단계로 나누어 일곱 나팔을 불면서 말세가 일어난다.

(나팔재앙은 하늘편에 대한 적그리스도들의 박해와 핍박을 중심으로 일어난다)

일곱 나팔의 의미는 완전하고 확실하게 심판하신다는 의미이다. 악은 일시적이고 부분적이다.

※신천지 오류

나팔은 화(재앙)로 되어있다. 신천지는 구원 나팔이라고 한다. 잘못된 해석이다.

7. 첫째 천사가 나팔을 부니 ①피 섞인 우박과 불이 나와서 땅에 쏟아지매 땅의 삼분의 일이 타 버리고 수목의 ②삼분의 일도 타 버리고 각종 푸른 풀도 타 버렸더라

①사탄의 대역사로서 사탄의 궤변이다(사14:12~13).

②사탄이 유혹하는 사슬과 궤변에 의한 영혼의 죽음이다.

고난과 핍박은 아벨이 먼저 받는 것이다. 이런 가운데 어떻게든 3분의 2는 남겨두신다. 회개할 기회를 주신다(겔5:2, 겔5:12, 슥13:8~9) : 3분의 2는 심판을 하고 3분의 1은 남겨놓는 것과 달리 3분의 1은 심판을 하고 3분의 2는 남겨놓는 형식을 취한다. 3분의 2는 심판 중에서도 재창조와 같은 하나

님의 백성으로 회복시키시고 만들어서 대접재앙을 내리신다. 하나님의 심판은 살리시는 심판이다. 의사가 갖고 있는 칼과 같다.

*나팔재앙 시작. 계8:7부터 계9:12까지의 다섯째 나팔까지가 첫째 화인 70년 대환란의 전 35년에 해당한다(계9:12). 이 기간에 속하는 세계적 대환란은 일제침략과 1,2차 세계대전의 혼란을 틈타 이후 전개되는 적그리스도의 창궐 등을 들 수 있다.

※우박은 인간을 하나님께로 돌아오게 하려는 재앙이자 형벌의 표현이다(출9:13~34, 시78:47, 시105:32) 피 섞인 우박은 하나님의 뜻이 이루어지는 것을 시기하고 두려워하여 마지막 총공세를 하는 사탄의 대역사이다(시14:12~13)

땅과 수목의 3분의 1이 타서 버린다는 것은 생리적 죽음이 아니라 영혼의 죽음이다.

첫째 나팔의 재앙은 70년 대환란 중에 전 35년으로 보아야 하므로 본격적인 환란의 시작이라고 할 수 있다(슥 13:8~9)

백성이 풀과 나무에 비유되므로(렘 5:14, 사 40:6~7) 이 풀과 나무에 내려지는 피 섞인 우박과 불은 진리의 말씀이 아니다. 사탄이 유혹하는 사술이자 허구적 궤변으로 일관하는 적그리스도의 출현과 1차 세계대전을 예고한 대환란의 시작을 예고한다.

8. 둘째 천사가 나팔을 부니 ①불 붙는 큰 산과 같은 것이 ②바다에 던져지매 바다의 삼분의 일이 피가 되고

①사탄편 바벨론과 같은 것이다(적그리스도국가).
②불순종한 죄악세력이다(구소련, 히틀러정권, 일제 등).
※둘째 천사의 나팔재앙은 애굽에 내린 첫째재앙과 관련이 있다. (출7:14~25)

여호와 전의 산은 이스라엘을 지칭하지만(사2:2) 사탄편의 산은 바벨론과

같은 멸망의 산이다(렘5:25) 따라서 '불붙은 큰 산'은 사탄편에 세워진 바벨론 같은 나라이다.

바벨론은 가증한 것들의 어미(계17:5)이며 종말에 멸망되어야 할 귀신(사탄)의 처소요 더러운 영이 모이는 곳(계18:2)이다. 또한 바벨론은 종말에 멸망을 받아 결코 다시 보이지 않는 것으로 예고된다.(계8:21)

그렇다면 현대에 있어 마땅히 심판받아야 할 바벨론은 어디인가?

첫째 천사의 나팔 때에 나온 피의 혁명론에 불붙은 나라이다. 그것은 바로 가증한 것들의 어미요 '불붙은 큰 산' 같은 나라는 구소련, 히틀러 정권, 일제 등의 적그리스도 국가들을 의미한다. 불붙은 큰 산 같은 것이 바다에 던지우매'는 바다가 악의 세력의 거처로 불순종한 죄악세상을 의미한다(계21:1, 단7:3).

바다의 3분의 1이 피가 된다는 것은 세계의 3분의 1이 사탄의 손아귀에 미혹됐다는 것을 의미한다.

9. 바다 가운데 생명 가진 피조물들의 삼분의 일이 죽고 배들의 삼분의 일이 깨지더라

교회가 3분의 1이 재앙에 의해서 파괴된다.

※생명을 가진 피조물의 3분의 1이 죽는다는 것은 인류 3분의 1의 육적인 죽음이 아니라 영적인 죽음을 말한다. 그러므로 끝날에는 3분의 1이 하나님을 부정하고 사탄의 사술인 적그리스도들의 지배를 받는다는 것을 예시한다. 배의 3분의1이 깨어짐은 배가 방주요 교회이므로 교회의 파괴를 예시한다. 1917년 피를 부른 러시아의 공산혁명 이후 전세계의 3분의 1 이상이 박해를 받았다는 사실을 볼 때 이러한 예언이 성취됐다. 성령을 거역하는 죄는 용서를 받을 수 없다(마12:32).

10. 셋째 천사가 나팔을 부니 ①횃불같이 타는 ②큰 별이 하늘에서 떨어져 강들의 삼분의 일과 여러 ③물샘에 떨어지니

①지도자 ②계9:1에 하늘에서 땅에 떨어진 별과 같은 별이다. 배교자(스탈린) ③세계 기독교 교회

※'횃불같이 타는 큰 별'의 이름은 쑥이다. 별은 선지자이며 교회의 사자이다.(계1:20) 또한 별은 예수님을 상징한다(계22:16, 마2:2) 그러나 여기 하늘에서 떨어진 큰 별은 독초인 쑥을 뜻하므로 계9:1의 땅에 떨어진 별과 동일한 별이며 횃불은 지도자를 의미한다(슥12:6) 이것을 종합해 보면 자기 사명을 못한 성도들 가운데 이단적 행위를 하는 배교자를 말한다. 스탈린 같은 자이다.

강은 평강(사66:12) 생명의 원천(시36:8~9) 성령의 상징이다(요7:38~39) 지혜 있는

자의 교훈은 생명의 샘이며(잠13:14) 여호와를 경외하는 것도 생명의 샘이다.(잠14:27) 또한 죄와 더러움을 씻는 샘이 다윗의 족속과 예루살렘에 임한다고 했다(수13:1, 시40:10, 잠10:11) 이와 같은 사실들을 종합해 보면 샘물은 크게 보면 세계기독교교회이다. 따라서 세계적으로 적그리스도들이 기독교교회의 3분의 1을 핍박하고 박해한다는 내용이다.

11. 이 별 이름은 쓴 쑥이라 물의 삼분의 일이 쓴 쑥이 되매 그 물이 쓴물이 되므로 많은 사람이 죽더라

독초, 우상숭배이다(신 29:8).

　*하나님을 정면으로 대적하는 적그리스도로 인하여 많은 사람이 재난을 당한다는 것이다.

　12. 넷째 천사가 나팔을 부니 ①해 삼분의 일과 ②달 삼분의 일과 ③별들의 ④삼분의 일이 타격을 받아 그 삼분의 일이 어두워지니 낮 삼분의 일은 비추임이 없고 밤도 그러하더라

　①아버지 ②어머니 ③형제(창37:9)
　④적그리스도에 의한 기독교의 박해이다.
　기독교의 말살정책이 필연적으로 일어난다는 뜻이다.

　13. 내가 또 보고 들으니 ①공중에 날아가는 독수리가 큰소리로 이르되 땅에 사 자는들에게 ②화, 화, 화가 있으리니 이는 세 천사들이 불어야 할 나팔 소리가 남아 있음이로다 하더라

　천사 : 하나님의 임박한 심판을 언급한다(렘48:40, 겔17:3, 호8:1).

　①하늘의 명령을 전달하거나 수행하는 사자의 역할로서 살육과 주검이 지상에 3차례의 큰 화로 나타날 것을 예언했다.

날아가는 독수리-긍정적, 부정적

1. 긍정적 구원을 상징하면서 능력과 비상의 민첩함을 나타낸다. (출19:4, 잠23:5, 사40:31)

2. 죽음과 파멸을 상징한다. (렘48:40~42) 하나님을 버린 자들에 대한 심판을 나타낸다.

a. 부정적: 살육당한 자가 있으며(욥39:26~30) 죽음이 있는 곳에 독수리가 보인다(마24:28).

b. 긍정적: 하나님의 명령 전달. 수행하는 사자의 역할(계12:14). 하나님 보좌 주위를 둘러싼 네 생물 중의 하나이다(계4:7).

②세 차례의 큰 화(전쟁)가 일어날 것을 예언한다.

a. 첫째 화: 일제와 같은 침략과 더불어 일어난 제1차 세계대전을 계기로 한 적그리스도 국가들의 도전이다.

b. 둘째 화: 제2차 세계대전으로 주축국은 독일이었다. 제1,2차 세계대전의 대환란은 시기적으로는 주님이 오실 시기인 70년 대환란의 전 35년 중에 일어났다. 세계 전쟁사에 의하면 19세기까지 전쟁에 의한 사망자가 1,400만 명이 된다고 한다. 그런데 1차 세계대전에서 850만이 죽었고, 제2차 세계대전에서 7,800만이 사망했다. 베트남전쟁이나 한국전쟁 등을 생각하면 죽은 자는 훨씬 더 많다. 이후에 인류는 하나님의 대환란을 깨닫고 회개를 하고 1950년대 중반까지는 세계적 평화안을 만들어야 했다. 그러나 인류는 1945년 10월 24일 UN 창설은 했으나 세계적 적그리스도의 국가 출현을 막지는 못했다.

c. 셋째 화로는 70년 대환란의 후 35년 대환란으로 이른바 아마겟돈전쟁(계16:16, 계19:17~21). 이 전쟁은 대사상전이라고 할 수 있는데, '하로마깃

돈'으로 하나님과 사탄의 마지막 결전을 의미하며 여기에서 악의 세력이 패배하고 하늘이 승리한다. 아마겟돈전쟁에 대한 선언은 계16:16에서 하고 실행은 계19:17~21에서 한다.

3번의 화(禍)를(계8:13) 중심한 70년 대환란의 섭리적 내용

첫째 화 (계9:1~9:11)	둘째 화 (9:13)	셋째 화 (16:1~16:21)
5번째 나팔재앙	6번째 나팔재앙	1~7 대접재앙(7번째 나팔)
1차대전(1914.4.28~1918.11.11)소련(피의혁명), 일제 히틀러 정권 WWWW(1914.4.28.~1918.11.11.) 소련(피의혁명), 일제, 히틀러 정권 (1914.4.28.~1918.11.11.) 소련(피의혁명), 일제, 히틀러 정권	2차대전 (1939.9.1.~1945.8.15.)배교자 스탈린에 의한 기독교 핍박. 세계 공산화 조직 완결 (1939.9.1.~1945.8.15.) 배교자 스탈린에 의한 기독교 핍박. 세계 공산화 조직 완결	아마겟돈전쟁(계16:16 선언, 계19:17~21) 대 사상전
전 3년 반(1920~1954)		후 3년 반 (1955~1989)
일제 침략. 1~2차 세계대전. 6.25전쟁		무신론을 중심한 공산주의와 세계적인 사상전

전쟁이란 언제나 정치, 경제, 사상 등이 원인이 되어 일어나게 된다. 그러나 이러한 것들은 어디까지나 외적인 원인에 불과하다. 거기에는 반드시 또 내적인 원인이 있음을 알아야 한다. 인간의 행동은 당면한 현실에 대응하려는 외적인 자유의지에 의하여 결정됨은 물론이거니와, 복귀섭리의 목적을 지향하여 하나님의 뜻을 순응하려는 내적인 자유의지에 의하여 결정되는 것도 있는 것이다. 이 인간의 자유의지에 의하여 일어나는 행동과 행동의 세계적인 부딪침이 곧 세계대전이기 때문에, 여기에도 내외 양면의 원인이 있다.

그러면 탕감복귀섭리로 본 세계대전의 내적인 원인은 무엇인가?

첫째, 주권을 빼앗기지 않으려는 사탄의 최후의 발악으로 인하여 세계대전은 일어나게 된다. 인간 시조의 타락으로 인하여 원래 하나님이 이루시려던 원리세계를 사탄이 앞질러 원리형의 비원리세계로 이루어 나왔다. 하나님은 이 비원리세계를 빼앗아 선의 판도를 넓히심으로 점차적으로 원리세계를 복귀하는 섭리를 해 나오셨다. 그런데 사탄을 중심한 악주권의 역사는 재림주님이 나타나심으로써 종말을 짓고 하나님을 중심한 선주권의 역사로 바뀌게 되는 것이므로, 그때에 사탄은 최후의 발악을 하게 된다.

둘째, 하나님의 3대 축복을 이룬 형의 세계를 사탄이 앞서 비원리적으로 이루어 왔으므로, 이것을 복귀하는 세계적인 탕감조건을 세우기 위하여 세계대전이 일어난다. 하나님은 인간을 창조하시고 3대 축복을 하셨기 때문에, 그 인간이 타락되었다고 해서 이 축복을 파기하실 수 없다. 때문에 타락한 인간이 사탄을 중심하고 그 축복형의 비원리세계를 앞질러 이루어 나아가는 것을 허락하시지 않을 수 없는 것이다. 인류역사의 종말에는 사탄을 중심한 개성완성, 자녀 번식, 피조세계 주관 등 3대 축복 완성형의 비원리세계를 이루게 된다. 하나님이 3대 축복을 복귀하기 위하여는, 사탄을 중심하는 3대 축복 완성형의 비원리세계를 소생, 장성, 완성의 3단계에 걸쳐서 치는 3차의 세계대전이 일어나지 않을 수 없는 것이다.

셋째, 예수님의 3대 시험을 세계적으로 넘게 하기 위하여 세계대전이 일어나게 된다. 예수님의 노정은 성도들이 걸어야 할 노정이므로, 성도들은 예수님이 광야에서 당하신 3대 시험을 개인적으로 가정적으로 국가적으로 세계적으로 넘어야 한다. 그리하여 전인류가 예수님의 3대 시험을 3차에 걸쳐 세계적으로 넘어가는 것이 3차에 걸친 세계대전인 것이다.

넷째, 주권복귀를 위한 세계적인 탕감조건을 세우기 위하여 세계대전이 일어나게 된다. 인간이 타락되지 않았더라면, 하나님 주권의 세계가 이루어졌을 것이다. 그러므로 이 타락세계를 가인 아벨 두 형의 세계로 분립한 다음, 아벨형의 하늘세계가 가인형의 사탄세계를 쳐서 가인이 아벨을 죽인 것을 세계적으로 탕감복귀하여, 하나님 주권의 세계를 찾아 세워야 한다. 이를 위한 최종의 전쟁을 수행함에 있어서도 3단계를 거쳐야 하기 때문에, 3차의 세계대전이 오게 되는 것이다. 그러므로 세계대전은 종적인 섭리노정에서 주권복귀를 위하여 있었던 모든 싸움의 목적을 횡적으로 탕감복귀해야 하는 최종적인 전쟁인 것이다.

화(禍)를 중심한 70년 대환란의 섭리적 내용

화(禍) (9:1)	첫째 화 (9:1)	둘째 화 (9:13~11:14)	셋째 화 (11:15~16:21)
재앙	1~5번째 나팔재앙	6번째 나팔재앙	7번째 나팔(1~7 대접재앙)
내용	①피 섞인 우박과 불로 땅과 수목의 1/3이 태워짐. ②바다1/3이 피로 변하고 바다 생명의 1/3이 죽고 배들의 1/3이 깨짐. ③큰 별이 떨어져 물들의 1/3이 쑥이 되고 사람이 죽음. ④해·달·별의 1/3이 침을 받아 빛 잃음. ⑤황충재앙(적그리스도 사상적 혁명 태동) 하나님의 인맞은 종들은 보호됨(계9:3~4)	큰 강 유브라데에 결박된 네 천사를 풀어줌. 사람 1/3을 죽임. 수억 군대. 말들의 입에서불·연기·유황으로 인하여 사람 1/3 죽임. 말들의 힘은 입과 꼬리에 있음. 꼬리에는 뱀 같고 머리가 있음. 우상숭배, 음행, 도적질, 살인, 복술을 행함. 두 증인의 순교와 부활 승천이 이루어짐(계11:3~14)	7번째 나팔을 불 때 주님의 나라가 세세토록 왕 노릇을 한다고 알림. 하나님의 진노의 때가 임하여 일곱 대접재앙(독한헌데, 바다생물 사망, 강과 물이 피 됨, 불로 사람 태움, 어둠, 강물 마름, 맹렬한 진노의 포도잔)이 시작됨.
70년 대환란 실상	7년 대환란 전 3년 반 ⇒ 70년 대환란 전 35년 일제침략, 1·2차 세계대전 6.25남침 한국전쟁 등		7년 대환란 후 3년 반 ⇒ 70년 대환란 후 35년 무신론 공산주의 세계적화, 빈라덴, 주체사상 등 영적빈곤
심판과 승리	1920~1954년 세계공산화 태동 ⇒ 전쟁 중 한국기독교 대분열 한미상호방위조약(1954)		1955~1989년 * 베를린 장벽 붕괴(1989.11) * 구 소 련 의 해 체(1991.12) *김일성 사망(1994.7.8) ⇒ 네 번 할렐루야(신원, 3대 축복, 하나님 참보좌, 통치) 어린양 혼인 잔치(19:1~9)

제9장

자연계의 재앙이 아니라 사상재앙이다. 마르크스사상이 잉태되는 상태이다. 공산혁명이 일어나면서 공산당이 출현한다. 직접 인간을 대상으로 핍박하지만 하나님에게 인 맞은 사람은 해치지 못하게 한다. 1/3만 해치게 한다. 황충은 이마에 인 맞지 않은 사람만 해친다. 1,2차 세계대전으로 육적사망도 많이 일어났다. 무저갱에서 올라온 짐승이다(계9:1, 계11:7, 계13:1, 계17:7).

다섯번째 나팔환란과 여섯번째 나팔환란

1. ①다섯째 천사가 나팔을 불매 내가 보니 ②하늘에서 땅에 떨어진 별 하나가 있는데 ③그가 무저갱의 열쇠를 받았더라

①사상재앙. 공산당 출현이다(1910년).

②하늘에서 내쫓긴 천사장 누시엘이다(눅10:18). 실제적 사탄의 존재는 마귀의 사주를 받은 가룟유다, 스탈린, 김일성과 같은 적그리스도의 인물이다(요13:2). 타락한 자이다.

③계20:3에서처럼 무저갱에 결박된 용이 잠깐 놓이리라는 내용과 같다. 한 없이 깊은 곳, 사탄은 인간을 일정 기간 해칠 권세를 갖지만 결국 사탄은 망할 권세이다. 사탄의 활동이 하나님의 통제 아래 있으며 하나님의 허락한 범위 내에서 이뤄진다. 아벨이 책임하지 못하면 하나님은 사탄의 활동을 제한적으로 허락할 수밖에 없다. 하나님으로부터 제한된 기간에 제한된 권세를 받았으므로 두려워할 것이 없다.

2. 그가 무저갱을 여니 그 구멍에서 ①큰 화덕의 연기 같은 연기가 올라오매 ②해와 공기가 그 구멍의 연기로 말미암아 어두워지며

①연기는 하나님의 운행하심과 하나님의 능력과 임재하심을 표현하지만 '연기 같은 연기'라고 표현함으로써 창조주 하나님을 흉내내는 사탄을 뜻한다.

②그리스도 복음운동이 하늘에 대적하는 사탄의 발악적 행동으로 침해를

받는다는 말씀이다.

3. 또 ①황충이 ②연기 가운데로부터 땅 위에 나오매 그들이 땅에 있는 ③전갈의 권세와 같은 권세를 받았더라

①노략질과 사람을 징계하는 곤충(왕상12:11~14, 겔2:6)으로서 사람을 죽이는 것이 아니라 고통을 주는데 있다. 죽음보다 더한 고통이다. 재림시대의 황충은 공산주의자를 상징한다.

②사탄의 앞잡이인 적그리스도들로서 계수할 수 없을 정도의 많은 수를 거느리고 노략질을 하며 하늘 백성을 핍박한다.(사33:4, 렘46:23, 렘51:4) 공산주의자들이다.

③기습적이고 저돌적으로 인간의 영혼을 죽이는 독성을 가졌다.(눅10:49) 치명적이다.

4. 그들에게 이르시되 ①땅의 풀이나 푸른 것이나 각종 수목은 해하지 말고 오직 ②이마에 하나님의 인침을 받지 아니한 사람들만 해하라 하시더라

①사탄의 박해가 아무리 강하여도 하나님의 백성들에게는 영생을 준다. 하늘에 인 맞은 자는 해할 수 없다.(눅10:19, 요10:28) 인간의 영혼을 해할 수 없는 권세다.

②비신자에게 내리는 재앙인데 육체를 죽이는 재앙은 아니다. 성령을 받지 않은 자들이 악의적인 사상으로 인해 받게 되는 정신적 영적인 고충을 말한다. 하늘의 배반자들 인 맞지 않은 사람만 해치려 한다.

5. 그러나 그들을 죽이지는 못하게 하시고 다섯 달 동안 괴롭게만 하게 하시는데 그 괴롭게 함은 전갈이 사람을 쏠 때에 괴롭게 함과 같더라

하나님이 허락한 기간 동안 잠시(완성수의 10의 반이므로) 괴롭게만 하지

죽이지는 못한다. 결국은 망할 권세이다. 한시적이다. 하나님 주권 안에서 안도의 쉼을 쉴 수 있고 마음의 여유를 가져야 한다.

다섯 : 창조 수, 은혜의 수, 오백 데나리온과 오십 데나리온을 빚진 자에 대한 은혜로 탕감 받는 이야기가 있다(눅7:41).

6. 그날에는 <u>사람들이 죽기를 구하여도 죽지 못하고</u> 죽고 싶으나 죽음이 그들을 피하리로다

죽음의 자유마저도 없는 생활이다. 실제로 스탈린 독재 아래서의 생활은 공포와 비극의 생지옥이었다. 특히 볼셰비키의 목표는 가정파괴였다. 가족은 자기중심주의의 온상이라고 하였다.

7. ①황충들의 모양은 전쟁을 위하여 준비한 ②말들 같고 그 ③<u>머리에 금 같은 관</u> 비슷한 것을 썼으며 그 ④<u>얼굴은 사람의 얼굴 같고</u>

*세계적으로 확산된 적그리스도인 황충의 구체적인 모습이다.
①공산주의자, 인본주의자, 이단자들이다.
②종횡무진으로 도전해오는 신속성이다.
③적그리스도가 일시적으로 승리했다. 일시적 통치, 거짓 왕이다.
④사탄도 자기를 광명과 의로운 천사로 가장했다(고후11:13~15). 인류의 최고의 이상적인 사상으로 평화와 의를 얘기한다.

8. 또 ①여자의 <u>머리털 같은 머리털</u>이 있고 그 ②<u>이빨은 사자의 이빨</u> 같으며

①매력적이고 유혹적인 사상체계를 갖추고 있다.
②무서운 힘과 강한 침투력이다.

9. 또 ①<u>철 호심경 같은 호심경</u>이 있고 그 날개들의 소리는 ②<u>병거와 많은 말들이 전쟁터로 달려 들어가는</u> 소리 같으며

①강한 정복력이다.

②매우 투쟁적이고 젊은이들과 지식층들까지도 유혹할 수 있는 대중적 인기가 있다.

10. 또 ①전갈과 같은 꼬리와 쏘는 살이 있어 그 꼬리에는 ②다섯 달 동안 사람들을 해하는 권세가 있더라

①적그리스도들은 꼬리와 같은 하부구조를 갖추고 있어서 누구나 한 번 빠져들면 나오기 힘들다.(공산주의는 노동자, 농민을 선동한다.)

②실제 행동하는 기간은 길지 못한다. 왜냐하면 한 이레 동안의 언약을 굳게 정하였기 때문이다.(단9:27)일정기간이다.

11. 그들에게 왕이 있으니 무저갱의 사자라 히브리어로는 그 이름이 아바돈이요 헬라어로는 그 이름이 아볼루온이더라

파괴자, 인류의 멸망을 초래하는 자이다. 무저갱에 떨어진 사자, 하늘에서 떨어진 별 하나를 말한다(계9:1, 사14:12, 요8:44).

아볼루온 : 제우스의 신 아들인 태양 신 아폴로를 모방하는 도미티안에 대한 암시이다.

12. ①첫째 화는 지나갔으나 보라 아직도 이 후에 ②화 둘이 이르리로다

①1차세계대전(1914.4.28.~1918.11.11.)이 끝났다.

②1920년대를 중심으로 2차세계대전과 같은 전쟁의 씨앗이 잉태되고 그러한 소용돌이 속에서 적그리스도들이 더욱 강하게 출현한다고 볼 수 있다.(계11:2)

'화' 둘이 남아있으므로 회개를 촉구한다.

13. ①여섯째 천사가 나팔을 불매 내가 들으니 ②하나님 앞 금 제단 ③네 뿔에서 한 음성이 나서

*세계 공산화 조직을 완결(구소련)한다. 계7:1~3 붙잡아 놓은 천사를 불지 못하게 했으나 인간이 불신하므로 70년 대환란을 겪게 된다.

①후 3년 반, 세계 공산화 시작(1955년)

②성도들의 기도를 올리는 곳(계8:3) 하나님의 심판이 공의롭다는 것을 선포한다.

③구원의 뿔로 하나님의 사역을 위해 활동하는 네 천사이다(시18:2, 삼하 22:2~3).

여섯 번째 재앙은 죽음이 찾아온다. 영원한 죽음의 고통이다.

14. 나팔 가진 여섯째 천사에게 말하기를 ①큰 강 유브라데에 결박한 ②네 천사를 놓아 주라 하매

로마제국은 기마부대인 파르티안인의 침략을 두려워했다.

①앗수르와 바벨론 지역으로서 죄악과 원수의 땅이다. 즉 사탄에 속한 네 천사들로서 원수들이 일어나는 근원지로서 놓아준다는 것은 하나님편과 사탄편의 대접전을 예고한다.

임진강 같은 곳이다. 종말의 격전지이다. : 아마겟돈

②하나님의 진노의 심판이 더욱 강해진다. 구원하시려고 했지만 주님을 알아보지 못하고 인간들이 회개하지 않으므로 하나님은 더 이상 참으시지 않음을 뜻한다.

※유브라데에 결박한 네 천사

유브라데강은 알메니안산에서 시작되며 서아시아에서 제일 길고 큰 강이다. 이 지역은 상징적으로 인간의 죄가 시작된 장소이다(창2:14).

니므롯의 아내 세미라미스가 거짓 종교를 만들고(창10~14장) 바벨탑을 건축했을 뿐만 아니라 바벨론제국을 세운 곳도 바로 이곳이다. 그러므로 이곳은 악의 출발이며 악의 세계를 상징하기 때문에 이곳에서 마지막 싸움을

해서 하나님의 나라를 찾아 세운다는 것을 상징한다.

15. 네 천사가 놓였으니 그들은 ①그 년 월 일 시에 이르러 ②사람 삼분의 일을 죽이기로 준비된 자들이더라

①우발적인 것이 아니고 치밀하게 계획된 것이다. 시기와 때를 정한다.

②세계 인구의 1/3이라는 큰 재앙(1/3이 공산화가 되어 진다). 성도와 교회를 핍박하는 적그리스도의 나팔재앙이 심각해졌다. 70년 대환란의 후 35년의 진입으로 볼 수 있다.

불신자들이다.

16. 마병대의 수는 이만 만이니 내가 그들의 수를 들었노라

파르티안인 상징이다.

2억(대규모의 동원)명이다. 가진 힘과 파괴력이 엄청나다.

17. 이 같은 환상 가운데 ①그 말들과 그 위에 탄 자들을 보니 불빛과 자줏빛과 유황빛 호심경이 있고 또 ②말들의 머리는 사자 머리 같고 그 입에서는 ③불과 연기와 유황이 나오더라

*무저갱에서 올라온 짐승(계11:7)

①붉은 말과 그 탄 자들(계6:3~4) 강한 방어력을 갖고 있다. 전쟁으로 인한 재난을 상징한다.

②사탄의 선지자들로 11장 이후에는 무저갱(악을 상징하는 땅)에서 올라오는 짐승으로 묘사된다.(계11:7, 계13:1, 계13:11, 렘5:13)탐욕과 파괴력을 상징한다.

③사탄의 허구에 찬 사술과 궤변 이론이다. 유황에 취하면 정신을 잃는다. 소돔과 고모라가 연상된다.

18. 이 세 재앙 곧 자기들의 입에서 나오는 불과 연기와 유황으로 말미

암아 사람 삼분의 일이 죽임을 당하니라

거짓 말씀으로 삽시간에 번진다.

19. ①이 말들의 힘은 입과 꼬리에 있으니 꼬리는 ②뱀 같고 또 ③꼬리에 머리가 있어 이것으로 해하더라

①공산주의 사상의 특징을 이해해야 한다. 지혜로운 궤변이다. 노동자 농민을 이용한다.

②지혜롭다(마10:16)

③노동자 농민이 주인이라고 선동한다.

20. 이 재앙에 죽지 않고 남은 사람들은 손으로 행한 일을 회개하지 아니하고 오히려 여러 귀신과 또는 보거나 듣거나 다니거나 하지 못하는 금, 은, 동과 목석의 우상에게 절하고

나팔재앙에 죽지 않고 남은 자들이 한 나쁜 행동을 회개하지 않는다(계6:15,계16:11)

회개와 기회를 소중하게 생각하지 않는다.

21. 또 그 살인과 복술과 음행과 도둑질을 회개하지 아니하더라

재앙의 목적은 회개시키기 위한 것임을 알 수 있다.

나중에 대접재앙으로 멸망한다.

하나님의 시각으로 세상을 봐야 된다. 세상은 선교구원의 대상이 될 수는 있어도 더 이상 우리의 부러움이 아니다. 세상의 화려한 외형 뒤에 숨어있는 신음소리, 고뇌의 소리, 허무의 몸짓을 볼 수 있어야 한다. 주님을 버린 자들이 황폐함을 공감하면서 그들에게 삶의 길을 제시해야 한다. 구원의 중보 역할을 해야한다. 아벨로서 책임을 다해야 한다.

다섯 번째 나팔재앙과 여섯 번째 나팔재앙의 비교

다섯 번째 나팔	여섯 번째 나팔
다섯 달 동안 사람들을 괴롭힘	사람의 3분의 1 죽음
무저갱에서 올라옴	유브라데에 대해서 옴
아볼루온 천사의 인도를 받음	유브라데 4천사의 인도를 받음
시끄러운 날개소리 (거대한 기병대 같음)	2억 명의 군대
사람의 얼굴	사자 머리
철 흉갑	불빛과 자줏빛, 유황빛, 흉곽, 입에서 불과 연기와 유황이 나옴
사자 같은 이	말들의 힘은 입과 꼬리에 있다. 꼬리는 뱀 같고 꼬리에 머리가 있다.
전갈 꼬리	
전갈의 쏘는 살	
긴 머리털과 금 면류관	

7장은 위로의 말씀인데 10장은 위로를 넘어서 세상에 참된 참여를 통해서 하나님 나라를 위해서 복음을 외쳐야 한다.

중간계시(보충계시)를 두는 이유

1. 고난당하는 성도를 위로하고 격려한다.

2. 하나님께서 우주의 열쇠를 가지고 계시며 승리할 것을 기억하시기 위해서이다.

제10장

10~15장 중간계시(심판과 심판 사이의 계시). 8~9장을 좀 더 구체적으로 설명한다. 재앙이 힘들기 때문에 계시의 내용을 가르쳐 주면서 믿음과 소망과 위로를 주는 것이다. 일곱 나팔재앙의 비밀을 말씀해 주신다. 재림주님이 오시면 새말씀으로 역사하신다. 고난당하는 성도들에게 위로를 주시고 하나님께서 승리하심을 예시한다.

천사와 작은 책

1. 내가 또 보니 ①힘 센 다른 천사가 ②구름을 입고 하늘에서 내려오는데 그 머리 위에 ③무지개가 있고 그 ④얼굴은 해 같고 그 발은 불기둥 같으며

①6번째 나팔까지는 재앙을 부르는 천사였지만, 본 절은 하나님의 섭리를 돕는 천사로서 메시아 입장이다(슥3:1). 참부모님을 불신함으로 직접 주관하시지 못하고 천사가 협조한다(전 3년 반).

②하나님의 임재하심을 의미한다.(출19:9, 출33:9, 민12:5, 신31:15) 관찰자가 아니라 참여자이다. 탕감복귀가 진행된다.

③하나님이 세상과의 약속을 이루려는 징표(창9:13)이다. 주님의 재림은 하나님이 약속하신 언약으로 정녕코 이루신다(사46:11)

④하나님의 은혜 가운데 그 뜻과 섭리를 위해 역사하는 선한 천사(주님)라는 뜻이다.

2. 그 손에는 펴 놓인 ①작은 두루마리를 들고 그 ②오른 발은 바다를 밟고 왼 발은 땅을 밟고

①겔2:9~3:3까지의 내용이 배경이다. 하나님의 비밀을 반드시 알려주셔야 할 말씀으로 주님이 승리하실 말씀이다. 하나님을 확실히 알게 되고 못

다하신 말씀을 다 하신다(고전13:12, 요16:25, 요16:12). 일곱 인의 인봉한 두루마리가 아니다. 부분적인 성취의 말씀이다. 복음수준의 말씀으로서 온전한 말씀이 아니다. 재림주님의 실체 말씀이 온전한 것이다(안팎으로 인봉된 두루마리이다).

②죄악 세상에 대한 새로운 구원섭리의 선포를 의미한다. 전 세계에 영향력을 크게 미친다(시69:34)

3. <u>사자가 부르짖는</u> 것같이 ①큰 소리로 외치니 그가 외칠 때에 ②일곱 우레가 그 소리를 내어 말하더라

위엄 있는 하나님의 음성(호11:10, 암3:8)이다.

①안타까움과 간절함이 있다. 주님이 이미 왔는데 아직도 모르느냐(전 3년 반).

②신적 음성 : 하나님의 뜻과 계획을 위한 심판의 말씀이다. 엄중한 선포이다.

4. ①<u>일곱 우레</u>가 말을 할 때에 내가 기록하려고 하다가 곧 들으니 하늘에서 소리가 나서 말하기를 일곱 우레가 말한 것을 ②<u>인봉하고 기록하지 말라 하더라</u>

①하나님의 응하심이다.(출19:16), 하나님의 창조성이다(시104:7). 일곱 우레는 재창조의 완성을 위한 새말씀의 선포 내용이다.

②아직 주님이 강림하시지 않았기 때문이다(단8:26). 재림하실 때 하늘의 비밀인 새말씀이 복음과 같이 이루어진다.(계16:1) 대접재앙~사탄편 응징, 성경 말씀은 많은 부분이 감추어져있다. 재림주님을 불신함으로 아직 받을 준비가 안 되어서 인봉하라고 하셨다. 온전히 이루어질 때가 아니다. 7번째 나팔 불 때 이루어진다. (계10:7).

5. 내가 본 바 바다와 땅을 밟고 서 있는 천사가 하늘을 향하여 오른손을 들고

*계10:5~6은 단12:6~7의 내용이 배경이다.

계10:1에 나오는 힘센 천사이다.

6. 세세토록 살아 계신 이 곧 하늘과 그 가운데에 있는 물건이며 땅과 그 가운데에 있는 물건이며 바다와 그 가운데에 있는 물건을 창조하신 이를 가리켜 맹세하여 이르되 지체하지 아니하리니

천사가 일곱째 나팔을 불 때 하나님의 비밀이 성취된다. 즉 일곱 대접의 심판을 통해서 시작된다.

대접재앙 : 하늘편이 사탄편을 심판한다.

7. ①일곱째 천사가 소리 내는 날 그의 나팔을 불려고 할 때에 하나님이 그의 종 선지자들에게 전하신 복음과 같이 ②하나님의 그 비밀이 이루어지리라 하더라

0장. 하나님 비밀 밝혀짐
새말씀 출현 예언
(10:7,11)
마24:21,22

①하나님의 뜻을 알리는 의로운 천사로서 새시대를 알리는 주님의 새말씀을 선포하는 장엄함을 알린다.

②말세에 이루어질 하나님이 경륜하시는 섭리이

다(창조, 타락, 복귀, 재창조에 대한 비밀). 마지막 일곱 대접재앙이 끝나고 하나님의 통치의 최종적인 모습이 계시된다.

　인간의 타락으로 하나님의 창조목적의 세계가 비밀이 되어졌다. 하나님의 뜻이 드러나는 비밀이다(고전4:1). 하나님 나라의 완성이다. 창조목적 완성이다. 하나님 나라의 도래이다. 그리스도의 비밀은 참부모님이 오셔서 하나님 나라를 완성한다.

　8～11절은 힘 쎈 천사에서 요한으로 옮겨진다. 요한은 두 가지 사명이 있다.

　1. 하나님 말씀을 듣고 실천하는 사명
　2. 세상의 복음을 전하는 사명

8. 하늘에서 나서 내게 들리던 음성이 또 내게 말하여 이르되 네가 가서 바다와 땅을 밟고 서 있는 천사의 손에 펴 놓인 두루마리를 가지라 하기로

　1. 보좌에 앉으신 이의 두루마리(계5:1) : 어린 양이 떼신다.
　2. 힘 쎈 천사의 작은 두루마리(계10:2, 10:8) : 요한이 먹은 두루마리, 계시의 일부이다.
　계10:10 하나님의 창조와 구속의 일부만이 드러나 있는 것을 요한이 먹은 것이다. 재림의 때에는 인봉하지 않은 말씀을 전하게 된다.(계22:10)
　하나님의 비밀의 말씀으로 다시 예언하고 가르쳐야 할 새말씀이다. (계10:11)
　대환란 때에 있을 주님의 새말씀으로 새노래와 같다.(계14:3, 계15:3)
　비유와 상징(요16:25) 말씀이 끝날에는 얼굴과 얼굴이 마주대어 보는 것 같이 비밀이 풀린다(고전13:12).

　9. 내가 천사에게 나아가 작은 두루마리를 달라 한즉 천사가 이르되 갖

다 먹어 버리라 네 배에는 쓰나 네 입에는 꿀같이 달리라 하거늘

단맛을 경험해야 쓴맛도 감당할 수 있다.

하나님의 말씀을 받는 것은 큰 기쁨이지만 그 말씀을 소화하여 실천에 옮기어 행하며 따른다는 것은 쉬운 일이 아니고 그 내용이 갖고 있는 아픔이 있기 때문이다.(겔2:9~3:3) 복귀의 한이 있다.

10. 내가 천사의 손에서 작은 두루마리를 갖다 먹어 버리니 내 입에는 꿀같이 다나 먹은 후에 내 배에서는 쓰게 되더라

요한이 관찰자가 아니라 동참자가 된다. 복음은 구원을 가져다주기 때문에 달다(작은 두루마리).

11. 그가 내게 말하기를 네가 많은 백성과 나라와 방언과 임금에게 다시 예언하여야 하리라 하더라

하나님의 오른손에 있는 두루마리로서 인봉을 떼신 말씀을 다시 예언하신다.

위로만 받는 것이 아니라 사명자가 되어야 한다. 일곱 교회로부터 기독교를 점점 확대시켜 나아 왔다.

계10:4에서는 인봉하지만 본절에서는 예언하리라 말씀하신다.

계시가 끝나지 않았다(계5:5, 계10:11, 요16:12, 요16:25, 고전13:12). 새 말씀이 나온다.

사도 요한은 단순히 앞에서 나오는 환상들을 반복하는 것이 아니라 장차 올 하나님의 진노와 종말론적인 역사를 구체적으로 계시했다.

다시 주님이 오시면 주님의 길을 예비해야 할 사명을 뜻한다. 그 사명은 단순히 요한이나 이스라엘에 국한된 것이 아니라 재림시대에 전 인류를 포괄할 것이다.

※7장에는 위로와 격려를 하시지만 10장에는 사명자로서 하나님 나라를 위해서 복음을 증거하고 동참해야 한다. 인내하고 승리해야 한다. 주님의 자녀가 되어 죽어가는 것보다 나에게 고통을 안겨 준 자를 위해서 뜻길을 가는 것이 쉽지 않다. 아픔을 알지만 하나님이 가라고 하신 땅에 새로운 마음으로 가야 한다. 아픔의 현장으로 기쁨의 사역을 해야 한다.

교회가 대적들의 핍박을 받으면서도 하나님의 보호 가운데 자신들이 가지는 증인으로서의 사역을 수행하는 기간을 말한다.

제11장

일제핍박시대~6.25전쟁까지(1920~1954) 두 증인의 죽음과 부활이다. 시기적으로 전 3년 반. 실제적인 대환란을 묘사한다. 전 3년 반에 해당한다.

두 증인

재림주님 앞에 준비된 기독교(구교, 신교)의 죽음(핍박)과 부활(성령운동)

1. 또 내게 ①지팡이 같은 갈대를 주며 말하기를 일어나서 ②하나님의 성전과 제단과 ③그 안에서 경배하는 자들을 측량하되

*주님과 함께하면 구원을 받고 함께하지 않으면 짓밟힌다. 7년 대환란의 전 3년 반이다. 하나님의 일선이자 사탄의 일선이다. 재림주님을 따르는 14만4천은 지켜주신다.

①하나님의 심판의 도구로 하나님의 백성인지를 측량하신다(겔40:3~4, 사10:5).

측량 : 하나님백성들에 대한 신적인 보호를 상징한다.

②교회를 넘어서서 주님이 임하시는 선민의 나라이다.

③주님을 알아보고 모시는 자들이다. 하나님이 은혜를 내려 주신다. 고난은 받지만 하나님의 보살핌을 받는 공동체이다. 신자들이 당하는 고통은 세상을 구원하는 사역기간 동안 당하는 아픔이다.

2. 성전 ①바깥 마당은 측량하지 말고 그냥 두라 이것은 이방인에게 주었은즉 그들이 ②거룩한 성을 ③마흔두 달 동안 짓밟으리라

①주님을 따르지 않는 자들이다. 42달 동안 짓밟힌다. 믿음이 없는 사람들이다.

②거룩한 성은 교회를 상징한다.

③일제 36년(3년 6개월). 헤롯왕의 통치 36년은 재앙의 시대 가운데 교회가 담당해야 할 복음 전파의 사명이다.

※성전 바깥마당 : 주님을 따르지 않는 무리들이다. 이들이 이방인과 더불어 주님의 나라를 핍박한다. 본문의 뜻은 70년 대환란에 사탄과 그를 따르는 세력들이 주님의 나라를 핍박하고 박해한다는 말씀이다(계11:7, 13:5,15) 그러나 하나님의 백성들이 육적으로는 핍박과 박해를 받을 수 있으나 영적으로는 승리해서 그 환란(일제시대)을 이기고 나온다.

거룩한 성 : 영적 이스라엘국가이다.

※마흔 두 달(계11:2, 13:5) : 모두 사탄(짐승)이 땅의 권세를 잡는 기간을 말한다. 또한 '일천이백육십일'이라는 기간은 계11:3, 계12:6에 나오며 계12:14에서는 같은 기간이 '한때 두 때와 반 때'라는 말로 묘사되었다. 이 모든 햇수는 3년 반이라는 기간을 나타낸다. 이와 같이 '3년 반'이라는 기간(전 3년 반)은 다니엘의 예언이 그 배경이 된 것이라는 것을 단9:27, 단7:25, 단12:7 단12:11에서 알 수 있다.

시험의 때이다. 이 숫자들은 안티오쿠스 에피파네스가 유대인을 억압하고 몰살시키려고 시도했을 때 유대인들이 받을 굉장한 핍박과 고난을 묘사하기 위해 다니엘이 사용한 숫자들이다. 안티오쿠스의 행위는 황폐하게 하고 멸망케 하는 불경스러운 일이었다. 그것은 BC 167년에 시작하여 BC 164년 12월에 종결되었으며, 종결과 함께 성전은 정화되고 다시 봉헌되었고 그것은 차후에 빛의 축제로 기념되었다. 유대인의 전쟁에서 요세프스는 이 기간이 3년 반이었다고 확언한다. 이것은 로마 그리스도인들이 AD 64년 7월의 대화재 이후부터 AD 68년 6월 네로가 자결하기까지 네로에게 박해를 당한 기간과 대략 똑같다는 점이 중요하다. 게다가 이것은 AD 66년에 시작하여 AD 70년 8월 예루살렘과 성전의 멸망으로 종결된 거룩한 것에 대항한

로마의 군사출정 기간과도 대응한다. (마24:15, 눅21:20~24)

이렇게 해서 3년 반 1260일(계12:6) 42달 한때 두때 반때(계11:2, 계13:5, 계12:14)는 심한 핍박의 시기를 나타내는 숫자적인 상징이 되었다. 요한계시록을 계속 읽으면서 이 숫자들이 증언하는 것은 성도들이 핍박받는 기간이다(계11:3).

3. 내가 나의 두 증인에게 권세를 주리니 그들이 ①굵은 베옷을 입고 ②천이백육십 일을 예언하리라

두 증인의 여정이 재림주님의 고난, 부활, 승천을 그대로 따르는 것으로 묘사된다. 교회가 감당해야 할 사명이 재림주님을 전하는 것만이 아니라 재림주님이 걸어가신 길을 그대로 따르는 삶으로 드러나야 한다는 것을 말해준다.

①슬픔, 혹독한 시련과 핍박이 있다(일제 36년 기간).

②전 3년 반이다.

*이방인이 짓밟는 기간인 동시에 주님이 오실 것을 예언하고 주님 맞을

준비를 시키는 기간이다. 여자가 낳은 아들을 양육하는 기간이다.

4. ①그들은 이 땅의 주 앞에 서 있는 ②두 감람나무와 두 촛대니

①주님과 함께하고 있는 사람들이다. 성령의 권능을 받은 존재로서의 증인을 말한다.

두 촛대 : 하나님의 새로운 교회 공동체이다.

②재림주님을 새롭게 따르는 무리이다. 재림주님과 함께 싸우는 자들이다. 14만4천 무리이다. 신원해 달라는 무리이다(계6:2, 계17:14, 계19:11).

*계17:14을 보면 주님과 함께하고 있는 사람은 두 사람이 아니고 두 단체이다.

구교, 신교(14만4천) 진실한 사람들이다(빼낸 자).

4~6절 '두 증인'의 신분에 대하여 구체적으로 주 앞에 서 있는 감람나무이다. 인간이 영육으로 타락했으므로 육의 깨끗함을 예비하기 위해서 물의 선지자인 모세(제사장입장)를 준비했고 영의 깨끗함을 예비하기 위해 불의 선지자인 엘리야(예언자)를 준비했다. 이 사명은 예수 앞에 엘리야의 사명으로 세례요한(예언자), 모세의 사명으로 사가랴(제사장)를 예수님 앞에 두 감람나무 사명을 하기로 준비되었다. 그러나 그들이 사명을 다하지 못해 예수님은 사가랴와 같은 사명자로 베드로를, 세례요한 같은 사명자로 사도바울을 세워서 기독교시대를 열었다. 이 전통에 따라서 재림주님 앞에 구교를 대표한 성도들과 신교를 대표한 성도들이 7장, 14장에 있는 14만4천의 인침을 받은 자들로 주님을 증거하고 모시는 것이다.

문자 그대로 두 사람이라면 전쟁이라는 용어가 상황에 맞지 않는다(계11:7) 또 두 증인은 두 촛대라고 했는데 두 촛대는 계1:20에 거룩하고 성스러운 자리 혹은 주님을 모신 교회이다. 결론적으로 준비된 영적 이스라엘 무리로서 70년 대환란을 통과할 때에 주님의 뜻을 위해 순교도 불사하는 무

리임을 알 수 있다.(계17:14, 계19:11) 이들은 용(짐승)이 무저갱에서 풀려날 때 육적으로 죽거나 핍박을 받을 수 있지만 계18장까지 일곱 천사의 일곱 재앙이 끝나면서 주님이 승리하시고 19장에서 신원의 할렐루야에서 부활한다(계20:1~3,6).

5. 만일 누구든지 그들을 해하고자 하면 그들의 ①입에서 불이 나와서 ②그들의 원수를 삼켜 버릴 것이요 누구든지 그들을 해하고자 하면 반드시 그와 같이 죽임을 당하리라

①엘리야. 불세례(마음). 개신교 엘리야의 심판적 사역을 회상케한다. 하나님의 진노로 3년 반 동안 비가 오지 않는다. 예언자적 사명을 감당한다.

②많은 시련을 겪지만 하나님이 보호해 주신다.

6. 그들이 권능을 가지고 하늘을 닫아 그 예언을 하는 날 동안 비가 오지 못하게 하고 또 권능을 가지고 물을 피로 변하게 하고 아무 때든지 원하는 대로 여러 가지 재앙으로 땅을 치리로다

모세, 물세례(몸), 천주교로서 제사장적 사명을 감당한다.

7. ①그들이 그 증언을 마칠 때에 무저갱으로부터 올라오는 ②짐승이 그들과 더불어 전쟁을 일으켜 그들을 이기고 그들을 죽일 터인즉

사탄의 정체 무저갱에서 올라오는 짐승(11:7,13:1,17:7) 내어 쫓기니 옛 일곱 머리 열 뿔 (성령거역국가)

하늘에서 큰 용이 뱀,사탄(계12:9):

첫째 머리: 애굽
둘째 머리: 앗시리아
셋째 머리: 바벨론
넷째 머리: 로마제국
다섯째 머리: 전체주의 국가
(17:10; 단8:6)

짐승:적그리스도 나라 (단2,7,8장) 성령거역죄 (마12:31,32)

여섯째 머리: 구소련 (17:13)

일곱째 머리: 장차 올 머리(열 뿔) (17:8,11)

교회 공동체가 증거의 사역을 감당할 때 세상으로부터 회개를 촉구하기 때문에 고난당하는 것은 필연적이다.

①복수의 의미가 있다. 개인이 아니다. 개인의 싸움을 전쟁이라고 하지 않는다.

많은 기독교인, 선한 자, 순교자들이다(계20:4에 부활한다).

②짐승은 나라를 상징하는 것으로(단2, 단7:1~28) 재림주님은 세계를 구원하는 차원에서 나라를 복귀하는 섭리를 통해서 세계를 복귀하신다. 넷째 머리 일본제국주의. 공산국가다.

※ '무저갱에서 올라온 짐승'이 두 증인과 전쟁을 하여 이긴다. 짐승은 '나라'를 상징하는 것으로 다니엘서 2장의 느부갓네살의 꿈에 나타난 우상의 모습과 7장의 짐승의 내용과 관련이 있다. 우상의 머리는 정금, 가슴과 팔은 은, 배와 넓적다리는 놋, 그 종아리는 철이요 그 발과 발가락이 일부는 철이요 일부는 진흙으로 만들어졌다. 그런데 때가 되어 이러한 우상을 흰돌이 태산을 이루고 온 세계에 가득하다.

다니엘은 정금이 바벨론이라고 했으니 은(로마제국), 놋(전체주의 국가), 철(공산주의 국가)은 그 뒤를 있는 나라들이다. 이 예언은 마지막 때에 돌(산돌 벧전2:4 고전10:4 단2:35,45)을 표징하는 재림주님의 나라가 이들을 쳐부수고 세계를 통치한다는 말씀이다.

다니엘 7장은 다니엘 2장의 예언이 반드시 성취되어야 할 것이므로 좀 더 구체적으로 다시 한 번 확증한 내용이라고 본다. 여기서는 큰 짐승 넷이 바다에서 나왔는데 그 모양이 각각 다르다. 첫째 짐승은 사자와 같으며 독수리 날개를 갖고 있는데 바벨론을 뜻한다. 둘째 짐승은 곰으로 로마제국을 뜻하는데 이빨 사이는 세 갈빗대를 물고 많은 고기를 먹는다는 것은 천하를 손아귀에 넣고 압제를 한다는 의미이다.

셋째 짐승은 표범으로 전체주의 국가를 뜻하는데 날개 넷은 그 신속함을 묘사하고 머리 넷은 네 왕으로 전범국가 네 나라를 뜻한다.

넷째 짐승은 철이빨을 갖고 천하를 삼키며 밟아 부서뜨릴 것이며 여기서 열 나라가 나온다. 이것은 구소련을 중심으로 한 공산국가와 이후에 열 나라가 나와 서로 아귀다툼을 한다는 것을 표징한다. 이들은 한때 두때 반때를 하나님에게 대적한다(단7:25) 그러나 심판의 때가 되면 권세를 빼앗기고 멸망하게 된다. '무저갱의 짐승'은 계13:1과 계17:3~8의 '바다에서 나온 짐승'과 동일하다. 계13:1에서의 짐승은 바다에서 올라왔는데 뿔은 열이요, 머리가 일곱이다. 짐승에 대하여 대체로 역사적 강대국인 애급, 앗시리아, 바벨론, 로마제국, 전체주의 국가(독일, 이태리, 일본 등) 구소련 등의 나라를 칭한다. 그런데 70년 환란의 시점에서 짐승이 출현한다는 것은 대환란에서 강력한 적그리스도의 도전을 뜻한다. 이들은 나라를 다스릴 권세를 받고 성도들과 주님의 나라를 본격적으로 핍박할 뿐만 아니라 사람들을 미혹하여 우상숭배에 빠지게 한다(계13:1)

8. ①그들의 시체가 ②큰 성 길에 있으리니 그 성은 영적으로 하면 ③소돔이라고도 하고 ④애급이라고도 하니 곧 그들의 주께서 십자가에 못 박히신 곳이라

①순교자. 첫 번째 할렐루야(계19:2~3) 때 신원을 받는다.

②바벨론. 하나님을 대적하는 세상권력이다.

③음란의 중심지 ④우상의 중심지

9. 백성들과 족속과 방언과 나라 중에서 사람들이 그 시체를 사흘 반 동안을 보며 무덤에 장사하지 못하게 하리로다

예언자의 말씀을 불신하고 주님을 영접하지 못했을 때 처절한 비극을 부른다. 전 35년을 사탄으로부터 박해받는다(전 3년 반). 그러므로 주님은 박

해받는 분으로 오신다. (눅17:25)

10. ①이 두 선지자가 땅에 사는 자들을 괴롭게 한 고로 땅에 사는 자들이 ②그들의 죽음을 ③즐거워하고 기뻐하여 서로 예물을 보내리라 하더라

①순교한다.

②첫째 부활에 참여하게 된다(계20:4). 재림주님을 영적으로 영접하게 된다.

③사탄의 나라는 하나님의 백성이 죽는 것을 기뻐한다.

11. ①삼 일 반 후에 하나님께로부터 ②생기가 그들 속에 들어가매 그들이 발로 일어서니 구경하는 자들이 크게 두려워하더라 (후 3년반)

①70년 대환란의 전 35년 지난 후이다.

②생기가 죽음을 살리심으로 성령의 역사가 불같이 일어나는 것을 예시한다.

(성령운동). 교회가 부흥된다. (한국에는 나운몽, 박태선 장로. 주님을 만나 증거하지 못했다)

성령의 능력으로 고난과 순교의 십자가를 지셨다. 하나님은 증인들의 죽음을 통해 더 많은 열매를 거두신다. 하나의 밀알이 땅에 떨어져 썩으면 더 많은 결실을 맺게 된다는 반증이다. 우리가 고난을 당하고 눈에 보기에 패하는 것처럼 보이지만 궁극적으로는 승리한다.

1945년 8월 15일 한반도가 광복과 더불어 남북으로 분단되면서 참아버님은 남한에서 기독교를 중심으로 하늘의 뜻을 이루기 위한 공식노정을 출발하셨습니다. 그러나 준비한 기독교와 신령교단의 불신으로 인해 남한에서의 출발섭리가 좌절되자 북한 평양으로 가서서 전도활동을 하셨지만 여기서도 기독교단의 질시와 공산당국의 무고로 옥고를 치르면서 두 차례에 걸쳐 고난길을 가서야 했습니다. 결국 참아버님은 남북한 양쪽에서 기독교와

신령교단으로부터 반대를 받음으로써 예수님이 유대선민과 유대교인의 반대로 40일 금식과 3대 시험을 당하신 것 같은 시련노정을 가시게 되었습니다. 그리고 참아버님은 예수님이 십자가에 달린 자리와 같은 흥남감옥에서 12명 이상의 제자를 복귀하여 승리하셨습니다. 참아버님은 6.25전쟁으로 흥남감옥에서 출옥할 때까지 영적.육적으로 탕감복귀의 승리적 기대를 세우고 남하하셔서 마침내 1954년 5월 1일 서울에서 세계기독교통일신령협회를 창립하시고 새 출발을 하셨다.

12. 하늘로부터 큰 음성이 있어 이리로 올라오라 함을 <mark>그들이 듣고 구름을 타고 하늘로 올라가니 그들의 원수들도 구경하더라</mark>

70년 대환란의 도중이나 그동안 신실한 믿음으로 순교를 당하거나 주님을 따르다 <mark>죽은 자들이 영생의 구원을 받으니 원수들도 부러워한다(휴거)</mark>.

13. 그 때에 큰 ①지진이 나서 성 십분의 일이 무너지고 지진에 죽은 사람이 ②칠천이라 그 남은 자들이 두려워하여 영광을 하늘의 하나님께 돌리더라

①하나님의 현현을 나타내는데(출19:18, 삿5:4, 열상19:11) 사탄에 대해서는 심판과 멸망을 표징한다.

②7 완전수에 1,000 = 많다라는 대표수를 곱한 것으로 하나님의 징벌이 완전하게 이루어짐을 상징한다.

14. <mark>둘째 화는 지나갔으나 보라 셋째 화가 속히 이르는도다</mark>

인류가 회개하지 않으면 셋째 화를 속히 집행하신다는 경고이다. 적그리스도의 맹활약으로 성도들을 핍박하므로 하나님의 진노의 대접재앙을 의미한다.

[일곱째 나팔 소리]※타락인간이 책임분담 하지 못하면 대접재앙을 받을 것을 예고한다. (후 3년 반)

일곱 대접재앙을 통해서 사탄세계가 멸망하고 하나님의 나라와 백성이 세워짐을 예고한다.

짐승과 바벨론의 모습은 허상의 실체로서 두려워하지 말고 강력하게 저항할 것을 촉구한다. 반드시 허상의 실체들은 망하고 새로운 하나님이 통치하는 세계를 만드신다.

15. 일곱째 천사가 나팔을 불매 하늘에 큰 음성들이 나서 이르되 ①세상 나라가 우리 주와 그의 그리스도의 나라가 되어 그가 세세토록 ②왕 노릇 하시리로다 하니

①새 시대가 임박하여 주님이 만왕의 왕이 되시어 영원히 통치하심을 뜻한다.

②20장에 언급하듯이 무저갱에서 올라온 악의 세력을 전멸시키고 승리할 때에 하나님의 나라에서 주님이 세세토록 왕 노릇 하신다는 것을 암시한다(계19:6,9).

신종족메시아로 축복해주신다.

16. 하나님 앞에서 자기 보좌에 앉아 있던 이십사 장로가 엎드려 얼굴

하나님의 나라가 이 땅 위에 영원한 왕국이 되었기 때문이다.

17. 이르되 감사하옵나니 옛적에도 계셨고 지금도 계신 주 하나님 곧 전능하신 이여 친히 큰 권능을 잡으시고 왕 노릇 하시도다

하나님께서 마침내 이 땅에서 세상의 통치권을 회복해 가심을 뜻한다.

18. ①이방들이 분노하매 주의 진노가 내려 ②죽은 자를 심판하시며 종 ③선지자들과 성도들과 또 작은 자든지 큰 자든지 주의 이름을 경외하는 자들에게 상 주시며 또 ④땅을 망하게 하는 자들을 멸망시키실 때로소이다 하더라

①하나님의 심판의 때가 온 것이다.

②사탄의 유혹에 빠져서 짐승에 경배하던 불신자들이다.

③뒤에 나올 계시록 전체의 내용을 요약한 것으로 앞으로 전개될 종말론적인 사건들을 예언적으로 선포하셨다. 상 주신다는 것은 구원해주신다는 것이다.

④사탄과 음녀, 짐승 및 거짓 선지자들이다(계17:14, 계19:2, 계20:10).

19. 이에 하늘에 있는 하나님의 성전이 열리니 성전 안에 하나님의 언약궤가 보이며 또 번개와 음성들과 우레와 지진과 큰 우박이 있더라

여호와의 임재하심을 의미한다.(수3:3, 수4:18, 수6:6)

B.C 587년에 바벨론의 느부갓네살 왕에 의해 솔로몬 성전이 파괴될 때 언약궤가 사라졌다. 예레미야가 언약궤와 분향단을 이스라엘 회복의 날에 대비하여 감춰놓았다. 언약궤가 보인다는 것은 하나님의 날이 회복이 되어지는 때가 임박했다는 것이다.

언약궤는 모세 때 만들게 한 것으로 성막이나 성전 안의 지성소에 보관했다 (출25:10~22). 심판이 임할 것이다.

제12장

붉은 용이 하늘(선주권)에서 내쫓기면서 땅(악주권)에서 필사적으로 활동을 했다.

주님과 사탄 간에 치열한 투쟁이다.

세상은 주님을 알지 못하고 모질게 핍박하므로 하늘섭리가 연장됐다.

6.25전쟁(참부모님 구출 성전, 1950.10.14).

전 3년 반 끝머리와 후 3년 반 전반부, 즉 과도기에 해당하는 부분이다.

여자와 용

용(사탄)이 여자(선민국가)와 재림주님을 핍박하는 영적싸움이다.

1. 하늘에 큰 이적이 보이니 ①해를 옷 입은 한 ②여자가 있는데 그 ③발 아래에는 ④달이 있고 그 머리에는 ⑤열두 별의 관을 썼더라

*1~7절 : 재림주님의 현현하심을 구체적으로 말씀하신다. 주님께서 재림하시는 그때의 형편을 말씀한다.

①메시아(말4:2)

②조선(왕하19:21, 암5:2)

③평화와 구원을 가져오는 주님의 발(사52:7)

④어머니 상징(성신, 성령)

⑤성도들의 승리(마24:29, 계8:12, 박해를 견디고 승리한다)

2. ①이 여자가 아이를 배어 해산하게 되매 ②아파서 애를 쓰며 부르짖더라

만주사변(1931.9.18)에서 중일전쟁으로
한국 강제동원,1939~1945년 146만여명
1944년~패전까지 20만명 한국청년 전선 보냄
12~40세의 여성 20만명 강제징집 군수공장 배치
(심지어 9세 여아까지 포함 평균연령14.46세)
남경시민 30만명 학살(1937)

①**일제핍박.** 조선에서 메시아가 탄생하므로(창3:15, 갈4:4) 아벨국가인 조선이 탕감을 받는다.

②택함을 받은 하나님의 백성으로서 사탄분립을 하기 위해서 탕감이라는 고난을 받게 된다. 하나님의 섭리 가운데 메시아를 탄생시키기 위한 울부짖음이다. 마귀가 아이를 삼키고자하기 때문에 대환란을 맞이하게 된다.(계12:4)

해산의 고통은 하늘에 대해 훼방할 권세를 받은 짐승(계13:6)과 같은 사탄에게 하나님의 백성을 내어주게 된다. 그러므로 계11:2에서의 42달 동안 짓밟힘을 당한다.

해산할 때는 고통이지만 해산하면 기쁨으로 고통은 다시 기억되지 않는다. 이후에는 더 큰 기쁨과 소망이 있으므로 인내하면 하늘의 축복을 받을 것이다. 이스라엘 민족도 메시아가 탄생할 때 곤란한 처지에 있었다. (사26:17, 사66:7~8)

3. 하늘에 또 다른 이적이 보이니 보라 한 ①큰 붉은 용이 있어 ②머리가 일곱이요 ③뿔이 열이라 그 여러 머리에 일곱 왕관이 있는데

*음녀가 타고 있는 짐승이다(구소련). 약 70년이다(1917~1989).

①사탄 ②주권자. 통치권자(엡1:22, 역상29:11, 사9:15)

③왕의 권세(계17:12, 슥1:18~20)

※역사적으로 하나님을 훼방한 대표적인 7개의 적그리스도국가(붉은 용

인데 머리가 일곱) 애급, 앗시리아, 바벨론, 로마제국, 전체주의(일제, 독일 등) 구소련, 현대의 적그리스도국가(라오디게아교회 : 주체사상, 빈라데니즘, 무신론 인본주의, 이단자들) 등으로 열거된다. 특별히 20세기 초에 대두한 구소련은 일곱머리 중에 6번째 머리에 해당된다.

①레닌(1917) 1922년 12월 소비에트연방 창설 ②몰론토프(1930) ③스탈린(1941) ④말렌코프(1953) ⑤불가린(1955) ⑥후르시초프(1958) ⑦코시킨(1964) ⑧브레즈네프(1982) ⑨안드로포프(15개월) ⑩체르넨코(13개월) ⑪고르바초프(1991)로 이어지는 정권이었다. 사실 코시킨과 브레즈네프는 동일한 시기에 집권한 것이므로 코시킨은 브레즈네프에 속한다고 보면 정확히 열왕으로도 볼 수 있다. 구소련은 외적으로는 적어도 10개국 이상의 위성국을 통하여 절대적인 권력을 행사했다. 일곱 머리에 해당하는 현대의 라오디게아교회를 상징하는 적그리스도국가들도 심각한 문제다.-주체사상. 빈라데니즘. 무신론 인본주의. 이단자들

4~6절 : 7년 대환란의 전 3년 반으로써 어린양이 양육된다.

4. 그 ①꼬리가 ②하늘의 별 삼분의 일을 끌어다가 땅에 던지더라 용이 해산하려는 여자 앞에서 그가 해산하면 그 아이를 삼키고자 하더니

①거짓말을 가르치는 선지자다(사9:15).
②성도(계8:10~13)들을 핍박하고 살해한다. 두 증인을 죽인 것과 같다(계11:7).

5. 여자가 아들을 낳으니 이는 장차 철장으로 만국을 다스릴 남자라 그 아이를 하나님 앞과 그 보좌 앞으로 올려가더라

영적인 그림을 그리는 나네트 크리스트 존슨 여류화가가 아카식(AKASHIC)으로부터 환상을 받아서 미륵을 그렸습니다. 그녀는 한국에 대해서 인종이나

천상의 미륵불

의상 전혀 모르는 사람이었는데 그녀가 환상을 본 대로 그린 그림의 미륵은 한국인의 얼굴에 한국식 저고리 도포를 입고 있었습니다.

"그분은 이 시대에 올 부처님으로서 그는 가족 단위의 참사랑을 모범으로 온 인류에게 깨달음과 풍요를 가져다 줄 것입니다. 이것은 황금시대의 이상적인 사회의 기반을 만들 것입니다. 그 분은 신성한 의지와 무조건적인 사랑으로 우주적인 치유를 할 것입니다."

조선 땅에서 육신 쓰고 오시는 재림주님이 하나님의 말씀으로 심판하신다(계1:16, 계2:1, 계9:15, 시29, 히4:12, 사11:4).

6. 그 여자가 ①광야로 도망하매 거기서 ②천이백육십 일 동안 그를 양육하기 위하여 하나님께서 예비하신 곳이 있더라

①훈련과 시련과 도피이다.

②대환란을 겪으면서 하나님으로부터 보호를 받는다(계11:3~6).

조선말기 일제 36년이다.

※ '1260일'의 의미(42달, 한때, 두때, 반때, 3년 반)

① 두 증인이 예언한 기간이다(계11:3).

② 짐승이 해산하는 아이를 삼키고자 하여 하늘을 훼방하는 기간이다(계 12:4).

③ 하늘편의 여자가 남자아이를 양육하는 기간이다(계12:6).

④ 광야생활과 같은 40수 고난기간이다.

실체적으로 1917년 11월 7일 러시아혁명 이후에 3년 6개월이 지나 1920년은 재림의 시점이다(단12:11). 그러나 3년 6개월 안에 그 책임에 실패함으로써 7년 대환란이 70년 대환란으로 가중되었다(민14:34). 즉, 다니엘 12:11을 근거로 할 때에 1920년에 하나님의 뜻이 이 땅에 이루어진다. 여기에 35년의 기간을 더하면 1954년까지가 70년 대환란의 전반부가 된다. 한반도에서도 이러한 하늘의 비밀을 알고 사탄은 1945년 8월 24일 구소련의 군대가 평양으로 진주하여 1948년 9월 9일 북한 김일성 정권수립을 하게 하여 일제보다 더 잔인할 정도로 한국에서 준비된 성도와 교회를 몰살시켰다(단9:27).

하나님의 섭리사 가운데는 항상 하늘의 축복과 은사가 머무는 곳에 사탄의 참소와 패악에 따른 환란과 시련이 뒤따랐습니다. 참아버님 가문도 증조부 때 하늘의 축복으로 가업이 크게 융성했으나 조부 대 이후로 혹독한 탕감을 치렀습니다. 타락 혈통의 마지막 조건까지 청산지어 완전한 하늘 편 승리의 기점을 확정지으려는 사랑의 역사로서 섭리상 불가피한 희생이 수반된 것입니다. 집안에서 일곱 기와 골을 지나가는 구렁이가 창고 지붕에 나타나곤 했는데, 그 후 쉴 새 없는 환란이 몰아쳤습니다. 조부님께서 혼절했다가 살아나셨고, 출가한 둘째 누님에 이어 대형님께서 극심한 정신질환에 시달리렸습니다. 또 도깨비장난 같은 난동이 빈발했습니다. 무명베를 만들려고 물레로 뽑아 독에 쌓아 둔 실타래가 아침이면 집 뒤 높다란 나무를 거쳐 윗마을 나무에까지 감겨 있는 기이한 현상이 벌어졌습니다. 어느 날엔 부엌 아궁이 불길이 쪽문으로 빠져나가 처마 끝에 붙는 위험천만한 일도 생겼습니다. 막내숙부 문경구씨 댁에서는 개가 방으로 들어가 아기의 귀를 잘라먹고, 돼지 일곱 마리가 한꺼번에 우물에 뛰어들어 빠져 죽는 등 괴이한 재앙이 연속됐습니다. 더군다나 참아버님의 열세 남매 중 각별히 애정 깊었던 다섯 남매가 야속하게도 연달아 요절했습니다. 이에 앞서 3대에 걸쳐 집안 차자들이 상당수 객사했습니다. 대형님께서 장로교 신앙에 입문하시고 나서 정신질환을 치유 받게 되셨는데 그러면서 참아버님 가족 전체가 덕흥 장로교회에 입교하게 되었습니다. 이런 환란과 시련은 결과적으로 참아버님 가족이 전통적 유교가문에서 섭리의 중심종교인 기독교로 인도되게 만들었고, 참아버님 스스로 인생과 우주의 근본문제에 몰입하게 했습니다.

참아버님께서는 1938년 3월 25일 정주보통학교를 제29회로 졸업하셨습니다. 졸업식에서 모든 식순이 끝나 갈 무렵 뜻밖에도 자진해서 단상에 나가 일본의 식민지 교육정책의 허구성과 그 위선적 행태를 낱낱이 꼬집고, 남의 나라에 와서 대우만 받으려는 일본인 지도자들의 소행을 신랄하게 공박하셨습니다. 이를 계기로 참아버님께서는 일본경찰로부터 감시대상으로 지목됐습니다.

참아버님은 경성상공실무학교 당시 흑석동 달마산에 올라가서서 기도하셨습니다. 당시 참아버님께서는 하루 12시간 이상 기도에 몰입하셨습니다. 하나님이 그리워서 미칠 만큼 사무친 경지에서 통곡을 거듭하셨고, 거듭되는 기도로 무릎과 팔꿈치에 생긴 굳은살은 평생 남아 있었다고 하십니다. 기도와 정성을 통해 원리를 찾기 위한 처절한 시련과정을 거치셨습니다.

참아버님께서 서울에서 공부하던 시절 일제의 황민화정책 기도가 점차 극으로 치닫던 참담한 현실 상황이 지속됐습니다. 그런 가운데 참아버님께서는 적국을 바로 알아야 그들을 극복하고 장래를 기약할 수 있다고 보셨습니다. 그래서 일찍부터 작정하셨던 일본 유학을 추진하셨습니다. 1941년 3월 31일 서울역에서 경부선 히카리호 열차를 타고 부산으로 떠나셨습니다. 참아버님은 '내가 일본에 가 있는 동안 이 민족과 이 나라를 지켜주십시오.' 이렇게 하늘 앞에 기도하면서 울면서 일본으로 가셨다고 합니다. 옆에 있던 아주머니가 손수건을 건네주면서 부모님이 돌아가셨느냐고 하며 위로해 줄 정도로 통곡을 하셨다는 것입니다. 4월 1일 부산부두에서 삼엄한 일본 경찰의 조사를 거쳐 부관연락선 쇼케이마루를 타고 떠나셨습니다. 시모노세키를 거쳐 도쿄에 도착하신 참아버님께서는 4월 초 와세다대학 부속 와세다 고등공학교 전기공학과에 입학하셨습니다. 참아버님이 일본 유학시절에 하셨던 일은 크게 세 가지였습니다. 원리 구명과 심신훈련, 항일 독립운동이었습니다. 유학시절 내내 재일 한인유학생회 항일운동 주동자로서 지하활동을 하셨습니다. 그런 일로 취조를 받기도 하셨습니다. 일경의 한인유학생 단속이 급격히 강화되던 상황 하에 요주의 감찰대상으로서 형사들이 그림자처럼 뒤따랐습니다. 매달 한 차례는 경시청 산하 도쓰카 경찰서에 소환돼 취조를 받으셨고, 항상 행방과 일상동태에 대해 감시당하셨습니다. 방학 때 한국을 오가실 때에도 일본 경찰조직이 제일 먼저 알았으며, 부두나 정거장의 개찰구에서는 사복형사의 마중을 맞이하곤 하셨습니다. 참아버님께서는 진리 말씀에 대한 규명에 열중하셨습니다. 종교서적과 철학서적을 탐독하셨고, 정치경제학과 친구와 공산주의 사상을 놓고 격론을 벌이기도 하셨습니다. 참아버님 유학시절 수행 표어는 '우주주관 바라기 전에 자아주관 완성하라'였습니다. 식욕과 성욕, 수면 주관 등의 훈련, 일시에 웃음을 멈추는 훈련, 간지럼을 참는 훈련, 보고 싶은 것을 참는 훈련 등을 거듭하셨습니다.

인정을 물리치고 천정을 앞세우셨습니다. 그리고 인간이 겪는 온갖 고락을 경험하고 최저 생활을 하는 등 모진 수련을 거치셨습니다. 혁명적 사명 완수를 위해 어떤 환경에서도 한계선을 돌파하고 목적지점까지 가시고자 만사에 대처할 수 있는 역량을 축적하셨습니다. 비록 일본이 원수 나라이지만 원수 나라 사람을 형님같이, 부모같이 사랑하고자 하셨습니다. 굶주린 친구들을 먹여주고 노동을 해 번 돈으로 고학생들에게 학비를 대주시기도 했습니다. 천태만상의 인간 생활을 연구하고 체험하셨습니다. 노동 일, 목수 일, 농부 일, 목동 일, 어부 일, 염전 일, 탄광 일, 숯 굽기, 회사 급사, 고관의 비서 등을 두루 거치셨습니다.

참아버님께서는 하나님과 예수님과의 영적인 만남을 통해 천명을 받으신 이후 한국 해방 때까지 10년간 내적인 준비노정을 걸어 나오셨습니다. 하나님의 뜻 성사는 함께 일할 대상, 즉 상대기대가 마련돼야 하기에 그전까지는 원리의 어떤 부분도 발표하실 수 없었습니다. 그런 준비과정에서 묵묵히 민족 해방의 날을 기다리며 하늘이 준비한 섭리기대를 찾아 여러 지하교회를 답사하셨습니다. 1943년부터 국내 실정을 면밀히 파악하셨습니다. 전국의 유명한 목사, 부흥사들과 신령교단들을 답방하시면서 그들의 영적 위치와 사명의 급수를 점검해 나가셨습니다.

7. 하늘에 전쟁이 있으니 미가엘과 그의 사자들이 용과 더불어 싸울새 용과 그의 사자들도 싸우나

단12:1 마지막 때에 미가엘에 의해 구원받을 것이 계12:7에 성취되는 것을 묘사한다.

*사탄 정체

성도의 보호자 역할을 담당한 천사장 미가엘이 승리함으로써 하늘 전쟁에서 패배한 용과 그의 사자들이 땅(악주권)으로 쫓겨남으로써 다니엘 예언

이 성취되었다(단12:1, 사14:12)

8. <u>이기지 못하여 다시</u> 하늘에서 그들이 있을 곳을 얻지 못한지라

참아버님께서는 제2차 세계대전 당시에 하늘 편 연합국의 승리를 고대하고 계셨고, 그 승리의 기반 위에 한국은 일본으로부터 해방될 것이라고 보았습니다. 말씀에 의하면, 2차대전이 하늘 편의 승리로 끝났기 때문에 제3차 아담이 현현할 수 있는 기대가 조성되었고, 따라서 2차대전 직후에 재림주 현현시대가 온다는 것입니다. 이와 관련한 참아버님 말씀입니다. "2차대전이 하늘 편의 승리로 끝났다는 사실은 영계의 하늘 편 천사권과 지상 천사권이 사탄세계를 대해 승리했다는 것입니다. 그러니까 아담이 나타날 수 있는 때가 온다는 것입니다. 그래서 2차대전 직후에 재림주 현현 시대가 온다고 하는 것입니다."[참 3.1.1.:5] 참아버님의 공식노정 출발을 위한 섭리적인 기대는 크게 두 가지입니다. 하나는 제2차 세계대전에서 하늘 편이 승리한 것이며, 다른 하나는 이와 맞물려 한국이 일본의 식민통치로부터 해방된 것입니다. 이 기대 위에서 참아버님께서는 1945년 8월 15일 한국의 해방과 더불어 하나님의 복귀섭리 완성을 위한 공식노정을 출발하셨습니다.

 *영적 싸움에서 먼저 이겼다. 참부모님이 영적 싸움에서 조건을 세우시고 땅에서 승리하셨다.

 영적 싸움에서 패하고 악주권으로 떨어졌다. → 성혼식을 하심으로써 이 땅에 참부모님으로 나타나시어 하늘의 선주권을 땅에 자리 잡을 수 있었다.

참아버님은 남북한 양쪽에서 기독교 교단과 신령교단으로부터 반대를 받음으로써 공식노정 출발이 좌절되었습니다. 그래서 참아버님께서는 예수님이 이스라엘 민족과 유대교의 반대로 40일 금식과 3대 시험을 당한 것과 같은 탕감의 노정을 가시게 됩니다. 예수님의 40일 금식에 해당하는 것이 대

동보안서의 참혹한 고문이었으며, 예수님의 3대 시험에 해당하는 것이 박을용씨를 통한 시련과 43일간의 영적인 시련, 예수님의 십자가 노정을 탕감복귀하는 흥남감옥의 시련이었습니다. 참아버님께서는 예수님처럼 십자가에서 돌아가시는 것이 아니라, 예수님의 십자가 수난과 같은 상황을 거치면서 메시아의 사명을 인계받고 잃어버린 12명의 제자를 찾아야 합니다. 그럼으로써 재림메시아로서 재출발섭리를 할 수 있게 됩니다.

예수님의 3대 시험 중에 첫 번째에 해당하는 첫째 시련은 박을용씨를 통한 시련이었습니다. 참아버님은 대동보안서에서 빈사상태로 내쳐진 후 건강을 회복하시고 1947년 '여호와의 부인'이라고 자처하는 박씨를 찾아가 최하의 자리에서 그의 가족들을 위해 희생봉사의 길을 걸으셨습니다. 박씨의 사위는 당시 화신백화점의 사장이던 박흥식씨였습니다. 그리고 박씨의 남편 한씨는 평양의 갑부로서, 그녀는 첩의 입장이었습니다. 해와의 타락으로 본처는 사탄 편에 서 있는 입장이었습니다. 또 그녀에게는 아담으로부터 노아까지 10대를 상징하는 열 명의 자식이 있었습니다. 섭리적으로 볼 때 박씨는 허호빈씨의 사명을 인계받은 자입니다. 참아버님은 남한에서 김백문씨로부터 증거와 축복을 받았듯이 해와격의 여성으로부터도 증거와 축복을 받아야 했습니다. 그래야 하나님이 한국에서 준비한 모든 섭리의 기반을 상속받을 수 있습니다. 박씨는 참아버님을 종의 종에서 종, 양자, 서자, 직계아들, 하늘나라 총리대신, 하늘나라의 전권을 대신한 예수님 자리, 하나님의 대상실체(또는 실체 하나님) 등으로 단계적으로 증거하였습니다. 이로써 참아버님은 잃어버린 종적 8단계 지위를 찾아 세우셨으며, 아담형 김백문씨와 해와형 박씨로부터 증거와 축복을 받음으로써 하나님이 한국에서 준비한 모든 섭리적 기반을 상속받게 되었습니다. 참아버님은 박씨가 참아버님을 하나님의 대상실체로 증거한 직후 그 자리에서 박씨에게 참아버님이 누구인지 밝히고 이제부터는 참아버님께 경배하는 것은 물론 참아버님이 박씨를 모시던 것처럼 참아버님을 모시라고 말씀하셨습니다. 만일 그가 이 말씀에 따라 참아버님께 경배하고 자신이 스스로 증거한 대로 참아버님을 믿고 따랐더라면 참아버님은 그를 중심하고 섭리를 펼 수 있었습니다. 그러나 박씨는 결국 참아버님을 불신하였고, 박씨를 따르던 사람들도 양분되었습니다.

예수님의 3대 시험에 해당하는 두 번째 시련 노정은 영계에서 성현들을 중심한 모든 영계 대표들을 대상으로 43일 동안 일어났던 진리 싸움이었습니다. 참아버님은 박씨를 통해 종적 8단계 지위를 복귀하신 후 43일간 영계에 들어가서 진리 싸움을 하셨습니다. 당시 참아버님은 평안남도 대동군 대보산에서 정성을 들이셨습니다. 평야에서 32킬로미터 정도 떨어진 이곳은 도산 안창호 선생이 1935년 형무소에서 나온 뒤 송태산장이란 집을 짓고 은거했던 곳입니다. 예수님과 종교 창시자들, 전 영계의 성인현철들이 참아버님의 원리말씀을 반박하는 형국이 벌어졌습니다. 참아버님은 천리원칙을 가지고 그러한 반대에 맞서 홀로 결판의 싸움을 하셨습니다. 참아버님을 반대한 영인들은 중심인물들이 책임 못 한 것을 모르고 있었습니다. 처음에는 하나님마저도 참아버님을 반대하는 입장에 서셨습니다. 이것은 아담이 하늘을 배반했기 때문에 탕감복귀 원칙에 따라 하나님도 아담 완성자를 배반해야 하나님 마음에 맺혔던 담이 헐리기 때문입니다. 그래서 참아버님은 43일간의 진리 싸움에서 승리하셨습니다. 이에 대한 참아버님 말씀입니다. "그때는 영계의 모든 영인들이 몰아쳤습니다. 그렇지만 아버님은 천리의 원칙을 가지고 그들과 싸웠습니다. 혼자 43일간 지금까지 왔다 갔던 수많은 영계의 도인들, 예수님과 하나님까지 동원된 전 영계와 싸웠습니다."[참 3.1.3:6] 참아버님은 진리 싸움을 통해 하나님으로부터 "복귀의 한을 푸는 원칙이요 천륜의 비결 중의 비결이다."라는 공인을 받고 어인을 받으셨습니다. 참아버님은 타락인간은 혈통전환, 소유권전환, 심정권전환을 해야 한다고 주장하셨고, 하나님은 이것이 사실이라고 판정해 주셨습니다. 이로써 참아버님께서는 두 번째 시련 노정에서 승리하시게 됩니다.

참아버님께서는 세 번째 시련 노정으로 예수님의 십자가 노정을 탕감복귀하는 과정을 거치셨습니다. 흥남감옥의 시련은 참아버님께서 재림메시아로서 예수님의 사명을 계승하기 위한 탕감섭리노정이었습니다. 준비된 한국의 기독교가 반대하는 가운데서 예수님의 사명을 이어가기 위해서는 예수님과 같이 십자가 노정을 걸어야 합니다. 그러나 십자가에서 돌아가시는 것이 아니라 십자가에서 살아 나와야 되며, 도한 예수님이 잃어버린 12명 이상의 제자들을 십자가에서 찾아 세워야 했습니다. 참아버님께서는 1948년 2월 22일 기성 기독교 교단과 공산당국의 종교 말살정책이 야합한 상황에서 평양내무서에 구금되셨습니다. 평양 기독교 지도자 83명의 공동명의 투서로 이승만의 스파이, 부녀자 재산 갈취, 사회질서 문란 등의 무고한 혐의가 씌워졌습니다. 참아버님은 평양내무서에서 가혹한 고문 취조를 당하셨습니다. 이어 1948년 4월 7일 사회질서 문란 죄목으로 5년형 판결 후 평양형무소로 이감되셨습니다. 다시 1948년 6월 21일 흥남감옥으로 이감되어 비료공장에서 강제노동을 하게 되셨습니다. 그리고 9월 9일 북한정권 수립으로 3년 4개월로 감형되었습니다.

북한의 흥남감옥은 사람을 서서히 죽이는 십자가 형틀과 같은 곳이었습니다. 북한 공산정권은 사람을 흥남감옥에 보내어 서서히 죽어 나가게 만들었습니다. 참아버님은 십자가와 같은 흥남감옥에서 살아남아야 했으며, 12명 이상의 제자를 찾아 세워야했습니다. 그럼으로써 참아버님께서는 몸소 믿음의 기대와 실체기대를 세워 메시아를 위한 기대를 세워야 하셨습니다. 또한 참아버님께서는 흥남감옥에서 하나님의 법도를 지키는 동시에 사탄의 법도도 지켜야만 했습니다. 참아버님의 수인번호는 596번이었는데, 그것은 '억울'이라는 소시로 들렸습니다. 흥남감옥에서의 일과를 보면, 새벽 4시 반 기상하여 2시간 몸수색을 한 후 아침식사를 했습니다. 그리고 숙소로부터 4킬로미터 거리의 비료공장까지 도보로 이동했습니다. 오전 9시에 노동을 시작하여 중간에 15분 휴식하고 점심시간까지 계속하였습니다. 30분의 점심시간 후 다시 노동을 시작하여 역시 중간에 15분 휴식하고 5시까지 계속되었습니다. 그 후 도보로 다시 숙소로 돌아와 저녁식사를 했습니다. 작업은 주로 산처럼 쌓여 있는 암모니아 비료를 캐서 가마니에 퍼 담는 것이었습니다. 노동량은 10인 1조에 하루에 40킬로그램의 암모니아 비료 1천300개를 만들고 운반하는 것이었습니다. 식사량은 하루 작은 밥공기로 2그릇과 무청이 든 소금물 국이었습니다. 이렇게 처참한 노동환경으로 인해 1년마다 약 40퍼센트의 재소자가 죽어 나갔습니다. 건강한 사람도 6개월이 지나면 폐병 등 난치병으로 죽어 나가는 혹독한 중노동이었습니다. 참아버님은 그러한 처참한 환경에서도 누구보다도 늦게 주무시고 일찍 일어나 기도와 정성의 생활을 하셨고, 주변 사람들을 위해주는 참사랑을 실천하셨습니다. 참아버님은 '감옥의 성자'로 불렸습니다. 처음 2주간은 급식의 절반을 동료들에게 나누어 주셨고, 충모님이 가져온 미숫가루와 옷들도 모두 재소자들에게 나누어 주셨습니다. 감방에서는 누구나 회피하는 가장 더러운 변기통 옆자리를 스스로 택하셨습니다. 노동현장에서도 동료들을 위하면서 가장 어려운 일을 도맡아 하셨습니다. 재소기 기간에 3회나 모범노동자상을 받으셨습니다.

참아버님께서는 극심한 감옥의 환경에서도 매일 배급되는 음료수 일부를 남겨놓았다가 새벽에 일찍 일어나 몸을 깨끗이 닦고 기도생활을 하셨습니다. 함부로 몸을 보이지 않으셨고, 주무실 때도 하나님께 예법을 갖춘다는 입장에서

팔다리를 붙이고 주무셨습니다. 하나님의 아들이라는 자각으로 정성과 기도의 생활을 하셨기 때문에 하나님도 감동하셨고, 사탄도 인정할 수밖에 없었습니다. 이렇듯 참아버님께서는 사탄의 환경 아래에서도 하나님의 법도와 사탄의 법도를 동시에 지킴으로 사탄이 참소할 수 없게 하셨습니다. 그 결과 참아버님이 주변 사람들을 직접 전도할 수 없었으나 영계에 있는 죄수들의 조상들이 후손에게 동시로 나타나 참아버님을 잘 모시라고 지시함으로써 감옥에서 나오실 때 12명 이상의 제자가 따랐습니다. 참아버님은 평양내무서에 수감될 때부터 홍남감옥에서 해방될 때까지 약 2년 8개월간 예수님의 십자가 노정을 탕감복귀하는 노정을 승리하신 것입니다. 참아버님께 이렇게 모든 탕감조건을 완수하자 하나님께서는 유엔군을 통해 북한을 공격하게 하여 1950년 10월 14일 참아버님을 해방시켰습니다. 당시 홍남감옥에서 10월 12일 형기 7년 이상 된 수인들부터 산 속으로 데려가 처형하기 시작했습니다. 참아버님도 10월 14일 당일 처형될 상황에 이르렀으니 하나님께서 얼마나 다급하고 초조하셨겠습니까! 참아버님의 경우는 판사가 출옥을 명하는 것이 아니라 내적으로 사탄의 공인을 받아야 합니다. 섭리로 볼 때, 참아버님의 완전한 옥중 책임완수를 사탄도 이미 공인할 수밖에 없는 상황이었으므로 하나님의 실권행사에 따라 옥문이 열렸던 것입니다. 참아버님은 홍남감옥에서 해방받음으로써 예수님의 40일 금식과 3대 시험, 그리고 시련노정을 모두 탕감복귀하고 승리하셨습니다. 참아버님은 재림메시아로서 다시 공식노정을 출발하실 수 있게 되었습니다. 결국 참아버님께서는 맥아더 장군이 지휘한 유엔군 상륙으로 인해 사지에서 구출되셨고, 그 조건과 인연으로 민주세계가 섭리적 혜택권에 설 수 있게 됐습니다. 참아버님께서는 이와 같은 한국전쟁에 대해 다음과 같이 말씀하셨습니다.

"메시아가 태어난 곳이 조국이라는 것입니다. 인류의 조국이 되는 한국을 보호하고 조국광복을 위해서 한국동란에 여러 나라를 동원하였던 것입니다."[참7.1.5:1]

9. 큰 용이 내쫓기니 옛 뱀 곧 마귀라고도 하고 사탄이라고도 하며 온 천하를 꾀는 자라 그가 땅으로 내쫓기니 그의 사자들도 그와 함께 내쫓 기니라

현재 붉은 용은 일곱 머리 중 여섯 번째 머리이다(구소련).

10. 내가 또 들으니 하늘에 큰 음성이 있어 이르되 이제 우리 하나님의 구원과 능력과 나라와 또 그의 그리스도의 권세가 나타났으니 우리 형제 들을 참소하던 자 곧 우리 하나님 앞에서 밤낮 참소하던 자가 쫓겨났고

사탄은 하늘(선주권)에서도 권세를 가지고 있었으나 미가엘에 패하고 쫓 겨났다.

11. 또 우리 형제들이 ①어린 양의 피와 자기들이 증언하는 말씀으로써 그를 이겼으니 그들은 ②죽기까지 자기들의 생명을 아끼지 아니하였도다

①재림주님의 말씀이다.

②새말씀을 증거하기 위하여 죽기까지 하셨다.(계6:9, 계11:7, 계19:2, 계 20:4)

반대로 사탄도 죽기까지 대들며 증인들의 피를 취한다.(계17:6)

12. 그러므로 하늘과 그 가운데에 거하는 자들은 즐거워하라 그러나 ①땅과 바다는 화 있을진저 이는 마귀가 자기의 때가 ②얼마 남지 않은 줄을 알므로 ③크게 분내어 너희에게 내려갔음이라 하더라

①붉은 용인 적그리스도국가가 땅 위에 실체적으로 전쟁을 일으킨다는 것을 예시한다(계12:13~14).

②정해져 있다(42달).

③지상에서 마지막 발악을 한다. 완전히 패하기 전까지는 패배를 인정하 지 않는다. (6.25전쟁, 중국공산화)

13. 용이 자기가 땅으로 내쫓긴 것을 보고 남자를 낳은 여자를 박해하는지라

북한을 통해서 6.25남침을 해 한국을 곤경에 빠뜨렸다.

1950년 6월 25일 한국전쟁이 발발한 이후 남한군은 북한군에 밀려 부산까지 후퇴하였다가 인천상륙작전으로 유엔군과 함께 북진하였고 중공군의 참전으로 전세가 다시 역전되어 삼팔선에서 교전을 이어갔습니다. 1953년 7월 27일 휴전협정을 맺을 때까지 전시상황이 지속됨에 따라 한반도의 기반시설이 대부분 파괴되고 남북한 국민 중 520만 명 이상의 사상자와 1천만 명 이상의 이산가족이 발생하게 되었습니다. 3년간의 전쟁이 종료됐을 때 남한 국민 중 20퍼센트 이상이 기아 상태였을 정도로 전쟁의 상흔은 컸습니다. 해방의 기쁨에 들떴던 한민족은 분단과 전쟁이라는 고통 속에서 희망과 비전을 잃어버렸고 민족적으로 큰 상처가 남았습니다.

한국전쟁 당시 참아버님께서는 잃어버린 남북한의 기독교 기반을 회복하고 재림 메시아로서의 섭리적 기대를 찾아 세우기 위한 탕감노정으로 홍남감옥에서 수난을 겪으셨습니다. 하늘을 참아버님을 해방시키셨습니다. 참아버님께서는 전시상황이었지만 평양에서 40일간 식구들을 수습하신 뒤 2명의 제자와 함께 부산까지 피란의 노정을 걸으셨습니다. 부산 범냇골 토담집에서 ≪원리원본≫을 집필하셨고 이후 하나님께서 준비해 주신 제자들을 찾아 세우셨습니다. 부산에서부터 대구를 거쳐 서울로 전도의 기반을 넓히신 후 세계기독교통일신령협회를 창립하셨고 이후 전국적으로 40일 전도활동을 대대적으로 전개하면서 곳곳에 교회를 세우고 일본과 미국에 선교사를 파송하셨습니다.

그러면 먼저 참아버님의 남한노정과 부산시절에 대해 알아보겠습니다. 참아버님께서는 홍남감옥에서 2년 8개월의 옥고를 치르시고 자유의 몸이

되셨습니다. 당시 참아버님은 만 30세의 청년으로 흥남감옥에서 예수님의 십자가 노정을 탕감복귀하여 승리한 기대 위에 사탄에게 빼앗겼던 조국과 세계를 다시 찾기 위한 재림 메시아로서의 노정을 출발하셨습니다. 흥남감옥에서 해방되신 참아버님은 옥중 제자인 문정빈, 주창옥 등과 함께 평양으로 향하셨습니다. 10일 동안 걸어서 10월 24일 평양에 도착하신 후에 참아버님은 수감 전 참아버님을 따랐던 식구들을 40일간 수습하셨습니다. 고향의 부모님을 찾아뵙지도 못한 채 식구들을 먼저 챙겨야 한다는 스승으로서의 맹세를 지키신 것입니다. 남아 있는 일부 식구들이 외면하기도 하였지만 참아버님께서는 오히려 하나님의 슬픈 심정을 위로하시며 제자들과 함께 식구들을 세 번 이상 찾아가 뜻길을 함께 갈 것을 권고하셨습니다.

14. 그 여자가 ①큰 독수리의 두 날개를 받아 광야 자기 곳으로 날아가 거기서 그 ②뱀의 낯을 피하여 ③한 때와 두 때와 반 때를 양육 받으매

①미국. 여호와를 앙망하는 자이다.(사40:31) ②북한

③미국의 보호 아래 3년 반 만에 6.25전쟁을(1950.6.25.~1953.7.27. 휴전협정) 끝냈다(단7:25).

※ '독수리' : 살육과 죽음이 있는 곳에 있으나(마24:28, 욥39:26~30) 하늘 편에서는 여호와를 앙망하는 자이다(사40:31). 그리고 독수리는 하나님의 뜻에 따라 부름을 받은 일꾼을 상징하며, 하나님의 보호와 인도하심을 뜻한다.(출19:4 신32:11 사40:31 미4:9)

한국의 대환란은 6.25한국동란을 중심으로 일어났다. '두 날개를 가진 독수리'는 미국을 상징하는데 미국은 냉전체제에서 승리한 세계 초강대국이며, 세계 경찰국으로서 세계평화를 지키는 수호신과 같은 존재이다. 미국은 '뱀의 낯을 피하여 한때와 두때와 반때(3년반)을 양육받으며'라는 말씀과 같이 한국을 보호해 주었다.

15. 여자의 뒤에서 ①뱀이 그 입으로 ②물을 강같이 토하여 여자를 물에 떠내려 가게 하려 하되

①용이 직접 하지 않고 뱀을 통해서 한다.(용=소련, 뱀=김일성 북한정권)
계13:11에는 뱀이 가짜 양으로 묘사된다.
②대환란을 예시한다.

16. ①땅이 ②여자를 도와 ③그 입을 벌려 용의 입에서 토한 강물을 삼키니

①16개 우방국 ②한국
③6.25전쟁은 소련의 사주를 받은 북한의 6.25남침 전쟁을 땅을 대표한 16개 우방국이 도와준다.

17. ①용이 여자에게 분노하여 돌아가서 ②그 여자의 남은 자손 곧 하나님의 계명을 지키며 예수의 증거를 가진 자들과 더불어 ③싸우려고 바다 모래 위에 서 있더라

①소련과 북한의 6.25남침이 실패한다.
②하나님의 백성이다. 하나님의 계명을 지키는 성도들과 마지막 한 판 승부가 남았다.(아마겟돈전쟁. 계19:17)
③회개하지 않고 끝까지 대적하려고 준비한다.(계16:11, 계20:8)

※바다 짐승 : 소련을 중심으로 세계가 공산화된다.

땅 짐승 : 북한의 김일성이 자신을 우상화 시키면서 주민들을 노예화한다.

참부모님께서 성혼하신 1960년대는 국내외적으로 최대 격동기라고 할 수 있습니다. 냉전체제의 중심에 위치한 한반도는 6.25 전쟁의 상처를 제대로 치유하지 못한 채 여전히 남북 대치 상황 이 심화되고 있었습니다. 한국은 4.19, 5.16 등 격변기를 거쳐 경제발전을 위한 힘겨운 노력을 이어갔습니다. 특히 민주와 공산 양 진영의 대결의 장이 된 한반도는 세계평화의 중요한 열쇠가 되었습니다. 참부모님께서는 공산주의 위협에 대비하여 한국을 중심으로 승공운동을 전개하시면서 국제적 공조를 이끌어내기 위해 미국과 일본을 중심으로 국제적 승공전선을 펼치셨습니다. 이러한 가운데 참부모님의 지도로 모든 섭리는 점차 세계적 기반을 갖춰 나갔습니다.

196

제13장

50년대 상황으로써 공산주의가 세계화되면서 점점 핍박이 심해진다.

13장은 12장과 연결되어 있는 장으로 두 짐승은 장막에 거하는 자들을 핍박하고 죽이려 한다(계13:6).

아마겟돈전쟁을 예시했다.(계16:16. 실제로 계19:17~21에 일어난다)

짐승 두 마리

1. 내가 보니 ①바다에서 ②한 짐승이 나오는데 ③뿔이 열이요 ④머리가 일곱이라 그 뿔에는 열 왕관이 있고 그 머리들에는 ⑤신성 모독 하는 이름들이 있더라 (단7:1~28)

*사탄형 재림주형 인물 등장과 그 역사를 말한다.

①죄악의 세계②붉은 용. 소련 ③10명의 지도자

④일곱 지도체제⑤성령거역죄(마12:31)

70년 대환란의 후 35년의 기간에 첫째 짐승이 바다에서 나온다.

(일곱 대접재앙 때 계17:14에서 멸망한다.)

※'한 짐승'

바다는 타락한 천사장 루시엘(사14:12)이 하늘에서 쫓겨난 곳이다(사 27:1) 따라서 바다는 악한 사탄의 세력 아래에 있는 불순종한 죄악세상이다. 여기서 70년 대환란의 전 35년의 기간에 첫째 짐승이 바다에서 나온다. 이 짐승은 뿔이 열이요 머리가 일곱을 가졌다. 다니엘서 7장에서는 바다에서 무섭고 강한 큰 짐승이 나왔는데 성도는 그의 손에 붙인 바 되어 한때 두때 반때를 지낸다. 그러나 주님의 승리하심으로 짐승은 권세를 빼앗기고 멸망하는(계17:14 단7:25~26) 일곱 대접재앙의 때이다(계16장).

2. 내가 본 짐승은 ①표범과 비슷하고 그 발은 ②곰의 발 같고 그 입은 ③사자의 입 같은데 ④용이 자기의 능력과 보좌와 큰 권세를 그에게 주었더라

①날쌔다 ②우악스럽고 저돌적 ③무자비하고 포악한 모습
④루시엘이 포악한 속성을 짐승들에게 줌(사탄이 체화한 것이 레닌, 스탈린, 김일성, 빈라덴 등과 같은 적그리스도들의 괴수인 짐승들이다.(요13:2, 마16:23)

3. 그의 ①머리 하나가 상하여 죽게 된 것 같더니 그 죽게 되었던 상처가 나으매 온 땅이 놀랍게 여겨 ②짐승을 따르고

①붉은 용은 무저갱에 갇힘으로써 때가 차기까지 인봉되어 만국을 미혹하지 못했다. 그러나 14만4천의 인침이 끝나면 다시 바람이 불게 된다. 무저갱에서 잠깐 놓인다. 70년 대환란을 예고했다.(계20:3)
②공산화가 되면서 메시아 기반이 깨졌다.
※ '머리가 상하여 죽게 된 것 같더니'
주님의 부활로 마귀 사탄의 짐승은 머리가 상하여 죽게 된 것과 같았다.

붉은 용은 무저갱에 갇힘으로써 때가 차기까지 인봉되어 만국을 미혹하지 못함을 뜻한다. 그러나 14만4천의 인침이 끝나면 다시 바람이 불게 된다. 이것은 무저갱에서 반드시 잠깐 놓이므로 70년 대환란을 예고했다.(계20:3) 실제로 1차세계대전이 종료된 직후 1920년 윌슨대통령이 국제연맹의 창시 등으로 인류에게 평화가 오는 듯했다. 그런데 이때에 짐승은 죽게 된 상한 머리가 일시적으로 치유를 받는 기간으로 국제사회를 기만했다. 국제연맹의 활동이 성공했으면 2차세계대전도 안 일어나고 세계적 공산화도 되지 않았다. 그러나 책임 못함으로써 메시아 기반이 깨졌다.

4. 용이 ①짐승에게 권세를 주므로 용에게 ②경배하며 짐승에게 경배하여 이르되 누가 이 짐승과 같으냐 ③누가 능히 이와 더불어 싸우리요 하더라

①애급, 앗수르와 같은 적그리스도국가는 소련이다(사27:1, 민24:22).
②이마와 손에 표를 줬다(계14:9).③사탄은 주님밖에 이길 자가 없다(계17:14 어린양이 이겼다).수천만명의 기독교인들이 죽었다.

5. 또 짐승이 과장되고 ①신성 모독을 말하는 입을 받고 또 ②마흔두 달 동안 일할 권세를 받으니라

①성령거역죄. 죄사함이 없다(마12:31).
②전 3년 반이다(계12:11, 계13:7). 하나님을 훼방하는 허구에 찬 무신론 공산주의(계11:2, 계13:5) 기독성도들이 천의를 깨달았으면 1917년 10월 혁명으로 사회주의국가가 탄생했어도 3년 6개월이 지나 1920년경에 재림의 시대가 도래하는 것을 깨달았을 것이다.

6. ①짐승이 입을 벌려 하나님을 향하여 비방하되 ②그의 이름과 그의 장막 곧 하늘에 사는 자들을 비방하더라

①3년 6개월이 36년이 되어서 1953년에 재림주님을 맞이할 수 있는 때가 됐다.

②짐승들이 회개치 않는 상황에서 성도들을 핍박하는 것이다. 순교당하는 상황이다.

※ '장막 내용'

사탄이 공격하므로 성도들이 재앙과 핍박을 받고 순교 당했다(계13:6).

성도들의 기도와 정성이 담긴 금대접(계5:8)으로 심판하시려고 증거장막의 성전을 여신다. 이유는 하나님이 원하시는 교회가 아니다.

계15:8 말씀처럼 아무도 들어갈 수 없다.

19장을 넘어가야 증거장막에 들어갈 수 있다.

※신천지 오류 : 신천지는 증거 장막의 승리를 얘기할 수 없다. 계7:4처럼 14만4천명의 인을 쳐서 12지파를 만들고 시온센터를 만들었기 때문에 계15:5처럼 증거장막을 만들었으므로 승리했다는 것은 잘못됐다. 분명히 계15:8에는 아무도 들어갈 수 없다고 하셨다. 대접재앙도 끝나지 않았고 사탄의 심판도 끝나지 않았으므로 장막에 들어갈 수 없다. 그리고 장막은 계21:22에서처럼 실제 건물이 아니고 어린양 자신이다. 즉 완성한 인간을 말하는 것이다.

계21:3처럼 하나님의 구원의 장막이 이때부터 시작된다.

계21:22 구원의 장막은 실제 건물 단체가 아니고 어린양 자신이다. 완성한 인간이다.

7. 또 권세를 받아 ①성도들과 싸워 이기게 되고 ②각 족속과 백성과 방언과 나라를 다스리는 권세를 받으니

①공산집단은 성도와 싸워 이겼다.

②잠시 세계를 미혹하여 지배하게 된다(세계적 공산화).

8. 죽임을 당한 어린 양의 생명책에 창세 이후로 이름이 기록되지 못하고 이 땅에 사는 자들은 다 그 짐승에게 경배하리라

본 서와 빌4:3에서만 발견되는 것으로 주님의 새언약의 말씀이다.(계 15:5, 렘31:31, 히8:8)

9. 누구든지 귀가 있거든 들을지어다

하나님의 뜻을 잊지 말고 깊이 새겨야 한다.

10. 사로잡힐 자는 사로잡혀 갈 것이요 칼에 죽을 자는 마땅히 칼에 죽을 것이니 성도들의 인내와 믿음이 여기 있느니라

렘15:2, 렘43:11과 같은 의미이다.

붉은 말 탄 자이다. 큰 칼을 받았지만(계6:4) 끝내는 칼로 망한다.

11. 내가 보매 또 다른 ①짐승이 땅에서 올라오니 ②어린 양 같이 두 뿔이 있고 용처럼 말을 하더라

대환난 후반부 도래(단9:27)
계12:11,12,15
13:11, 17:11
김일성 대두
(1945.10.14)
(p.215)

*김일성을 중심한 북한이 대두된다.

　①붉은 용의 새끼이다(김일성, 빈라덴 등 열왕들→적그리스도)

　②거짓메시아이다(단8:3~27이 배경이다).

12. 그가 ①먼저 나온 짐승의 모든 권세를 그 앞에서 행하고 땅과 땅에 사는 자들을 ②처음 짐승에게 경배하게 하니 곧 죽게 되었던 상처가 나은 자니라

　①소련(스탈린)

　②소련이나 중국에 지원받아 살아난다(인류의 태양이요 불멸의 신으로

개인숭배 사상을 강요했다).

　13~18절 : 하나님의 일을 사탄편이 똑같이 행동했다(적그리스도).

　13. 큰 이적을 행하되 심지어 사람들 앞에서 불이 하늘로부터 땅에 내려오게 하고

　적그리스도의 허황된 사상과 궤변을 뜻한다(김일성 주체사상).

　14. 짐승 앞에서 받은 바 이적을 행함으로 땅에 거하는 자들을 미혹하며 땅에 거하는 자들에게 이르기를 ①칼에 상하였다가 살아난 짐승을 위하여 ②우상을 만들라 하더라

　①6.25전쟁 때 패배 일보직전에 몰렸다가 다시 회생했다(김일성 집단).
　②우상화 작업을 통하여 김일성을 신격화하였다.
　우상: 생명이 없는 것을 내 생명보다, 하나님의 사랑보다 더 가치 있다고 믿게 하는 것이다.

　15. 그가 권세를 받아 그 짐승의 ①우상에게 생기를 주어 그 짐승의 우상으로 말하게 하고 또 ②짐승의 우상에게 경배하지 아니하는 자는 몇 이든지 다 죽이게 하더라

　①우상에게도 영혼을 불어넣었다. 거짓 선지자의 권능을 절정에 달하게 하여 하나님의 흉내를 냈다.
　②폭력적으로 복종하게 하고 복종하지 않으면 전부 죽였다.

　16. 그가 모든 자 곧 작은 자나 큰 자나 부자나 가난한 자나 자유인이나 종들에게 그 오른손에나 이마에 표를 받게 하고

　구원의 징표. 성령이 주시는 것이다. 성령의 인침(요6:27, 고후1:21, 엡1:13) →적그리스도가 하나님의 흉내를 냈다.

17. 누구든지 이 표를 가진 자 외에는 ①매매를 못하게 하니 ②이 표는 곧 짐승의 이름이나 그 이름의 수라

①자유시장 경제원리를 말살시켰다.

②짐승의 표: 무신론에 입각하여 공산주의사상 교육으로 사탄의 성품을 닮는 것이다. 인간성을 상실하게 된다.

18. 지혜가 여기 있으니 총명한 자는 그 짐승의 수를 세어 보라 그것은 사람의 수니 그의 수는 육백육십육이니라

메시아를 따르는 수는 14만4천 무리이고, 짐승을 따르는 무리는 666이다. 666은 하나님에게 불순종으로 타락한 수로 하나님을 전적으로 부정하는 무리이다.

소생~장성까지 6수는 사탄이 침범하여 인간을 불순종시켰다. 인간이 6수를 잃어버려서 사탄이 가져갔으므로 타락한 수로 상징된다. 소생, 장성, 완성의 의미를 가미하여 666은 완전 타락수로서 하나님을 전적으로 부정하고 무신론을 주장하는 무리를 상징한다.

※666의 의미

고대민족들은 암호문 즉 글자나 숫자로 암호화되어 숨겨진 의미를 지닌 메시지에 굉장한 흥미가 있었으며, 비밀 신호를 암호화하거나 해독하는 과정인 암호작성 및 해독을 자주 행했다. 유대의 랍비와 서기관들은 게마트리아라고 칭했다. 여기서 666은 네로-케이사르 의미로 사용되었다. 요한이 네로-케이사르를 의미했다면 왜 그냥 네로라고 말하지 않은 것인가? 왜 게마트리아를 사용했는가? 상징적인 숫자인 666을 사용한 것은 오직 네로만이 짐승이라고 생각할 수 있는 오해를 피하기 위해서였다. 네로는 AD 64년부터 68년까지 약 3년반 동안 로마 그리스도인들을 핍박한 자로서 하나님을 대항하며 억압하는 미래의 모든 정치폭군들의 전형을 상징하기 위해서였다.

이 시기에 참부모님의 활동은 종교에만 머물러 있지 않았습니다. 1968년 1월 13일 국제승공연합을 창립하시고 각계각층의 지도자들을 대상으로 승공 및 통일사상교육을 실시하셨습니다. 이는 민족의 복귀와 하나님나라의 건설을 위한 기반이 되었습니다. 한국은 반공국가였지만 공산주의를 능가할 이론이 없었습니다. 이에 사상적으로 무력한 입장에 있었습니다. 공산주의의 체계적 학술적으로 대안을 제시한 ≪새공산주의 비판≫을 출간하는 등 전 국민을 교육하기 위한 노력이 지속되었습니다. 이어 1970년 아시아의 승공대회와 1973년 한중일국회의원승공세미나 등을 통해 아이사의 승공전선을 구축하고 이어 미국을 포함한 전 세계적 승공전선을 확대하며 무신론적 공산주의의 확대를 저지하는 국제연대를 다졌습니다.

제14장

나팔재앙의 고난이 힘듦으로 14만4천 무리에게 소망을 주셨다.

음녀와 짐승의 사주를 받은 무리가 끝까지 회계하지 않으므로 하나님의 진노의 심판이 임박했음을 경고한다.

십사만 사천 명이 부르는 노래

계17:14를 이해해야 함

1. 또 내가 보니 보라 어린 양이 ①시온 산에 섰고 그와 함께 ②십사만 사천이 서 있는데 그들의 ③이마에는 어린 양의 이름과 그 아버지의 이름을 쓴 것이 있더라

*기원절까지의 축복가정

①재림주님이다. 축복가정이다.

②7년 대환란을 재림주님과 함께한 사람이다. 장막 안에 있다. 주님과 함께 새말씀을 노래한다. (계7:9~17)

③인맞은 자: 영접받은 자를 보호해 주신다. 소망을 주신다.

※시온산 : 구약성경에 152차례 언급된다. 예언적 전승에서 시온은 메시아가 오셔서 구속받은 자기 백성들을 모으는 장소이기도 하다(시48:1 사24:23, 미4:1 슥14:10) 그리고 산은 피신의 장소로 노아의 아라랏산 소돔의 심판 때 롯이 피한 산이며 주님도 말세에 산으로 도망하라고 하셨다(마

24:16) 그런데 하나님의 맹렬한 진노에는 각 섬과 산악은 간데도 없어진다(계16:20) 따라서 시온산은 단순히 육적인 지명을 뜻하는 것이 아니라 주님께서 재림하시는 동방의 나라이며 주님의 보호를 받는 14만4천 무리를 뜻한다(계7:2) 구약에서도 시온이 바벨론 성에 붙잡혀 있었다(슥2:7)는 말씀과 이스라엘 산들아 주 여호와의 말씀을 들으라(겔6:3)는 말씀에서 볼 때 시온산은 모든 의로운 사람을 뜻한다.

※14만4천 : 하나님의 뜻을 위한 전체를 대표한 수이지 문자 그대로 뜻하는 것이 아니다. 14만4천은 주님과 함께 70년 대환란을 맞아 핍박과 박해를 함께 받고 있는 자들로 처음 익은 열매(계14:4)이지만 그 추수는 어린양 혼인잔치에 청함을 받아야 한다(계19:9) 그런데 여기에서 등장하는 14만4천 무리는 7장에서 나오는 14만4천 무리와 동일인이라고 해도 그 격의 차원이 다르다. 다시 말해서 7장에서의 14만4천

명은 아직까지 70년 대환란을 본격적으로 겪지 않았으나 여기서는 70년 대환란을 통과하면서 신천신지 새 예루살렘을 위해 주님과 고난을 함께한다. 이제 그들에게는 어린양 혼인잔치에 복을 받고 아버지의 이름이 새겨질 무리이다(계19:9)

참부모님의 중심 사명은 타락으로 인해 원죄를 지니게 된 인류를 구원하는 일입니다. 그 중심 사명에는 원죄를 청산하고 타락한 혈통을 바로잡는 축복결혼 섭리가 있습니다. 지금까지 인류는 사탄을 중심하고 남성과 여성이 결혼해 가정을 이루었습니다. 축복결혼은 인간이 사탄의 혈통을 단절하고 원죄를 청산하여 하나님의 혈통으로 전환함으로써 하나님을 중심한 사랑의 질서를 회복하는 데 큰 의미가 있습니다. 타락인간의 원죄 청산은 죄 없는 인간으로 오신 참부모님만이 하실 수 있습니다. 원죄는 아담과 해와가 하나님의 계명을 거역하고 혈연관계를 맺음으로써 혈통을 더럽힌 것이기

때문에 원죄 청산은 인간조상이 타락한 반대의 경로로 혈통을 복귀함으로써 이뤄지는 것입니다. 즉 죄 없는 부모로부터 거듭나는 과정을 거쳐야 합니다. 이것이 중생식이며 축복식입니다. 남자와 여자가 축복결혼식에 참여하기 위해서는 자기 자신을 완전히 부정하는 자리에 들어가야 합니다. 그리고 순결하고 깨끗한 제물이 되어 아벨을 통해 참어머님의 태중과 같은 심정권으로 들어가 참아버지를 누구보다 사랑해야 합니다. 또한 죄 없는 참아버지의 심중으로 들어가 골수의 아기씨 기준이 되어서 참부모의 사랑에 동참하여 죄 없는 참어머니의 태중에 잉태되는 입장이 돼야합니다. 태중에서는 직계자녀님의 동생의 입장에서 자녀님은 아벨이요 자신은 가인적 입장이 되어 새출발해야 합니다. 타락이 영적 타락과 육적 타락으로 진행되었던 것처럼 중생에도 영육의 혈통전환 과정이 있게 됩니다. 그 영적 혈통전환식이 성주식이며 육적 혈통전환식이 삼일행사입니다. 성주는 재림주님 피의 값으로 속죄 조건을 갖춘 포도주와 스물한 가지의 열매로 만들어진 것입니다. 이 성주를 마심으로써 영적 중생을 이루게 되고, 성주에 적셔진 성건을 사용하는 삼일행사를 행함으로써 육적 중생을 하게 됩니다. 하나님을 중심하고 남성과 여성이 축복결혼으로 참가정을 이루어 자녀를 번식하면 이상가정을 이루게 됩니다. 그리고 국가와 인종, 종교의 장벽을 허물고 온 인류가 하나님 아래 하나의 세계를 실현할 수 있게 됩니다. 참부모님께서는 축복결혼을 통해 참사랑을 실천함으로써 참된 부부와 참된 부모, 참된 자녀, 참된 형제의 전통을 세워야 한다고 말씀하셨습니다. 특히 참사랑에는 상속권, 동위권, 동참권이 있기 때문에 축복결혼을 함으로써 하나님과 참부모님의 참사랑 전통을 이어받아 이를 사회와 국가 세계로 확산시켜 나갈 때 비로소 천국이상이 실현될 수 있다고 강조하셨습니다. 그러므로 축복결혼은 개인은 물론 온 인류에게는 최대의 경사가 아닐 수 없습니다.

2. ①내가 하늘에서 나는 소리를 들으니 많은 물 소리와도 같고 큰 우렛소리와도 같은데 내가 들은 소리는 거문고 타는 자들이 그 거문고를 타는 것 같더라

①천사들의 기쁨을 나타내는 소리이다.
땅에서의 승리는 하늘보좌에도 기쁨으로 전달된다는 것을 알 수 있다.

3. 그들이 보좌 앞과 네 생물과 장로들 앞에서 새 노래를 부르니 땅에서 속량함을 받은 십사만 사천밖에는 능히 이 노래를 배울 자가 없더라

구원받은 자가 감사하는 내용이다(시33:3, 시40:3, 시144:9).

4. 이 사람들은 여자와 더불어 더럽히지 아니하고 순결한 자라 ①어린 양이 어디로 인도하든지 따라가는 자며 사람 가운데에서 ②속량함을 받아 처음 익은 열매로 하나님과 어린 양에게 속한 자들이니

①순종하는 자 ②기원절 축복가정

5. 그 입에 거짓말이 없고 흠이 없는 자들이더라

14만4천 무리에 대한 구체적인 모습이다.

세 천사가 전하는 말

말세에 처한 인류에게 주는 천사들의 3가지 경고가 나온다.

6. 또 보니 다른 천사가 공중에 날아가는데 땅에 거주하는 자들 곧 모든 민족과 종족과 방언과 백성에게 전할 영원한 복음을 가졌더라

*하나님의 진노가 임박한다.
많은 백성과 나라와 방언과 임금에게 다시 예언한다(계10:11).

7. 그가 큰 음성으로 이르되 하나님을 두려워하며 그에게 영광을 돌리라 이는 그의 <u>심판의 시간이 이르렀음이니</u> 하늘과 땅과 바다와 물들의 근원을 만드신 이를 경배하라 하더라

*영원한 복음을 믿고 하나님을 경외해야 한다.

심판의 때가 가까이 왔다.

천사의 3경고
(14:6~11)

1.심판시간(6,7,영원한 복음)
2.바벨론멸망(8, 음행)
3.진노포도주(9~11,짐승과
　　　우상에 경배한 자)
고난의 연기(14:11)

본 장은 초대 교회와 재림시대에 이르기까지 주님의 말씀을 증거하며 믿음의 정절을 지키는 사명을 감당하면서 환란과 핍박을 받고 고난 가운데 승리한 성도들을 말씀하신다. 특히 재림시대에는 축복가정을 말씀하시는 것이다

8. 또 <u>다른 천사</u> 곧 둘째가 그 뒤를 따라 말하되 무너졌도다 무너졌도다 ①<u>큰 성 바벨론</u>이여 모든 나라에게 그의 음행으로 말미암아 ②<u>진노의 포도주를</u> 먹이던 자로다 하더라

이곳은 요한계시록에서 바벨론이 처음 언급된 곳이다(계16:17~21, 계17:1, 계18:24) 구약에서 바벨론은 우상숭배, 부도덕 및 눈에 띄는 소비의 중심지였으며, 하나님의 백성을 유혹하는 억압자였다. 신약에서는 바벨론은 로마의 은밀한 이름이다 (벧전 5:13)

하나님의 관점에서 '큰 도시', 곧 모든 세대의 문명과 문화는 이미 심판을 받았으며 무너졌다. 이것은 예언적 선언이다. 하나님의 뜻의 성취는 절대적으로 확실하기 때문에 미래의 결과가 현재에 성취된 것으로 선언된다.

*적그리스도의 죽음이다. 반드시 심판한다.

바벨론에 대한 멸망이다. 공산주의가 무너졌다.

①적그리스도 국가②적그리스도 사상

9. 또 다른 천사 곧 셋째가 그 뒤를 따라 큰 음성으로 이르되 만일 누구든지 짐승과 그의 우상에게 경배하고 이마에나 손에 표를 받으면

10. 그도 하나님의 ①진노의 포도주를 마시리니 그 진노의 잔에 섞인 것이 없이 부은 포도주라 거룩한 천사들 앞과 어린 양 앞에서 ②불과 유황으로 고난을 받으리니

①대접재앙 ②말씀심판

11. 그 ①고난의 연기가 세세토록 올라가리로다 짐승과 그의 우상에게 경배하고 그의 이름 표를 받는 자는 누구든지 밤낮 쉼을 얻지 못하리라 하더라

일곱 천사의 마지막 재앙을 남겨두고 다시 한 번 회개를 바라는 하나님의 사랑과 자비가 담겨 있다.
①계19:3에서의 영광의 연기와 반대되는 심판이다.

12. 성도들의 인내가 여기 있나니 그들은 하나님의 계명과 예수에 대한 믿음을 지키는 자니라

경고를 무시하면 고난이 있다. 인내하고 참으라(눅17:25)

13. 또 내가 들으니 하늘에서 음성이 나서 이르되 기록하라 지금 이후로 주 안에서 죽는 자들은 복이 있도다 하시매 성령이 이르시되 그러하다 그들이 수고를 그치고 쉬리니 이는 그들의 행한 일이 따름이라 하시더라

주님을 모시다가 순교한 자이다.
*계시록에는 하나님의 종말론적 심판에 관한 3가지 비유가 있다.

a. 진노의 포도주(계14:10)

b. 이한 낫으로 곡식의 추수(계14:14~16): 하늘편이다.

c. 이한 낫으로 포도송이의 추수: 사탄편이다.

마지막 수확 알곡과 가라지를 나눴다.

14. 또 내가 보니 ①흰 구름이 있고 구름 위에 인자와 같은 이가 앉으셨는데 그 머리에는 ②금 면류관이 있고 그 손에는 예리한 낫을 가졌더라

①하나님의 임재와 성도들이다(출19:9, 민12:5, 히12:1).

②주님의 영원불변의 승리와 영광이다.

추수 비유: 하나님의 심판을 의미하는 것이다(마13:27~30, 사63:2~6).

15. 또 다른 천사가 ①성전으로부터 ②나와 구름 위에 앉은 이를 향하여 큰 음성으로 외쳐 이르되 당신의 ③낫을 휘둘러 거두소서 땅의 곡식이 다 익어 거둘 때가 이르렀음이니이다 하니

①하나님의 거룩한 재단이다.

②하나님의 임재와 성도들이다.

③땅에서 하나님께서 택하신 성도들을 모으는 장면이다. 때와 시기는 오직 하나님의 권한이다.

16. 구름 위에 앉으신 이가 낫을 땅에 휘두르매 땅의 곡식이 거두어지니라

2,000년 전에 주님의 피로 뿌리신 것으로 이제 추수 때가 되니 새 언약과 새 말씀으로 추수하신다(마13:38).

하늘편 곡식을 거둔다. 하늘편을 구원하신다(추수함).

마지막 재난을 가지고 온 천사

17. 또 다른 천사가 하늘에 있는 성전에서 나오는데 역시 예리한 낫을 가졌더라

하나님의 뜻을 전하는 천사다.

18. 또 ①불을 다스리는 다른 천사가 제단으로부터 나와 ②예리한 낫 가진 자를 향하여 큰 음성으로 불러 이르되 네 ③예리한 낫을 휘둘러 땅의 포도송이를 거두라 그 포도가 익었느니라 하더라

①새말씀이다(계10:11).

②주님이 말씀으로 최후의 심판을 하신다.

③사탄편 포도송이를 거둔다(사탄편을 심판하신다).

19. 천사가 낫을 땅에 휘둘러 땅의 포도를 거두어 하나님의 진노의 큰 포도주 틀에 던지매

잡것을 걸러서 순수한 진액이 나오도록 정화시키는 대역사와 같다(욜3:13, 계19:15, 마13:27~30).

20. 성 밖에서 그 틀이 밟히니 틀에서 피가 나서 ①말 굴레에까지 닿았고 ②천육백 스다디온에 퍼졌더라

①악의 피가 말 가슴과 배에 닿았다. 악한 자의 비참한 최후이다. 마지막 심판 때 일어날 일이다. 주님의 권세로만이 가능하다(행20:24, 고전9:16).

②4×4×100(온 땅에 악을 멸망시킨다)

제15장

6장을 준비하는 장으로써 16장의 서론의 성격이 있다.

일곱 대접재앙을 집행하기 위한 준비과정이다.

일곱 대접재앙이 마치기까지는 하나님의 성전에 연기가 가득해서 들어갈 수 없다.

일곱 대접 재앙 준비(일곱번째 나팔)

1. 또 하늘에 크고 이상한 다른 이적을 보매 일곱 천사가 일곱 재앙을 가졌으니 곧 마지막 재앙이라 <u>하나님의 진노가 이것으로 마치리</u>로다 (대접재앙)

※사도요한이 본 '크고 이상한 다른 이적'이라고 묘사한 이유는 일곱째 나팔재앙이 하나님의 진노의 완성으로 마지막 재앙일 뿐만 아니라 이 재앙들의 파괴성과 무서운 성격 때문이다.

하나님의 진노는 두 가지 방향으로 나타난다.(롬1:18, 롬6:23)

① 하나님의 백성이 언약을 파괴할 경우이다.

② 이방인이 하나님의 선택하신 백성을 억압했을 경우이다.

네 생물 중에 하나가 하나님의 진노를 가득히 담은 금대접 일곱을 그 일곱 천사에게 줌으로써(계15:7) 16장에서부터 일곱 대접재앙이 악인들에게 본격적으로 시작된다.

2. 또 내가 보니 ①불이 섞인 유리 바다 같은 것이 있고 짐승과 그의 우상과 그의 이름의 수를 이기고 벗어난 자들이 ②<u>유리 바다</u> 가에 서서 하나님의 거문고를 가지고

①하나님의 성결성, 말씀을 대할 때 나타나는 자기의 모습을 비춰볼 수 있다.

②선의 자녀로 살아가는 이상세계이다(계4:6).

3절~7절 : 16장 대접재앙이므로 소망의 메시지다.

3. 하나님의 종 <u>모세의 노래</u>, 어린 양의 노래를 불러 이르되 주 하나님 곧 전능하신 이시여 하시는 일이 크고 놀라우시도다 만국의 왕이시여 주의 길이 의롭고 참되시도다

※<u>모세의 노래</u> : 모세의 인도로 출애굽한 이스라엘 백성이 홍해에서 여호와의 승리를 찬양하고 기념한 노래를 배경으로 한다(신32장).

내용의 의미 : ①인간구원, ②사탄심판, ③후사 상속, 영원한 통치(미래)

4. 주여 누가 주의 이름을 두려워하지 아니하며 영화롭게 하지 아니하오리이까 오직 주만 거룩하시니이다 <u>주의 의로우신 일이 나타났으매 만국이 와서 주께 경배하리이다</u> 하더라

재림주님의 의로우신 승리를 예시하고 있다(계19:1~9).

일곱재앙을 마칠 때 만국이 주께 경배한다(계21:24~26).

5. 또 이 일 후에 내가 보니 하늘에 ①증거 장막의 ②성전이 열리며

①거룩한 예루살렘이다. 하나님이 원하시는 교회가 아니다. 영원한 천국 장막이 아니다.

②재앙을 내리기 위해서 심판하려고 여신다.

대접재앙이 오기 때문에 증거장막이 나온다.

※증거장막 : 하나님의 선민의 장막(계13:6)에서 주님의 고난과 함께하여 승리한 14만4천의 인침을 받고 어린양 혼인잔치에 청함을 입으며 마지막 아마겟돈전쟁과 흰 보좌 심판에서 승리한 자들로 거룩한 성 예루살렘을 뜻한다(계17:14, 계19:9, 계20:11~15(흰보좌 심판) 계21:2, 계21:22)

6. 일곱 재앙을 가진 일곱 천사가 성전으로부터 나와 맑고 빛난 세마포 옷을 입고 가슴에 금 띠를 띠고

7. 네 생물 중의 하나가 영원토록 살아 계신 하나님의 진노를 가득히 담은 금 대접 일곱을 그 일곱 천사들에게 주니

8. 하나님의 영광과 능력으로 말미암아 ①성전에 연기가 가득 차매 일곱 천사의 일곱 재앙이 마치기까지는 ②성전에 능히 들어갈 자가 없더라

*성전에 들어갈 수 있을 때는 16장 대접재앙을 통해서 사탄이 멸망하게 될 때 비로소 계21:3 말씀처럼 하나님의 장막이 사람들과 함께 하게 된다.

①하나님의 진노가 가득하여 불 붙는 듯하다는 뜻이다(사30:27).

②천국에 들어갈 수 없다.

※ 하나님의 진노의 일곱 대접의 말씀심판이 짐승에게 쏟아질 준비가 끝났다(단9:27 한이레 중에서 후 3년 반이 남아 있다). 우리는 이 마지막 재앙을 하나님께서 내릴 수밖에 없다는 사실을 기억하고 주위 사람들에게 새말씀을 전해야 한다(히8:8,렘31:31,렘32:40,출19:5,호6:7).

　※신천지 오류 : 계15:5 '증거 장막 만들었으므로 승리했다'고 하는 것은 잘못됐다. 계15:8에 분명히 들어갈 수 없다고 했다. 계21:3처럼 구원 장막이 이때 시작됐다.

　즉 계19장이 넘어 가야 들어갈 수 있다. 누구도 계15:8에서 들어갈 수 없다고 했다.

　참하나님께서 할렐루야 찬양으로 보좌에 앉으시기까지는 성전이 열리지 않기 때문이다(계19:4). 그리고 성전은 건물도 아니고 어린양이다(계21:22). 계21:24에 들어간다.

　참부모님께서는 1974년 9월 18일 3만여 명이 모인 뉴욕 매디슨스퀘어가든 대회와 1976년 6월 1일 4만5천 명이 참석한 뉴욕 양키스타디움 대회, 9월 18일 30만 명이 운집한 워싱턴 모뉴먼트 대회를 통해 하나님의 뜻과 비전을 만천하에 공표하셨습니다. 이들 대회는 미국 섭리에서 소생, 장성, 완성의 3단계 승리를 의미하며 섭리사의 모든 실패를 세계적 국가를 대표한 미국을 중심으로 청산하고 공산권을 해방하는 데 초점이 맞춰져 있습니다. 워싱턴 모뉴먼트 대회 다음날 공산세계 해방을 위해 다음 대회는 소련 모스크바에서 개최될 것이라고 공표하셨습니다. 공산세계의 총본산인 크렘린을 뚫고 나가야 하나님과 인류의 해방이 벌어진다는 것입니다.

제16장

후 3년 반 대접재앙이다(하나님의 진노를 담은 주님의 말씀 심판).

사탄편 심판 → 전멸됐다.

일곱 재앙이 모두 나왔으므로 하나님의 진노의 심판인 7년 대환란은 끝난 것과 같다

절대예정이 아니므로 대접재앙이 반드시 일어나는 것은 아니다.

일곱째 나팔은 계11:15절에 불었으나 실제 재앙의 내용은 16장에 나온다.

독수리의 셋째 화인 일곱째 나팔을 분 이후에 적그리스도에 대한 하나님의 진노와 심판이다.

55년~89년 사이 : 공산주의 창궐, 아마겟돈전쟁이다(말씀으로 전쟁심판).

진노의 일곱 대접

※사탄편(가인)이 중심이 되어 탕감조건을 세워서 실체기대를 세운다(후 3년 반). 아벨편은 가인편이 믿고 따라올 수 있는 기대(환경권)을 조성해야 한다. 즉 죄악된 인류는 하늘편(아벨)에 순종해서 재림주님께 축복받고 하나님께 돌아오게 된다. 그럼으로써 사탄은 인간과 수수작용할 수 없으므로 멸망하게 된다.

참부모님께서 냉전종식 등 평화세계 실현을 위해 펼치신 활동과 남북통일을 향한 발자취에 대해 소개하고자 합니다. 참부모님께서는 세계평화의 가장 큰 위협은 공산주의라고 보시고 한국과 일본의 승공운동을 기반으로 미국을 중심한 세계무대에서 승공활동을 대대적으로 전개하셨습니다. 그리하여 마침내 세계 가인형 대표인 고르바초프 소련 대통령과 사탄세계의 재림주형 인물인 김일성 북한 주석을 만남으로써 냉전종식을 통한 평화세계 실현의 길을 열어 주셨습니다. 현재 한국에서는 이러한 참부모님의 정신을 받들기 위해 100만 명의 통일준비위원을 위촉하고 제5유엔사무국 유치운동에 나서는 등 꾸준히 남북통일을 위해 관련기관이 힘을 합해 노력하고 있습니다.

1. 또 내가 들으니 성전에서 큰 음성이 나서 ①일곱 천사에게 말하되 너희는 가서 하나님의 ②진노의 일곱 대접을 땅에 쏟으라 하더라

워싱턴 모뉴먼트대회(1976.9.18)
주제:하나님의 뜻과 미국, 모뉴먼트 광장
30만명 참석, 미국건국 200주년 기념행사

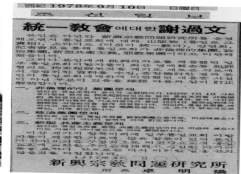

①천사를 통해서 대접재앙이 내린다.

②주님을 상징한다. 하나님의 진노가 담긴 것 : 계5:8 성도들의 기도가 담긴 것(요12:48) 말씀심판

※ '대접' : ① 하나님과 타락한 인간을 연결케 하는 중보자의 사명을 가지신 주님을 표징한다. ② 하나님의 진노가 담긴 것이다. 계5:8에서 성도들의 기도를 가득 담은 금대접이다. 성도들의 순교적 기도는 하나님의 진노의 말씀으로 심판하신다.(요12:48) 일곱 대접재앙은 재림주님이 새말씀의 심판으로 적그리스도를 회개시킬 것이다.(벧전3:19)

2. 첫째 천사가 가서 그 대접을 ①땅에 쏟으매 ②짐승의 표를 받은 사람들과 그 우상에게 경배하는 자들에게 악하고 ③독한 종기가 나더라

①루시엘이 있는 장소다. ②인간성을 상실한다(창6:3, 골3:5).
③하나님께 불순종한 결과로 생긴 고통이다(신28:35).
영적, 이념적, 사상적, 불치병, 주님의 말씀만이 치료할 수 있다.
모세 때 애급에 내린 여섯 번째 재앙과 같다.

참부모님께서 일본과 미국을 중심으로 본격적인 선교를 펼칠 당시 시대 상황은 한마디로 민주와 공산주의가 충돌하는 냉전시기였습니다. 제2차 세계대전 이후 세계는 민주와 공산권으로 갈라져 냉전이 지속되면서 공산주

의의 위협이 세계적으로 심화됐습니다. 소련은 세계 공산화를 위한 음모를 세계 도처에서 획책했고, 이로 인해 대표적 자유국가인 미국에서도 공산주의 바람이 불었습니다. 결국 민주세계는 심각한 위협에 직면하게 됐고 사상적 대안 부재 상태에 놓이게 됐습니다. 참부모님께서는 이런 상황을 타개하기 위해 국제승공전선을 형성하시고 미국 국민들을 하나님이 축복한 건국 당시의 정신으로 되돌아갈 수 있도록 정신적 재무장시키는 데 총력을 기울이셨습니다. 그리고 일본으로 하여금 어머니 국가의 입장에서 미국을 중심한 세계섭리를 지원하고 협력하게 하셨습니다.

3. 둘째 천사가 그 대접을 ①바다에 쏟으매 바다가 곧 ②죽은 자의 피 같이 되니 바다 가운데 모든 생물이 죽더라

①용이 있는 불순종한 죄악의 세상이다(사27:1).

②우상숭배와 거짓교리 및 세상권력에 죽게 된다. 모세 때 내린 첫 재앙이다(출7:17).

4. 셋째 천사가 그 대접을 강과 물 근원에 쏟으매 피가 되더라

인간의 근본이 되는 곳이 썩었다. 세계적 대재앙이다.

5. 내가 들으니 물을 차지한 천사가 이르되 전에도 계셨고 지금도 계신 거룩하신 이여 이렇게 심판하시니 의로우시도다

유대인들 생각에는 모든 자연적인 힘(바람, 해, 비, 물 등)에는 그것을 다스리는 천사들이 있다고 생각한다.

6. 그들이 성도들과 선지자들의 피를 흘렸으므로 그들에게 피를 마시게 하신 것이 합당하니이다 하더라

하늘백성들이 흘린 피에 대한 하나님의 정당한 보복이 합당하다.

7. 또 내가 들으니 제단이 말하기를 그러하다 주 하나님 곧 전능하신 이시여 심판하시는 것이 참되시고 의로우시도다 하더라

하나님 심판의 공정성과 의로움이란? 주님의 새말씀의 승리 구원을 의미하는 반면 짐승을 경배하는 자들에게 있어서는 형벌과 멸망에 대한 경고이다.

8. 넷째 천사가 그 대접을 해에 쏟으매 해가 권세를 받아 불로 사람들을 태우니

하늘의 권세가 회복되어서 죄악된 인간들을 태울 말씀심판이다.
(약3:6, 눅12:49, 요12:48, 요5:24, 살후2:8, 사11:4, 렘5:14)

9. 사람들이 크게 태움에 태워진지라 이 재앙들을 행하는 권세를 가지신 하나님의 이름을 비방하며 또 회개하지 아니하고 주께 영광을 돌리지 아니하더라

이런 재앙에도 짐승을 경배하는 자들은 회개하지 않고 정화되지 않는다는 사실을 보여준다.

10. 또 다섯째 천사가 그 대접을 ①짐승의 왕좌에 쏟으니 그 나라가 곧 어두워지며 사람들이 아파서 ②자기 혀를 깨물고

①적그리스도의 심장부: 구소련(일곱마리 중 하나)
②짐승의 사회에 널리 퍼져 있는 영적 흑암으로 그들은 매일 공포 속에서 삶을 말한다.

11. 아픈 것과 종기로 말미암아 하늘의 하나님을 비방하고 그들의 행위를 회개하지 아니하더라

사탄이 회개하지 않는다.

12. 또 여섯째 천사가 그 대접을 큰 강 ①유브라데에 쏟으매 강물이

말라서 ②동방에서 오는 왕들의 길이 예비되었더라

①터키에서 지중해로 흐르는 강으로 동양과 서양의 교차점, 전쟁이 많이 일어나는 곳이다. 애급왕 바느고와 바벨론왕 느브갓네살이 자주 싸운 전쟁터다(렘46:2~10). 최후의 날 하나님편과 사탄편이 마지막 싸움의 날을 예시했다(렘46:10~14).

②악의 세력들이다.

13. 또 내가 보매 개구리 같은 세 더러운 영이 용의 입과 짐승의 입과 거짓 선지자의 입에서 나오니

땅의 음녀와 가증한 것들의 어미이다(계17:5). 실제로 사탄과 세상권력이 연합한 동방의 임금들을 말한다(소련, 중국, 북한).

유대인들은 개구리를 부정한 동물로 여겼다.

14. 그들은 ①귀신의 영이라 이적을 행하여 온 천하 왕들에게 가서 하나님 곧 전능하신 이의 ②큰 날에 있을 전쟁을 위하여 그들을 모으더라

①세상권세로 악령에 붙들리어 비진리로써 세상을 현혹시킨다. 그들의 실체는 적그리스도로서 짐승(국가)으로 나타났다(계13:11).

②선으로 위장하여 연합전선을 구축하지만 결국 하나님이 승리하신다(계17:14, 계19:11). 아마겟돈전쟁의 의미이다.

15. 보라 내가 도둑같이 오리니 누구든지 깨어 자기 옷을 지켜 벌거벗고 다니지 아니하며 자기의 부끄러움을 보이지 아니하는 자는 복이 있도다

셋째 복이다.

16. ①세 영이 히브리어로 ②아마겟돈이라 하는 곳으로 왕들을 모으더라

①소련, 중국, 북한

②실제 일어난 것은 계19:17~21에서 일어난다.

※세 더러운 영이 아마겟돈전쟁을 위해 왕들을 모은다. 아마겟돈은 이스라엘 예루살렘 서북쪽 갈멜산 아래 있는 므깃도(삿5:19) 광야를 말한다. 이곳은 아시아대륙과 아프리카대륙의 통로로 유명한 전쟁터이다. 주님이 오실 때 사탄의 세력과 마지막 일전의 장소로 생각하는 것은 당연하고 자연스러운 것이다(슥12:11) 군사, 무역, 전략 요충지, 이스라엘 평원지역 50m 높은 언덕 의미는 군대를 모아들이는 장소이다. 물론 어떤 지리적인 장소를 의미하는 것이 아니라 하나님이 악의 세력과 대결하여 그들을 패배시킬 종말론적인 영적 전쟁이다. 삿5:31에서도 므깃도는 여호와의 원수들이 전멸된 곳이라고 했다.

17. 일곱째 천사가 그 대접을 공중에 쏟으매 큰 음성이 성전에서 보좌로부터 나서 이르되 되었다 하시니

마지막 재앙, 공중권세 잡은 자이다(엡2:2).

18. 번개와 음성들과 우렛소리가 있고 또 큰 지진이 있어 얼마나 큰지 사람이 땅에 있어 온 이래로 이같이 큰 지진이 없었더라

이러한 재앙은 모세의 세 이적과 열 재앙처럼 하나님께로 돌아가기 위한 채찍이다.

19절~21절 : 사탄이 멸망한다.

19. 큰 성이 <u>세 갈래로</u> 갈라지고 만국의 성들도 무너지니 큰 성 바벨론이 하나님 앞에 기억하신 바 되어 그의 맹렬한 진노의 포도주 잔을 받으매 하늘수(하나님 심판). 산산이 부서진다.

20. 각 섬도 없어지고 산악도 간 데 없더라

계6:16에 피해 있던 사탄편이 전부 멸망된다. 70년 대환란 재앙이 끝난다.

21. 또 ①<u>무게가 한 달란트나</u> 되는 큰 우박이 하늘로부터 사람들에게 내리매 사람들이 그 우박의 재앙 때문에 ②<u>하나님을 비방하니</u> 그 재앙이 심히 큼이러라

①30kg

②회개치 않는다. 어떠한 물리적 재앙이나 진노보다도 더 무섭고 심각한 재앙은 하나님을 받아들이지 않는 죄악의 마음이다(계14:10,계16:11,히12:27). 인격 자체가 멸망이요 사망이다.

제2차대전 이후 세계적화를 목표로 국제공산주의 세력은 날로 팽창하였고 1980년대에 이르러서도 여전히 그 힘이 막강하여 미국을 비롯한 자유세계를 위협하고 있었습니다. 또한 1970년 말부터 1985년까지는 역사가들이 제2의 냉전이란 표현을 쓸 정도로 소련과 미국의 대립이 심해지고 있었으며, 소련은 미국을 능가하는 수준으로 군사력을 크게 늘이던 상황이었습니다. 댄버리 연방교도소에 수감 중이시던 참부모님께서는 이러한 상황을 심각히 보시고 시카고 대학의 정치학자인 몰튼 카플란 박사를 교도소로 부르셨습니다. 1985년 8월 13일부터 5일간 제2차 세계평화교수협의회 세계대회가 스위스 제네바에서 개최될 예정이었습니다. 그 대회의 의장을 맡은 카플란 박사에게 세계 석학들 앞에 '공산주의의 종언'을 선언하라고 지시하셨습니다. 너무나 놀란 그는 당시의 공산세력의 크기로 볼 때 멸망은 불가능하다고 생각하고 '아마도

(maybe) 공산주의는 멸망할 수 있을 것이다.'라는 표현을 쓰는 것이 어떻겠느냐고 하였습니다. 참아버님은 단호하게 '공산주의의 종언'을 선언할 것을 역설하셨습니다. "두고 봐라, 5년 이내에 공산당이 어떻게 되는지. 가서 얘기하시오."라고 강조하셨습니다. 세계대회는 '소련제국의 몰락-포스트 소련시대를 위한 비전'이라는 주제로 소련 대사관 바로 앞에 소재한 인터컨티넨탈호텔에서 300명의 교수와 학자들이 참석한 가운데 열렸습니다.

일곱 나팔재앙과 일곱 대접재앙의 비교

일곱 나팔재앙(8~11장)	일곱 대접의 재앙(16장)
피 섞인 우박과 불이 내려와 수목의 삼분의 일과 각종 푸른 풀들이 타버림(8:7)	첫 대접이 지상에 쏟아지자 짐승을 경배하던 자들에게 악하고 독한 헌데가 생김(2절)
불 붙은 큰 산이 바다에 던지워져 바다의 삼분의 일이 피가 되어 그 가운데 거하는 피조물과 배의 삼분의 일이 파멸(8:8)	바다가 죽은 자의 피와 같이 변해 바다 가운데 거하는 모든 생물들이 죽게 됨(3절)
큰 별들이 하늘에서 떨어져 물들의 삼분의 일이 쓰고 독이 있게 되어 많은 사람들이 죽게 됨(8:10,11)	강과 샘들이 피가 되는데 이는 악한 자들에 대한 하나님의 징벌이라고 선언함(4~6절)
해와 달과 별의 삼분의 일이 침을 받으므로 낮의 삼분의 일이 어두워짐(8:12)	해가 뜨거워져서 사람들을 태우나 그들은 회개하지 않고 계속해서 하나님을 모독함(8~9절)
별이 하늘로부터 심연으로 떨어지며 무저갱으로부터 악독한 연기와 황충이 나와 사람들을 해친다. 사람들이 죽기를 구하나 죽지도 못하고 끊임없는 고통을 당하게 됨(9:1~12)	짐승의 나라 위에 흑암이 덮이고 사람들은 종기와 아픔으로 고통을 당하면서도 계속해서 하나님을 훼방하고 회개치 않음(10~11절)
유브라데강에 결박되어 있던 네 천사가 놓여나고 악한 마병들이 동방으로부터 와서 사람들의 삼분의 일을 죽임(9:13~21)	유브라데강물이 말라서 동방에서 오는 왕들의 길이 예배되고 귀신의 영들이 이적을 행하여 하나님과 싸우려고 천하의 모든 임금들을 히브리어로 아마겟돈이라고 불리는 곳에 모음(12~16절)
하늘에서 승리를 선포하며 하늘 성전에 언약궤, 번개, 음성들, 지진, 큰 우박 등이 있음(11:19)	하늘에서 다 됐다는 음성과 함께 뇌성과 지진과 번개와 큰 우박이 내림(17~21절)

제17장

17장, 18장은 16장을 구체적으로 부연설명한 것이다(중간 예시).

큰음녀와 바벨론에 대한 심판과 그 본질을 말씀하신다.

상징의 의미를 잘 이해해야 한다.

음녀를 따르는 무리가 멸망하는 상황이다(대접재앙을 설명한다).

큰 음녀에게 내릴 심판

1. 또 일곱 ①대접을 가진 ②일곱 천사 중 하나가 와서 내게 말하여 이르되 이리로 오라 많은 ③물 위에 앉은 큰 음녀가 받을 심판을 네게 보이리라

①하늘의 진노를 담은 그릇(주님말씀) ②천사가 행한다.
③타락한 적그리스도의 세계이다.

2. 땅의 임금들도 그와 더불어 음행하였고 땅에 사는 자들도 그 음행의 포도주에 취하였다 하고

우상숭배이다.(렘3:2, 겔16:15~22, 겔23:1~12)

3. 곧 성령으로 나를 데리고 광야로 가니라 내가 보니 ①여자가 붉은 빛 짐승을 탔는데 그 짐승의 몸에 ②하나님을 모독하는 이름들이 가득하고 ③일곱 머리와 열 뿔이 있으며

①붉은 말을 탄 자이다(계6:3). 바다에서 올라온 짐승이다(계13:1).
②오늘날에도 적그리스도들의 이론적 허구와 궤변을 말한다.
③계12:3에 나오는 용과도 같은 적그리스도이다.

4. 그 여자는 자주 빛과 붉은 빛 옷을 입고 금과 보석과 진주로 꾸미고 손에 ①금 잔을 가졌는데 가증한 물건과 그의 ②음행의 더러운 것들이 가득하더라

①많은 사람들을 미혹할 우상숭배를 묘사했다(렘5:7). ②악한 영이다.

5. 그의 이마에 이름이 기록되었으니 ①비밀이라, ②큰 바벨론이라, 땅의 ③음녀들과 가증한 것들의 어미라 하였더라

①음녀의 이름이 비밀스럽고 신비한 것으로 사탄의 정체를 숨기고 있다.
②바벨론: 유대인에 있어서 교만하고 우상숭배와 억압의 상징이다.
땅의 음녀와 가증한 것들의 의미한다. 당시 로마 적그리스도
③로마시대에 창녀들이 띠를 멋있게 해서 이름을 쓴다.

6. 또 내가 보매 이 여자가 성도들의 피와 예수의 증인들의 피에 취한지라 내가 그 여자를 보고 놀랍게 여기고 크게 놀랍게 여기니

음녀는 성도들을 핍박하여 순교자의 피를 흘리게 한 장본인이다(계6:9, 계7:8, 계18:24).

7. 천사가 이르되 왜 놀랍게 여기느냐 내가 여자와 그가 탄 일곱 머리와 열 뿔 가진 짐승의 비밀을 네게 이르리라

짐승의 비밀을 밝히는 말씀이다(계11:7, 계12:3). 음녀가 타고 있는 이 짐승은 계13:1에 바다에서 올라온 짐승과 계20:1~3절의 붉은 용과 동일한 짐승이다.

짐승이 '나라'라는 상징을 이해하기 위해서는 단2:25~45, 단7:15~28을 참고한다.

8. 네가 본 짐승은 전에 있었다가 지금은 없으나 장차 무저갱으로부터 올라와 멸망으로 들어갈 자니 땅에 사는 자들로서 창세 이후로 그 이름이 생명책에 기록되지 못한 자들이 이전에 있었다가 지금은 없으나 장차 나올 짐승을 보고 놀랍게 여기리라

계20:3에 무저갱에 던져 잠그고 그 위에 인봉하여 천년이 차도록 세상을 미혹하지 못하게 하다가 그 후에는 반드시 잠깐 놓이리라는 말씀과 일치한다. 이 존재는 마귀사탄의 정체를 보여 준다.

9. 지혜 있는 뜻이 여기 있으니 그 ①일곱 머리는 여자가 앉은 ②일곱 산이요

①일곱머리(마12:31) : 모든 죄는 용서받지만 성령을 훼방하는 것은 용서받지 못한다 → 적그리스도

① 애급 ② 앗시리아 ③바벨론 ④로마제국 ⑤군국주의 ⑥구소련 ⑦청황색 말(이슬람+인본주의)

하나님을 대적하는 우두머리들이다 → 적그리스도, 일곱 머리가 열 뿔을 갖고 있다.

음녀는 짐승 위에 앉아 있고 일곱산(일곱왕)에도 앉아 있다.

② 일곱 산 : 세상권세이다(사2:2, 렘51:25, 단2:35, 슥4:7).

10. ①또 일곱 왕이라 다섯은 망하였고 ②하나는 있고 ③다른 하나는 아직 이르지 아니하였으나 이르면 반드시 잠시 동안 머무르리라

※ 일곱 왕에서 '다섯은 망하였고'라는 의미는 7년 혹은 70년 대환란 중이나 그 이전에 다섯 왕은 망하였다는 뜻이다. 즉 사라진 다섯머리는 역사상 나타났던 사탄국가의 큰 산을 의미한다. 즉 애급, 앗시리아, 바벨론, 로마제국, 전체주의(군국주의 국가) 등을 의미한다.

'하나는 있고'의 뜻은 70년 대환란 중에 계속 존재하였던 현대의 바벨론으로, 하나님에게 정면으로 도전한 구소련을 중심한 공산국가를 지칭한다(계12:3).

일곱째 머리 짐승
열뿔(계17:10) 잠깐동안 계속되리라
1. 빈라덴주의
2. 북한김씨일가세습
3. 광신도
4. 성령거역죄의
   국가 및 단체 등등
*라오디게아 교회형

'다른 이는 아직 이르지 아니하였으나' 라는 존재는 70년 대환란의 후반기에 나타나는 것으로, 현대를 상징하는 라오디게아교회처럼 하나님의 존재와 세계평화를 위협하는 또 하나의 적그리스도들이다. 이들은 이르면 반드시 잠깐동안 계속된다(계17:12. 열 뿔에 해당한다).

①애굽 앗시리아 바벨론 로마제국 군국주의자②구소련③청황색 말(이슬람, 인본주의)

11. 전에 있었다가 지금 없어진 짐승은 여덟째 왕이니 일곱 중에 속한 자라 그가 멸망으로 들어가리라

현실적으로 볼 때 과거의 망령이 되살아난 것이라고 볼 수 있다. 분명한 것은 그 망령은 다시 멸망으로 들어간다(적군파, 나치즘, 신마르크시즘).

12. 네가 보던 열 뿔은 열 왕이니 아직 나라를 얻지 못하였으나 다만 짐승과 더불어 임금처럼 한동안 권세를 받으리라

성령을 거역하는 무리다(빈라덴, 주사파, 통진당). 10수는 완성, 충만함을 의미한다. 짐승의 권세를 따르는 많은 국가들 및 조직체이다. 현대에 있어서 이들을 라오디게아교회를 상징하는 북한, 쿠바, 베네수엘라, 이란, 이라크, 알카에다, IS, 무신론적 인본주의체제 임금과 같은 권세를 받지만 오래가지 못하고 멸망한다.

13. 그들이 한 뜻을 가지고 자기의 능력과 권세를 짐승에게 주더라

자신의 권세와 능력을 짐승에 주어 주님을 상대하고자 한다. 동방에서 오는 왕들이다(계16:2 아마겟돈전쟁).

14. 그들이 어린 양과 더불어 싸우려니와 어린 양은 만주의 주시요 만왕의 왕이시므로 그들을 이기실 터이요 또 그와 함께 있는 자들 곧 부르심을 받고 택하심을 받은 진실한 자들도 이기리로다

참부모님 세계 공산주의 종언 선언
(제네바 세계평화교수협의회, 1985.8.13)

참부모님 70년 대환난 승리하심
(1989년)
참부모님 소련 모스크바 크렘린궁,
고르바초프 대통령과 단독회담(1990.4.11)

참부모님 김일성 주석과의 회담과 오찬
(1991.12.6, 함경남도 흥남시 마전
김일성 주석 공관) 계17:14

재림주님이 하실 일 : 고난 중에서 최종적인 아마겟돈전쟁에서 승리함으로써 어린양 혼인잔치를 하실 수 있기 때문이다(계19:9). '그들이' 짐승과 열왕들과 같은 사탄의 동맹체들이 어린양에게 대적하지만 멸망한다. 재림시대의 짐승은 공산국가이다. 주님의 부르심을 입고 빼내심을 입은 자들 14만4천의 시온산으로 어린양 혼인잔치에 청함 받은 축복가정과 어린양이 함께해서 짐승에게 싸워 이긴다.

눅17:25 재림주님이 고난과 싸워서 이긴다.

"이 지구상에 제일 큰 사건이 벌어졌는데 그 사건이 바로 공산주의의 출현입니다. 이것이 왜 큰 사건이냐? 엄연히 살아 계시는 하나님을 죽었다고 하기 때문입니다. 다시 말해서 공산주의는 하나님이 엄연히 살아 계시는데도 불구하고 없다고 하는 것입니다. 죄 중에서 제일 큰 죄는 분명히 있는데도 불구하고 없다고 하는 것입니다."[참8.1.1:5] "통일교회는 먼저 세계를 향해서 '하나님은 살아계신다!'고 선포해야 됩니다. 오늘날 세계는 하나님의 운세가 꺾여 나가는 최후의 고빗길에 부딪쳐 있습니다. 그런 운명길에서 새로운 이념을 중심삼고 공산주의 무신론 사상을 물리치고 민주세계를 하나님 편으로 이끌고 나갈 수 있는 사명을 통일교회가 해야 됩니다.

1975년 베트남이 패망하고 공산화가 확산되자 참아버님께서는 세계 60개국 승공회원들과 통일교회 식구들을 불러 한국에서 대대적인 승공운동을 전개했습니다. 1975년 6월 7일 서울 여의도광장에서 60개국 1천여 명의 대표와 120만 시민이 참가한 가운데 구국세계대회가 열렸습니다. 참아버님께서는 '세계 속의 한국'이라는 주제로 강연하셨습니다. 구국세계대회는 하나님의 이름으로 북한 김일성을 규탄하고, 세계 대표들이 자유대한과 세계 수호를 굳게 결의하는 유일무이한 역사적 대회였습니다. 특히 60개국 1천여 명의 대표가 동참해 북한의 도발을 물리치고 신앙의 조국 한국을 수호하겠다는 의지로써 그 함성과 열기가 충전했습니다. 그때는 김일성의 남침야욕이 절정이었던 시기였습니다. 당시 한국정세는 실로 풍전등화와 같고 사면초가의 상황에 빠져 있었습니다. 이를 영적인 기세로 타개하기 위해 대회를 치르게 된 것입니다. 1983년 12월에는 전국적으로 15만 명이 참여하는 승공궐기대회를 개최하셨습니다. 참부모님께서는 승공강사를 양성하고 각계각층의 국민들을 교육했습니다. 1990년 초까지 그 수가 무려 100만 명에 이르렀습니다.

참부모님께서 모스크바 대회를 처음 선언한 것은 1976년 미국 건국 200주년 기념 워싱턴 모뉴먼트 대회 직후였습니다. 당시 30만 명이 운집할 정도로 성공적이었던 대중집회를 마치고 그 다음날 뉴욕 벨베디아 승리축하집회에서 참아버님께서 "다음 대회는 모스크바에서 개최한다!"고 선언하셨습니다. 그러면서 "모스크바는 영어로 말하면 Mosco인데 머스트 고(must go)처럼 들린다. 꼭 가야 한다는 뜻이다. 우리는 공산주의 종주국 소련의 수도에 '머스트 고'해야 한다."고 말씀하신 것입니다. 모스크바 대회는 참아버님께서 선언하신 지 14년이 지나 1990년 4월 9일부터 13일까지 개최됐습니다. 참부모님 일행이 모스크바에 도착하신 대는 1990년 4월 8일이었습니다. 알베르트 블라소프 노보스티 통신사 회장의 영접을 받고 이후 공항 기자회견에서 참아버님게서는 "나는 종교지도자로서 하나님의 뜻에 따라 소련을 돕기 위해 오늘 이 자리에 왔다."는 요지의 말씀을 주셨습니다.

4월 11일 크렘린궁에서 역사적인 참부모님 양위분과 고르바초프의 단독 회담이 있었습니다. 이 자리에서 한국과의 수교, 한반도 통일, 소련 내에서의 종교자유 확대 문제 등을 논의했습니다. 참아버님게서는 고르바초프에게 무신론적 유물론의 미래는 멸망밖에 없으므로 유물론을 폐기하고 종교를 중심한 영적 가치관을 부활시키라고 강력히 권고하셨습니다. 즉 "소련이 살 길은 종교적인 길뿐이다. 반드시 하나님을 알아야만 소련이 부활할 수 있다."고 강조하셨습니다. 이와 함께 크렘린 광장의 레닌 동상 철거를 요청하셨습니다. "모스크바에 가서 아버님은 확실하게 선언했습니다. 소련이 살 길은 오직 종교적인 길뿐이라는 것입니다. 아버님은 평생을 종교지도자로서 지내 왔습니다. 공산주의 세계의 한가운데인 모스크바에서 확실하게 선언한 것입니다. 그러니 공산주의 지도자들이 놀란 것입니다. 고르바초프도 듣고 나서는 마찬가지였습니다. 마지막 연회에서는 '소련은 반드시 하나님을 알아야 한다. 그 새로운 길을 발견하는 것이 소련이 새로 부활하는 길이다. 다시 돌아가야 한다. 그러지. 않으면 길이 없다! 제거당하는 것이다!' 라고 더욱 강력하게 얘기한 것입니다."[참 8.2.3:16] 참부모님과 고르바초프의 회담은 그전까지 지지부진했던 한소 수교의 물꼬를 튼 것으로 평가됩니다. 이때 논의한 대로 그해 6월 샌프란시스코에서 고르바초프 서기장과 노태우 대통령이 만나 한소정상회담을 가졌고 마침내 9월 한국과 소련이 국교를 맺게 되었습니다.

참부모님의 제안으로 철의 장막에 갇혀 있던 소련과 독립국가연합의 대학생들 및 지도급 인사들의 미국 등 해외연수가 시작되었습니다. 1990년 7월 1일부터 8월 19일까지 4차례에 걸쳐 380명의 소련 대학생들이 미국 통일신학대학원에서 열린 국제지도자세미나에 참석하였습니다. KGB의 부위원장을 비롯한 소련 지도자들과 위성국가의 당수들 등 고위급 인사 수십 명이 미국에 다녀갔습니다. 소련과 그 위성국가는 서로 사이가 좋지 않았습니다. 그런데 이들이 교육에 참여하고 나서는 하나가 되었습니다. 1991년 헝가리의 3곳에서 700명이 참석한 가운데 세미나를 가졌고, 대학원리연구회 주최로 발틱 연안 4곳에서 2천여 명의 학생들이 참석한 가운데 24차에 걸쳐 세미나를 개최하였습니다. 1992년에는 우크라이나 크림반도 18곳에서 3천 160명의 학생들을 위해 27차례의 세미나가 개최되었습니다. 또한 고등학교 교사들과 독립국가연합의 학생들을 위한 통일원리 세미나에는 23곳에서 40차에 걸쳐 7천 229명이 참석함으로써 이전의 최다 수련생 참석 기록을 깼습니다. 그해 여름에는 8주간에 걸쳐 독립국가연합 5개 지역 26곳에서 열린 129차의 세미나 1만8천42명이 참석하였습니다.

소련 붕괴 이후를 대비하여 소련 대학생들을 미국으로 초청하여 교육하는 등 해외연수를 지속적으로 추진한 결과, 소련 군부의 쿠데타가 일어났을 때 교육받은 청년학생들이 목숨을 걸고 진주하는 군대를 막아서게 되었고 이는 쿠데타가 실패하는 결정적 원인이 되었습니다. 참부모님과 고르바초프의 회담 이후 1년 4개월이 지날 즈음인 1991년 8월 19일 페레스트로이카에 반대하는 반개혁파와 쿠데타가 일어났습니다. 아무리 페레스트로이카로 소련의 탈 공산화가 진행되었다 할지라도 그 사회에는 아직도 공산당 보수 세력이 많았습니다. 고르바초프 대통령이 크림반도의 별장으로 휴가를 가서 모스크바를 떠나 있을 때에 소련 군부와 정부의 불만 세력이 합세하여 쓰러져 가는 소련제국을 구출한다는 대의명분하에 쿠데타를 일으켰던 것입니다. 고르바초프 대통령은 별장에 감금되었고, 다음날 부통령이 대통령으로 취임하고, 쿠데타 세력의 비상사태위원회는 전권을 장악한 것처럼 보였습니다. 이때 하늘이 개입한 것입니다. 반개혁파의 쿠데타는 각국으로부터 강력한 반대를 받았고, 국내여론도 쿠데타에 대해서는 분노를 노골적으로 표출했습니다. 결국 쿠데타가 3일 만에 실패로 돌아가고 골수 공산당원들의 책동임이 밝혀지자 고르바초프 대통령은 8월 24일 겸임하고 있던 공산당 서기장을 사임하고 바로 공산당을 해체했습니다. 참아버님께서는 일찍이 공산주의는 70년에서 73년을 못 넘어간다고 말씀하신 바 있습니다. 1917년 러시아혁명 후 73년, 소련이 세워진 1922년 이후 69년 만에 공산주의가 붕괴되고 소련은 그해 12월 해체되고 말았습니다.

15. 또 천사가 내게 말하되 네가 본 바 <u>음녀가 앉아 있는 물은 백성과 무리와 열국과 방언들이니라</u>

적그리스도의 영향력이 우주적이고 땅의 비천한 자들로부터 왕들에 이르기까지 모두에게 미친다는 뜻이다.

16. <u>네가 본 바 이 열 뿔과 짐승은 음녀를 미워하여 망하게</u> 하고 벌거벗게 하고 그의 살을 먹고 불로 아주 사르리라

중대한 일이 발생한다. 처음에는 음녀가 열 뿔 가진 짐승 위에 앉아 있는 모습으로 짐승과 음녀는 서로 동맹관계였다. 그런데 짐승과 열왕의 정부이던 음녀에게 등을 돌린다. 악은 자체 속에 항상 분열의 소리를 갖고 있다(마 12:26) 결국 자체적으로 동맹이 무너져 스스로 자멸한다. 음녀는 수족이었

던 짐승과 뿔들에 의해 참혹한 죽음을 맞는다.

17. 이는 하나님이 <u>자기 뜻대로 할 마음을 그들에게 주사 한 뜻을 이루게 하시고 그들의 나라를 그 짐승에게 주게 하시되</u> 하나님의 말씀이 응하기까지 하심이라

주님의 승리로 말미암아 사탄도 마음대로 움직인다. 하나님은 악의 세력까지도 심판의 도구로 사용하셨다(렘25:9~14, 눅20:18). 이이제이(以夷制夷)이다.

18. 또 네가 본 ①<u>그 여자는 땅의 왕들을 다스리는</u> ②<u>큰</u> 성이라 하더라

①다시 한 번 음녀와 땅의 임금들 즉 적그리스도에 대해서 주지시킨다.
②바벨론, 사탄국가(공산국가)

제18장

적그리스도(바벨론)의 멸망에 대한 것을 보다 구체적으로 묘사한다.

16장의 부연설명이다.

음녀를 따르는 무리의 심판, 과잉된 부로 인한 사치와 음행과 향락에 빠진 적그리스도(일곱머리=라오디게아교회를 심판), 7 재앙이 끝난다. 탕감역사 끝난다.

바벨론의 패망

공산주의를 중심한 공산국가 멸망했다. 퇴폐적 자본주의, 황금만능주의, 사치 멸망한다. 공생공영공의주의로 극복해야 한다. 타락한 성문화를 없애기 위해서 절대성을 강조했다.

1. ①이 일 후에 다른 ②천사가 하늘에서 내려오는 것을 보니 큰 권세를 가졌는데 그의 ③영광으로 땅이 환하여지더라

①음녀가 받은 심판을 보여준 이후다.
②영광스러운 광채를 가진 천사이다.
③주님은 짐승에게 승리하므로 하늘권세가 현현히 나타난다(계17:14,계19:11).

2. 힘찬 음성으로 외쳐 이르되 ①무너졌도다 무너졌도다 큰 성 바벨론이여 귀신의 처소와 각종 더러운 영이 모이는 곳과 각종 더럽고 가증한 ②새들이 모이는 곳이 되었도다

①짐승의 종말이다(계14:8에 예시했다).
②솔개로 사탄에 비유한 악령을 상징한다(창15:11).

청소년 순결운동은 청소년기부터 인간조상의 타락으로 인해 형성된 성품을 청산하고 참사랑의 질서를 이끌어 가고자 하는 운동입니다. 세계평화통일가정연합 창립 이후 참부모님께서는 인류 최대의 현안인 청소년 문제와

가정파탄 문제는 순결운동을 통해서만 해결될 수 있다고 보시고 중고등학생들을 대상으로 순결운동을 대대적으로 전개하셨습니다. 특히 아담과 해와가 타락하기 이전의 사춘기 연령대인 중고등학생을 중심으로 순결교육을 실시함으로써 사탄 혈통을 근절하여 하난미의 보호권 내에서 성장하게 해야 된다고 말씀하셨습니다. 청소년 순결운동은 첫째, 순결. 순혈. 순애. 순성을 지키자는 운동입니다. 둘째, 국가 차원의 청소년 윤리의식과 바른 성가치관을 확산하는 운동입니다. 셋째, 참생명, 참혈통의 참가정의 이상을 이루기 위한 운동입니다. 넷째, 타락의 성품을 청산하고 참사랑의 맑은 핏줄을 갖자는 운동입니다.

3. 그 ①음행의 진노의 포도주로 말미암아 만국이 무너졌으며 또 땅의 왕들이 그와 더불어 음행하였으며 땅의 상인들도 ②그 사치의 세력으로 치부하였도다 하더라

①주님을 부인하고 음란(우상숭배)과 향락에 빠진 적그리스도들이 하나님께 심판받는다.

②신약성경에서 이곳에서만 나오는 단어로 뜻은 과잉된 부와 잉여물 때문에 생겨나는 교만과 방종과 음란을 의미한다. 현대는 라오디게아교회와 같은 모습으로서 하나님의 경고를 귀담아 들어야 한다. 퇴폐적 자본주의 국가이다.

4. 또 내가 들으니 하늘로부터 다른 음성이 나서 이르되 내 백성아, 거기서 나와 그의 죄에 참여하지 말고 그가 받을 재앙들을 받지 말라

당신의 백성을 향한 불의와 재앙에서 벗어나기를 간구하신다.

5. 그의 죄는 하늘에 사무쳤으며 하나님은 그의 불의한 일을 기억하신지라

6. 그가 준 그대로 그에게 주고 그의 행위대로 갑절을 갚아 주고 그가

섞은 잔에도 갑절이나 섞어 그에게 주라

하나님의 보복하시는 방법으로 심은 대로 거두게 된다는 말씀이다.

7. 그가 얼마나 자기를 영화롭게 하였으며 사치하였든지 그만큼 고통과 애통함으로 갚아 주라 그가 마음에 말하기를 나는 여왕으로 앉은 자요 과부가 아니라 결단코 애통함을 당하지 아니하리라 하니

음녀는 자신을 영화롭게 하는데 황금만능주의와 우상숭배로 교만해져 하나님을 두려워 하지 않는다.

8. 그러므로 ①하루 동안에 그 재앙들이 이르리니 곧 사망과 애통함과 흉년이라 그가 또한 ②불에 살라지리니 그를 심판하시는 주 하나님은 강하신 자이심이라

①순간적으로 갑자기 재앙이 닥친다.
②주님의 말씀심판이다.

9. 그와 함께 음행하고 사치하던 땅의 왕들이 그가 불타는 연기를 보고 위하여 울고 가슴을 치며

적그리스도와 함께 하나님을 불신하고 사치하던 세상의 왕이다.
상인들이 멸망하여 불타는 모습을 보고 애곡한다. 이들의 애곡과 슬픔은 악한 것으로 회개의 눈물이 아니라 그들이 누리던 특권과 악한 질서가 망하는 것을 보고 슬퍼하고 있다.

10. 그의 고통을 무서워하여 멀리 서서 이르되 화 있도다 화 있도다 큰 성, 견고한 성 바벨론이여 한 시간에 네 심판이 이르렀다 하리로다

11. 땅의 상인들이 그를 위하여 울고 애통하는 것은 다시 그들의 상품을 사는 자가 없음이라

12. 그 상품은 금과 은과 보석과 진주와 세마포와 자주 옷감과 비단과 붉은 옷감이요 각종 향목과 각종 상아 그릇이요 값진 나무와 구리와 철과 대리석으로 만든 각종 그릇이요

상인들의 상품내용은 모두 스물여덟 가지로 다시 일곱 가지의 범주로 나눌 수 있다. 여기서 특이한 것은 사람의 영혼을 상품으로 취급한다. 고대 바벨론뿐만 아니라 현대에 들어와서도 사람을 상품으로 취급하며 노예와 창녀들을 매매한다.

13. 계피와 향료와 향과 향유와 유향과 포도주와 감람유와 고운 밀가루와 밀이요 소와 양과 말과 수레와 종들과 사람의 영혼들이라

14절~19절

바벨론은 그 시대 로마제국을 비유하여 강하게 비판했다. 오늘날은 라오디게아교회같이 물질적 풍요와 사치와 음행과 교만 및 인간생명과 인격에 대한 천시가 그 기반이 되는 사회는 반드시 하나님의 진노를 받아 망하게 된다.

14. 바벨론아 네 영혼이 탐하던 과일이 네게서 떠났으며 맛있는 것들과 빛난 것들이 다 없어졌으니 사람들이 결코 이것들을 다시 보지 못하리로다

15. 바벨론으로 말미암아 치부한 이 상품의 상인들이 그의 고통을 무서워하여 멀리 서서 울고 애통하여

16. 이르되 화 있도다 화 있도다 큰 성이여 세마포 옷과 자주 옷과 붉은 옷을 입고 금과 보석과 진주로 꾸민 것인데

17. 그러한 부가 한 시간에 망하였도다 모든 선장과 각처를 다니는 선객들과 선원들과 바다에서 일하는 자들이 멀리 서서

18. 그가 불타는 연기를 보고 외쳐 이르되 이 큰 성과 같은 성이 어디 있느냐 하며

19. 티끌을 자기 머리에 뿌리고 울며 애통하여 외쳐 이르되 화 있도다 화 있도다 이 큰 성이여 바다에서 배 부리는 모든 자들이 너의 보배로운 상품으로 치부하였더니 한 시간에 망하였도다

하늘편의 사회주의사회를 지향하는 인간의 본심은 마침내 공생공영공의주의를 부르짖어 하나님의 창조목적을 완성한 이상세계를 이루는 데 까지 나아가지 않을 수 없는 것이니, 이 세계가 바로 재림하시는 예수님을 중심한 지상천국인 것이다. (원리강론)

참부모님의 경제활동 목적은 평화세계 실현에 있습니다. 그래서 우선 경제적 기반을 조성하는 데 초점이 맞춰졌습니다. 하나님나라는 부의 평준화가 실현되어 모든 사람이 하나님 아래 한 가족으로 차별 없이 살게 되는 세계입니다. 참부모님께서는 그런 세계를 구현하기 위해서 과학기술과 경제력의 세계적 평준화를 지향하는 가운데 공생·공영·공의의 인류공동체 비전을 제시하셨습니다.

20. 하늘과 성도들과 사도들과 선지자들아, 그로 말미암아 즐거워하라 하나님이 너희를 위하여 그에게 심판을 행하셨음이라 하더라

하나님을 대신해서 재림주님께서 공의와 악주권에 대한 선주권의 승리를 노래한다.

21. 이에 한 힘 센 천사가 큰 맷돌 같은 돌을 들어 바다에 던져 이르되 큰 성 바벨론이 이같이 비참하게 던져져 결코 다시 보이지 아니하리로다

사탄 마귀의 최후가 기록되어 있는데, 이것은 예레미아51:63~64에 나오는 고대 바벨론에 대한 예레미아의 멸망에 대한 예언의 배경이다. 큰 맷돌이 바

다에 가라앉은 후에는 다시는 뜰 수 없는 것처럼 철저한 멸망을 뜻한다.

22. ①또 거문고 타는 자와 풍류하는 자와 퉁소 부는 자와 나팔 부는 자들의 소리가 결코 다시 네 안에서 들리지 아니하고 어떠한 ②세공업자든지 결코 다시 네 안에서 보이지 아니하고 또 ③맷돌 소리가 결코 다시 네 안에서 들리지 아니하고

①우상을 제작하거나 퇴폐적인 향락도구를 만드는 자다. ②하나님을 대적하는 국가의 경제파탄, 우상을 제작하는 자이다. ③공장들의 파괴

23절~24절 : 적그리스도의 멸망의 이유

23. ①등불 빛이 결코 다시 네 ②안에서 비치지 아니하고 신랑과 신부의 음성이 결코 다시 네 안에서 들리지 아니하리로다 너의 상인들은 땅의 왕족들이라 ③네 복술로 말미암아 만국이 미혹되었도다

①완전 폐허상태이다.

②인간사회의 기초인 가정의 파괴이다.

③음란(우상숭배)으로 창조주 하나님을 거역한 죄이다.

24. 선지자들과 성도들과 및 땅 위에서 죽임을 당한 모든 자의 피가 그 성 중에서 발견되었느니라 하더라

하나님 백성을 핍박하고 죽인 죄이다.

하나님께서는 성도들의 흘린 순교의 피를 반드시 보상하신다(계19:1~2, 마23:25).

우리는 라오디게아교회를 상징하는 현대의 물질만능주의와 복술과 같은 우상숭배를 경계해야 한다. 또한 성도들에 대한 핍박은 반드시 하나님의 진노의 심판을 받는다는 사실을 기억하고 새말씀의 반석 위에 굳게 서야 한다.

제19장

18장까지는 탕감복귀섭리(구원섭리)이고 19장부터는 판도가 완전히 다르다. 지상천일국 건설이다(아마겟돈전쟁 승리 (계 19:17~21)).

19장은 승리의 장 재림주님께서 사탄을 완전히 굴복시키고 영광스러운 승리를 거둠으로써 4번의 할렐루야 찬양을 힘차게 부르게 된다. 계시록 성취의 절정으로 하나님나라가 완성 완결 완료를 뜻하는 것으로서 본연의 에덴동산으로 복귀한다.

하나님의 창조이상을 실현하기 위해서는 죄나 타락성의 비원리적 요소와는 무관한 장자권의 회복이 필요합니다. 본래 재림메시아를 위해 준비된 기독교문화권이 장자권으로서 기능해야 했습니다. 해방 이후 책임분담에 실패한 기독교를 대신하여 세계기독교통일신령협회는 참부모님을 중심하고 천주적 차원의 장자권을 복귀해야 했습니다. 또한 종적 참부모 하나님과 횡적 인류의 조상 참부모의 이상을 이루어 참부모권을 회복해야 했습니다. 나아가 참사랑의 왕권을 선포하여 세상의 질서를 본연의 가치에 맞게 정립하여야 했습니다. 참부모님은 1945년 공식노정 출발 이후 40년 광야 노정의 승리 기반 위에 1989년 8월 31일 팔정식을 선포하고 종횡의 8단계 탕감복귀노정을 완료하셨습니다. 이 날은 장자권을 복귀한 섭리적 기점으로 평가됩니다. 이튿날 9월 1일 참부모님은 천부주의를 선포하셨습니다. 하나님과 참부모를 중심으로 본연의 부모권 해원성사를 이루게 됐습니다. 부모권 복귀시대를 맞이한 것입니다. 이어 1991년 7월 1일 하나님축복영원선포식을 통해 역사적 탕감노정을 승리하고 왕권복귀시대로의 전환을 선포하셨습니다. 이후 하나님 왕권 복귀는 2001년 1월 13일 하나님왕권즉위식을 거행하면서 만천하에 선포하게 됩니다. 이와 같은 기대 위에 참부모님은 1990년 4월 11일에는 고르바초프 소련 대통령과의 단독회담을 통해 실체 장자권을 복귀하셨으며, 1991년 12월 6일에는 김일성 북한주석을 만남으로써 실체부모권을 복귀하셨습니다. 천주권 장자권, 부모권, 왕권 복귀의 터 위에 사탄세계의 실체 장자와 부모를 굴복시킨 참부모님께서는 이후 사탄 주관권의 여성과 자녀를 되찾는 섭리를 진행하셨습니다. 1992년 세계평화여성연합 창설과 더불어 여성해방을 선포하시면서 다가올 성약시대의 기반을 마련하셨습니다.

성약시대는 구약과 신약의 언약이 이루어지는 때를 말하며, 하나님의 창조본연의 이상이 실현됨으로써 천주를 직접 주관하는 시대를 의미합니다. 하나님의 사랑을 중심으로 이상가정, 나아가 확대된 이상세계를 이루는 시대입니다. 참부모님은 영육 아울러 천주적으로 참사랑. 참생명. 참혈통을 중심한 창조본연의 세계를 구체적으로 이루는 '참부모와 성약시대'를 1993년 1월 3일 선포하셨습니다. 이후 1994년 5월 협회 창립 40주년을 기념하며 성약섭리에 걸맞는 교회 조직을 정비하셨습니다. 가정구원의 시대에 맞추어 '나의 맹세' 시대에서 '가정 맹세' 시대로의 전환을 선포하시고 세계평화통일가정연합의 출범을 선언하셨습니다. 또한 이를 이룰 전위대로서 여성 중심의 세계평화여성연합과 함께 청년 중심의 세계평화청년연합을 창설하셨습니다. 참부모님과 어머니 역학을 담당하는 여성들, 참된 자녀의 입장에 설 청년들을 바로 세우며 이상가정을 통한 천국실현을 추구하게 된 것입니다. 아울러 참부모님은 1995년부터는 중남미 섭리를 통해 가정연합 시대를 실체적으로 이끌어갈 지도자 양성 교육을 실시하는 등 이상가정의 모델을 정성으로 세우셨습니다.

어린양의 혼인잔치(지상 천일국 건설)

신약에서는 계시록19장에서만 4번의 할렐루야가 나온다. 6천 년간 하나님을 대적해온 사탄을 굴복시키고 승리하신 참하나님과 재림주님께 찬양한다.

1. ①이 일 후에 내가 들으니 하늘에 ②허다한 무리의 큰 음성 같은 것이 있어 이르되 ③할렐루야 구원과 영광과 능력이 우리 하나님께 있도다

① 16~18장에서 음녀인 큰 바벨론을 중심으로 하는 짐승과 열왕이 패망하고 난 후에

② 영계의 순교자들이다

③ 예수님 이후의 순교받은 자의 신원이 된다(계6:10). 14만4천이다.

* 할렐: 찬양 루: 너희들 야: 여호와(구약에 25번 나오는데 시편에 많이 나옴)

참부모님께서는 성약섭리와 더불어 인간의 타락으로 인해 영계와 지상에 겹겹이 싸인 장벽을 허무는 영계 해방의 섭리를 꾸준히 전개해 오셨습니다. 참부모님게서는 탕감복귀섭리노정에서 승리하시기까지 영계가 배후에서 협조했다고 하시며 식구들에게 영계를 바로 알고 영적 세계를 동원하기 위해 정성을 들일 것을 강조하셨습니다. 참부모님의 영계 해방 섭리는 1993년 성약시대 선포 이후 확장된 축복결혼 섭리와 더불어 진전되었습니다. 1995년부터 시작된 청평 역사를 통해 악령을 분립시키고 영인 해원과 조상축복의 은사를 베풀어 타락의 혈통을 청산짓는 축복의 은사를 영인들에게까지 부여하셨습니다. 특히 1997년 4천만쌍 국제축복결혼식을 통해 첫 영인축복식을 거행하신 후 영계축복 개문을 선포하셨고, 1998년 지옥해방과 천국개문을 발표하신 뒤 3억 6천만쌍 축복을 기해 영육계 통일 축복식을 선포하셨습니다. 1999년 참축복 천주화와 사탄혈통 근절 완성해방 선포와 천주해방식에 이어 9월 9일 구구절을 통해 사탄에 의해 막혔던 지상과 천상의 담을 허무셨습니다. 9월 10일 삼십절을 통해 구약. 신약. 성약시대를 탕감복귀, 청산한다고 선언하셨습니다. 1999년 12월 12일 조상축복식을 시작하신 데 이어 2000년 6월 29일 천주환원식을 선포하셨습니다. 그러한 터전 위에 2001년 1월 13일 하나님 왕권즉위식을 거행하게 된 것입니다. 새천년을 맞은 일식(2003.12.21.) 등 참부모님의 영계 해방을 위한 의식이 계속됐습니다. 이런 선포의식들을 통해 하나님께서 지상과 영계를 마음껏 치리하실 수 있고 영계의 영인들과 지상인들이 자유로이 소통할 수 있는 영육계 일체권의 시대를 개문하신 것입니다.

2. 그의 심판은 참되고 의로운지라 음행으로 땅을 더럽게 한 큰 음녀를 심판하사 자기 종들의 피를 그 음녀의 손에 갚으셨도다 하고

순교의 피를 갚아 주신다 (겔18:30, 마16:27, 롬2:6, 계18:6).

3. 두 번째로 ①할렐루야 하니 그 ②연기가 세세토록 올라가더라

①3대 축복이 출발했다. 하나님의 창조목적은 3대축복(창1:28)을 이루어서 하나님의 영원한 선의 목적(사랑의 완성)을 완성하는 것이다.

②모든 인간의 기도가 하나님께 상달되고 인간의 소원을 응답하시는 하나님이다(시141:2, 계8:4). 사탄의 연기는 올라가다가 끊어진다(계9:2, 계14:11).

참부모님 성혼식 이후 축복가정이 탄생했다.

1960년 4월 11일에 거행된 참부모님 양위분의 성혼식은 천주사적인 사건입니다. 기나긴 섭리사의 기반 위에 완성한 아담으로 오신 참아버님은 지상에서의 섭리기반을 닦으신 뒤 참어머님을 맞이하셨습니다. 하늘을 대신한 참아버님, 땅을 대신한 참어머님께서 하나되어 갈라진 하늘과 땅을 비로소 연결할 수 있게 되었습니다. 참부모님의 성혼식은 탕감복귀역사에서 장성기 완성급의 탕감고개를 넘어서는 역사적인 순간이었습니다. 전인미답의 완성기 섭리로 진입한 것입니다. 참부모님의 성혼은 구약의 섭리와 신약의 섭리를 종결짓고 성약시대를 출발하는 자리이며 또한 하늘부모님을 중심하고 메시아, 재림주, 구세주, 참부모가 이 땅 가운데 하늘의 혈통을 정착시켜 완성의 시대를 여는 의미를 갖고 있습니다. 참부모님의 성혼식으로 말미

암아 아담 해와가 타락 하여 서로 원수가 되고 하나님과 단절되게 했던 담이 비로소 무너진 것입니다. 성혼식을 기점으로 해서 하나님과 인간의 관계가 부자의 인연으로 회복될 수 있는 길이 열렸습니다. 또한 하나님을 중심한 새로운 사랑과 혈통이 지상에 안착하게 되어 구원섭리사의 역사적인 전환점을 맞이하였습니다.

4. 또 ①이십사 장로와 네 생물이 엎드려 보좌에 앉으신 하나님께 경배하여 이르되 아멘 ②할렐루야 하니

①목자들의 대표(계4:4) 피조물 대표(계4:7)

②참하나님왕권즉위식(2001년) →요17:3, 요일5:20, 렘10:10. 지상에서 참부모님의 승리로6천년 만에 하나님이 참하나님 보좌에 앉으실 수 있다(마18:18).

하나님 왕권즉위식을 한 이유는 천일국 때문이다.

참부모님께서는 1980년대 후반부터 1990년대 초반까지 메시아. 구세주. 재림주. 참부모로서 섭리적 장자권. 부모권을 복귀하고 승리권을 만천하에 선포하셨습니다. 그 기대 위에 성약시대 8년 노정(1993-2000)을 완성하였습니다. 이후 새롭게 맞이한 천 년의 시대를 2001년 1월 13일 하나님 왕권즉위식으로 출발하셨습니다. 타락으로 잃어버린 참가정의 이상을 참부모님께서 복귀하신 터전 위에 하나님께서 전체. 전반. 전권. 전능의 주권을 행사할 수 있는 새 시대를 개문하셨습니다. 지상과 천상에 천일국의 주권을 선

포함으로써 천일국 섭리를 공식적으로 출발하게 되었습니다.

5. 보좌에서 음성이 나서 이르시되 하나님의 종들 곧 그를 경외하는 너희들아 작은 자나 큰 자나 다 우리 하나님께 찬송하라 하더라

6. 또 내가 들으니 허다한 무리의 음성과도 같고 많은 물 소리와도 같고 큰 우렛소리와도 같은 소리로 이르되 ①할렐루야 주 우리 하나님 곧 전능하신 이가 통치하시도다

기원절 혼연잔치(계19:7-9)
(천일국원년천력.1.13)

①참하나님 통치하신다 (기원절 2013년1월13일). 사탄에게 침범을 당한 창조본연의 에덴동산을 완전히 회복하셨다. 하나님이 모든 것을 통치하신다(시146:10). 하나님의 하드웨어 이루어진다. 하나님의 국가가 설립된다.

2013년 2월 22일(천력 1월 13일) 청심평화월드센터에서 열린 천지인참부모 천일국 즉위식에서 천일국 기원절이 선포됐습니다. 천일국은 천주평화통일국의 약칭입니다. 하나님 중심한 인류 한가족 이상이 실현된 지상.천상 천국을 뜻합니다. 기원절은 실체적 천일국의 출발이자 기원이 되는 날을 의미합니다. 참부모님 양위분께서는 하나님 왕권 즉위식과 천정궁 입궁식 및 천주평화의 왕 참부모님 대관식 등을 통해 하나님의 한은 해원성사함으로써 하나님나라가 이 당에 안착할 수 있는 기틀을 놓으시고 2013년 천력 1월 13일을 천주평화통일국(천일국)의 기원절로 세우셨습니다. 천일국 기원절

이 선포되기까지는 하나님 왕권 즉위식을 비롯한 각종 의식이 소생. 장성. 완성의 3단계를 거쳐 승리했음을 보여줍니다. 하나님 왕권 즉위식 이후 제 1, 제2, 제3, 제4이스라엘 평화의 왕으로 종적인 역사의 기준 위에서 평화의 왕 대관식을 거행하셨습니다. 나아가 천정궁 입궁과 천주평화의 왕 대관식을 승리하시고, 만왕의 왕 하나님 해방권 대관식을 거행하셨습니다. 하나님 과 참부모님은 일체권 속에서 전체. 전반. 전권. 전능의 권한을 지상과 영계에서 행사하시게 되었습니다. 이러한 3단계 승리를 거쳐 천일국 기원절을 선포할 수 있게 된 것입니다.

7. 우리가 즐거워하고 크게 기뻐하며 그에게 영광을 돌리세 ①어린 양의 혼인 기약이 이르렀고 그의 아내가 자신을 준비하였으므로

참부모님 말씀

아담 해와가 사탄을 중심삼고 결혼을 해서 악의 조상이 되었다. 그러니 그것을 복귀하기 위해 역사적인 끝날에 하나님이 새로운 신랑 신부를 세워 다시 결혼식을 해주는 잔치가 있어야 한다. 그 잔치가 어린양 잔치다. 이 잔치를 함으로써 참부모가 탄생한다. (천 2. 12:12, 69.5.18)

①어린양의 혼인기약이(호2:16~20, 전7:28) 이루어진다. 창2:24의 내용이 이루어진다. 하나님의 국가 설립 이후 참가정 세운다. 하나님의 국민이 있으므로 혼인잔치 축복가정(기원절축복식) 천일국국민증 발급했다.

복귀(구원)섭리의 결론 : 어린 양과 혼인할 대상의 아내(신부)는 상징적으로 그리스도인을 말씀하는 것이 아니다. 후 해와로서 오시는 독생녀이시며 실체신부이신 준비된 실체적인 여자를 말씀하는 것이다. 그렇게해서 아담 가정을 찾는 것이다. 참부모로 오신다. 재림은 성장을 하기 위한 것이기 때문에 예수님도 부부의 심정, 부모의 심정으로 성장하기 위해서 재림하신다. 발전된 모습인 효자에서 부부로, 부모로 오신다. 재림주님이 하실 일은 축

복을 통한 구원(하늘백성을 찾아 세움)이다. 천일국 원년은 실체적 천일국이 시작되는 기원절에 맞추셨다.

2013년 천력 1월 13일 청심평화월드센터에서 천지인참부모 천일국 즉위식이 거행되었습니다. 천상의 참아버님의 성포와 성관이 모셔진 가운데 참어머님께서 '천일국 원년'을 선포하셨습니다. 천일국 원년을 실체적 천일국이 시작되는 기원절에 맞추신 것입니다. 천지인참부모 천일국 즉위식에 이어 영육계의 선남선녀들이 천일국 백성으로 입적하는 천일국 기원절 입적축복식이 거행됐습니다.

8. 그에게 빛나고 깨끗한 세마포 옷을 입도록 허락하셨으니 <u>이 세마포 옷은 성도들의 옳은 행실</u>이로다 하더라

제1축복 개성완성(잠20:1~6)을 해서 옳은 행실(마25:1~10)로써 주님 영접할 수 있어야 한다.

9. 천사가 내게 말하기를 기록하라 <u>어린 양의 혼인 잔치에 청함을 받은 자들은 복이 있도다</u> 하고 또 내게 말하되 이것은 하나님의 참되신 말씀이라 하기로

참부모님과 함께 대환란을 통과한 14만4천 무리(부르심을 입고 연단 받고 빼내신다.을 얻고 '이긴 자'요 참열매로 접붙임을 받은 자들이다(계17:14). 천일국 입적 축복식의 은사를 내려주셨다.

세계평화통일가정연합은

섭리의 중심기관으로서 하나님 중심한 참가정의 이상 실현을 위해 참가정운동을 적극 전개해 왔습니다. 참가정운동은 인간조상의 타락으로 빚어진 이 세계를 하나님 중심의 창조본연의 세계로 복귀하는 데에 가장 근간이 되는 섭리적 활동입니다. 지금 세상은 가치관의 몰락을 말하고 있습니다. 자기중심의 개인주의로는 하나의 세계가 이루어질 수 없습니다. 참사랑의 가치관, 절대적 가치관을 중심하고 부모, 부부, 형제, 자녀가 바로 서서 인류한 가족을 실현하자는 운동이 참가정운동입니다. 이 참가정운동은 참부모님만이 하실 수 있는 운동으로 죄악의 사슬을 끊고 세계평화와 지상천국을 실현하기 위한 것입니다. 참부모님께서는 하나님 중심의 이상가정을 통해 지상·천상천국을 실현하고자 하십니다. 그래서 인종과 국가 종교를 초월해 세계적 규모의 축복결혼식을 전개하고 계신 것입니다.

10. 내가 ①그 발 앞에 엎드려 경배하려 하니 ②그가 ③나에게 말하기를 나는 너와 및 예수의 증언을 받은 ④네 형제들과 같이 된 종이니 삼가 그리하지 말고 오직 하나님께 경배하라 예수의 증언은 ⑤예언의 영이라 하더라

①천사②천사③요한

④천사 스스로 만류함. 구약시대에는 유대인들은 하나님이 너무 거룩하여 접근할 수 없으므로 천사를 중보자로 세웠으므로 천사숭배사상이 있었다. 그러나 본연의 세계에서는 인간이 하나님의 자녀이고 천사는 종의 입장이므로 경배받지 않는다(히1:4).

⑤하나님의 말씀을 대신 전한다는 것이 아니다. 변호해 주시는 영: 하나님 말씀을 증거하는 영이다. 가르쳐 주는 것이 아니다.

백마를 탄 자(아마겟돈 전쟁)

*승리하신 재림주님의 모습이 가장 자세히 묘사된 곳이다.

11. 또 내가 하늘이 열린 것을 보니 보라 백마와 그것을 탄 자가 있으니 그 이름은 충신과 진실이라 그가 공의로 심판하며 싸우더라.

재림주님이 승리했지만 약간의 싸움이 있다(계17:10~11). 이유는 일곱 중에 속하였는데 아직 이르지 않은 여덟 번째 왕이 있다. 적군파 나치즘 주사파 같은 무리이다. 이들과의 약간의 싸움이 남아있다.

12. ①그 눈은 불꽃 같고 그 ②머리에는 많은 관들이 있고 또 이름 쓴 것 하나가 있으니 ③자기밖에 아는 자가 없고

①온 천하를 감찰하신다(계2:18).

②면류관: 두 종류의 면류관이 있는데 왕이 쓰는 면류관과 승리자가 쓰는 면류관이 있다. 여기 면류관은 승리자가 쓰는 왕관으로 온 천하를 다스리는 왕이다.

③인류 구원의 멍에를 지셨기에 주님만이 아신다(눅19:41).

13. 또 그가 피 뿌린 옷을 입었는데 그 이름은 하나님의 말씀이라 칭하더라

언약의 피이다(계1:5 계5:9 계7:14 계12:11 히9:11).
주님이 희생을 통해서 구원하신다.

14. 하늘에 있는 군대들이 희고 깨끗한 세마포 옷을 입고 백마를 타고 그를 따르더라

부르심을 입고 빼내심을 받은 축복가정이다.

15. 그의 입에서 ①예리한 검이 나오니 그것으로 만국을 치겠고 친히 그들을 철장으로 다스리며 또 친히 하나님 곧 전능하신 이의 맹렬한 ② 진노의 포도주 틀을 밟겠고

①새말씀 새복음(계12:5 시2:9) 진리말씀→죄악에 대한 심판주이시다.
②사탄권세를 이 땅 위에서 완전히 척결한다(계14:19 사63:1~6). 죄악세계에 대해서는 심판주, 믿는 자에게는 구세주이다.

16. 그 옷과 그 다리에 이름을 쓴 것이 있으니 만왕의왕이요 만주의주라 하였더라

전능하신 이와 어린양(재림메시아 참부모님)
그 성전이심이라(계21:22)

만왕의 왕 만주의 주(계19:16)

*계20:8 내용이 반복해서 나온다. (다시는 전쟁하지 말라고) 아마겟돈전쟁으로써 계16:16에 예고된 것이다. 하나님이 마지막에 불러서 세상을 응징하므로 아마겟돈전쟁이라 한다. 영적 전쟁이다.

17. 또 내가 보니 한 천사가 ①태양 안에 서서 ②공중에 ③나는 모든 새를 향하여 큰 음성으로 외쳐 이르되 와서 하나님의 큰 잔치에 모여

①하나님의 은혜(시84:11 말4:2)

②성령(악을 멸한다)

③부정한 것(레11:13 신14:11 계18:2)정결한 것(마13:32 시104:12)

계16:16에 예고된 아마겟돈 전쟁이 일어난다. 하나님이 끝날에 세상을 응징한다. 영적 전쟁이다.

18. ①왕들의 살과 장군들의 살과 장사들의 살과 말들과 그것을 탄 ②자들의 살과 자유인들이나 종들이나 작은 자나 큰 자나 ③모든 자의 살을 먹으라 하더라

①세상권세권력 (새가 먹을 수 있는 여섯 가지 고기의 종류). 세상이익에 사로잡힌 자, 지식을 파는 자, 세속적인 사상가이다.

②세속에 물든 방탕한 자들과 세상권세를 추종하는 자들이다.

③유대인들은 사람의 시체를 새나 동물이 먹는 것을 가장 큰 저주로 생각했다(왕상21:23 왕하9:7).

19. 또 내가 보매 그 짐승과 땅의 임금들과 그들의 군대들이 모여 그 말 탄 자와 그의 군대와 더불어 전쟁을 일으키다가

최후까지도 하나님 앞에 회개하지 않고 대적하려 한다(계16:11).

20. 짐승이 잡히고 그 앞에서 표적을 행하던 거짓 선지자도 함께 잡혔으니 이는 짐승의 표를 받고 그의 우상에게 경배하던 자들을 표적으로

미혹하던 자라 이 둘이 산 채로 유황불 붙는 못에 던져지고

①불못: 영원한 형벌의 장소. 지옥개념이다. 장소는 예루살렘 밖에 있는 힌놈골짜기이다. 무저갱: 일시적 영혼이 감금되는 곳이다.

21. 그 나머지는 ①말 탄 자의 ②입으로부터 나오는 검에 죽으매 모든 ③새가 그들의 살로 배불리더라

①주님의 모습이다.

②새 말씀심판이다(요5:22, 요12:47, 롬9:1, 벧전3:21, 행23:1).

③성령의 역사가 악령을 멸한다.

제20장

    천상천일국 건설. 천년왕국이 이루어진다(20:4~6). 하늘전쟁에서 내쫓긴 천사장과 그 사자들(계12:9)의 완전한 굴복과 구원을 묘사한다. 악령에게도 회개의 기회가 된다. 영계구원(곡과 마곡의 전쟁. 흰보좌 심판. 계20:7~10). 천국은나의 천국. 지상천국. 영계천국. 하나님의 주권이 있는 천국이 있다.

천년왕국(천상 천일국 건설)

*'천년' 단어가 1절에서 7절까지 6번 나온다.

사탄이 옥에 갇혀 있다가 잠깐 나온다. 기독교는 영원히 옥에 갇힌다고 한다(계20:3).

1. 또 내가 보매 천사가 <u>무저갱의 열쇠</u>와 큰 쇠사슬을 그의 손에 가지고 하늘로부터 내려와서

무저갱, 옥 : 나올 수 없는 곳이라고 하지만 나올 수 있다.

2. ①용을 잡으니 곧 옛 뱀이요 마귀요 사탄이라 잡아서 ②<u>천 년</u> 동안 결박하여

①사탄마귀의 정체를 분명히 밝히고 있다.
②예수님이 영적으로 승리하셔서 예수님을 믿는 성도들에게는 활동하지 못한다는 뜻, 즉 수수작용할 수 없다.

3. 무저갱에 던져 넣어 잠그고 그 위에 인봉하여 ①<u>천 년</u>이 차도록 다시는 <u>만국을 미혹하지 못하게</u> 하였는데 ②<u>그 후에는 반드시 잠깐 놓이리라</u>

①초림부터 재림주님이 오실 때까지는 성도들에게 활동하지 못한다.
(기독교 2,000년 재림주님 오실 때까지)

②14만4천의 인침이 완료된 후 42달 동안 권세를 받는다는 뜻이다(계 11:18).

(계11:5, 계13:5) 중지된 바람이 다시 분다고 했다.(계7:3) 악령들을 구원 해주기 위해서 가석방하신다

4. 또 내가 보좌들을 보니 거기에 앉은 자들이 있어 심판하는 권세를 받았더라 또 내가 보니 예수를 증언함과 하나님의 말씀 때문에 목 베임을 당한 자들의 영혼들과 또 짐승과 그의 우상에게 경배하지 아니하고 그들의 이마와 손에 그의 표를 받지 아니한 자들이 살아서 그리스도와 더불어 천 년 동안 왕 노릇 하니

하나님 말씀 때문에 순교한 영혼들이나 짐승과 우상에게 경배하지 않은 영혼들은 모두 2천 년 동안 교회의 영적인 왕 노릇은 물론이고 신천신지에서도 왕 노릇을 할 수 있다.

※신천지 오류

'목 베임을 당한 자들의 영혼들과 또, 짐승과 우상에게 경배하지 아니한 자들'은 다 같은 순교자의 영혼을 말씀하신 것이다. 신천지는 목 베임을 당한 자들의 영혼들은 순교자의 영혼이고 짐승과 우상에게 경배하지 아니하지 않은 자들은 육신쓰고 믿음을 잘 지키고 있는 신천지의 성도들이라고 하는데 이것은 문맥조차도 이해하지 못하는 어리석은 해석이다. 아래 5절을

보면 첫째 부활에 대한 내용이 나오는데 첫째 부활은 영혼들의 부활을 말씀하는 것으로서 바로 밑에 5절만 보더라도 알 수 있는 내용이다. 그래도 이해하기 어려우면 알기 쉬운 글로 쓰인 성경책을 보시든가 영어로 쓰인 성경책을 보면 잘 알 수 있다. 참고로 성경에는 악한 영이나 귀신이 살아 있는 육신에 침범해서 들어오는 경우가 많이 나타난다. 예를 들면 사울왕에게 악령이 들어와서 다윗이 비파를 불어서 쫓아내거나 예수님과 베드로, 바울도 사람에게 들어온 귀신을 쫓아내는 장면이 나온다. 그러나 선한 영은 절대로 육신에 들어가지 않는다. 원리적으로 하나의 육신에게는 하나의 영혼만 존재하게 되어있다. 한 몸에 두 존재의 영혼이 들어오면 원리적으로 어긋나기 때문에 인간은 고통을 받게 된다. 그러므로 엘리야나 모세의 영혼이 나타났을 때에도 어느 누구의 몸에 들어가지 않았다(마17:2). 예수님도 성화 이후에 부활재림해서 제자들에게 나타날 때도 어느 누구의 제자 몸에 들어간 적이 없었다. 기독교 2천년 역사 가운데 영혼으로 나타나신 예수님이 어느 누구의 성도들 몸에 들어가서 나타난 적이 없었다. 우리 선배 식구이신 김영운박사님도 바울이 옆에서 협조만 했지 몸에 들어오지는 않았다는 간증을 하셨다. 참아버님도 16세 때 예수님의 성화된 영혼을 만나서 대화를 나누었지 참아버님 몸에 들어오시지는 않았다. 아무튼 성경에는 악한 영이 육신에 들어오는 내용이 여러 곳에 있지만 선한 영이 육신에 들어왔다는 내용은 단 한 군데도 없다. 계20장 4절의 성경 구절을 통해서 육신의 선한 영혼이 들어오면 신령한 몸이 되어서 영원히 산다는 것은 완전한 허구이다. 절대로 선한 영혼은 육신에 들어오지 않는다. 악령만 들어올 뿐이다. 그러므로 이만희가 예수님의 영혼이 자신의 육신에 들어왔다고 말한다면 본인이 거짓말을 했거나 악령이 들어온 것이다.

5. (①그 나머지 죽은 자들은 그 천 년이 차기까지 살지 못하더라) 이

는 ②첫째 부활이라

①첫째부활에 참여하지 못한 자들이다.

②영적 부활로서 영계에 있는 기독교인이다(낙원에 간 영인). 선한 영인들의 재림부활이다. (요5:28~29, 살전4:14~15)

재림주님을 만난 자이다. 재림은 심령이 성장하기 위해서 하는 것이다.

6. 이 첫째 부활에 참여하는 자들은 복이 있고 거룩하도다 ①둘째 사망이 그들을 다스리는 권세가 없고 도리어 그들이 하나님과 ②그리스도의 제사장이 되어 천 년 동안 그리스도와 더불어 왕 노릇 하리라

①두번째 구세주이시며 심판주 되시는 재림주님을 핍박하는 자들이다.

②천년을 상징하는 영원한 하나님의 나라에서도 하나님과 인간 사이의 매개자로서 하나님의 존전에 직접 나아갈 수 있는 권리를 가진 자들이다. (계1:6, 계5:10)

사탄의 패망

종말에 무저갱에서 천년 동안 묶여 있던 사탄이 잠깐 놓이는 것은 42달 동안 권세를 얻어서 죄악을 범했지만 사탄도 잘못을 회개하는 기회를 주는 장이다. 음부열쇠를 주님이 갖고 있다(계1:18). 영계에 있는 악령에게도 재림기회를 주는 것이다

(3절 내용과 같음).

7. 천 년이 차매 사탄이 그 옥에서 놓여

8. 나와서 땅의 사방 백성 곧 곡과 마곡을 미혹하고 모아 싸움을 붙이리니 그 수가 바다의 모래 같으리라 (겔38, 39장)

본 절에서의 곡과 마곡의 전쟁은 19장에 나오는 지상에서의 마지막 전쟁인 아마겟돈전쟁과는 다르다. 이것은 영계에서 천상천국을 창건하기 위해서 영계를 정리하기 위한 전쟁이다.

주님이 천년이 지나서 내리는 심판이 아니다.

19장 지상에서 하나님의 나라가 창건되었기 때문에 20장에서는 상대적으로 영계에 대해서도 구원의 손길을 뻗쳐 완전한 하나님의 나라를 열기 위해서 영계의 마지막 전쟁이 일어나는 것이다.

그동안 천년왕국을 주장하는 역사적 전천년설자들에게 가장 곤혹스러운 문제점이 땅의 백성, 곧 곡과 마곡 전쟁의 정체를 설명하는 일이었다. 그것은 지상승리를 통한 영계승리(마16:19)를 통해서 영계정리를 하는 하나님의 섭리적 방법을 몰랐기 때문이다. 이 내용은 지상에 대한 내용이 아니고

영계에서의 마지막 승리전쟁이다.

곡과 마곡(겔38, 39장) : 회복한 이스라엘은 마곡땅의 수령인 곡이 추종세력들을 몰아 엄청난 전쟁을 도발하도록 해서 하나님이 죄악세력을 완전 전멸하게 하신다는 내용이다. 구약인들에게 익숙한 성경의 역사에 기록된 어휘와 표현을 사용하여 기록되어 있다(신약성도).

최후의 원수 '곡' : 노아 → 야벳의 둘째 아들 로스(레시아) 메섹(모스크바) → 세대주의

'마곡' : 팔레스타인 북방, 흑해 동북(구소련 지역)

영적세계에 있는 선민(선영)을 대적하는 불신세력을 하나님의 말씀으로 소멸시킨다. 영계에 있는 악령들의 심판이다.

9. 그들이 지면에 널리 퍼져 성도들의 진과 사랑하시는 성을 두르매 <u>하늘에서 불이 내려</u>와 그들을 태워버리고

하나님으로부터 내려온 절대적인 진리의 새말씀이다.

10. 또 그들을 미혹하는 ①<u>마귀가 불과 유황 못에 던져지니</u> 거기는 그 짐승과 거짓 선지자도 있어 ②<u>세세토록 밤낮 괴로움을 받으리라</u>

①계19:20 지옥에 던져진다.

②사탄마귀가 설 자리가 없어진다(상대성을 띠지 못하므로 지옥이다).

새 예루살렘인 하나님의 나라에서는 더 이상 악의 세력이 없다.

악영인들의 재림부활이다.

[크고 흰 보좌에서 심판을 내리시다]

11. 또 내가 크고 ①<u>흰 보좌</u>와 그 위에 앉으신 이를 보니 ②<u>땅과 하늘이 그 앞에서 피하여 간 데 없더라</u>

①<u>육신의 죽음 이후에 반드시 있을 심판이다(히9:27 마23:33).</u>

②처음 땅과 처음 하늘이 없어졌다는 뜻이다(계6:12~14).

12. 또 내가 보니 ①죽은 자들이 큰 자나 작은 자나 그 보좌 앞에 서 있는데 책들이 펴 있고 또 다른 책이 펴졌으니 곧 ②생명책이라 죽은 자들이 자기 행위를 따라 책들에 기록된 대로 심판을 받으니

①육신이 죽은 자는 누구나 다 흰보좌 심판대 앞에 선다. 그러면 요3:18에 저를 믿는 자는 심판을 받지 않는다는 것은 형벌의 심판을 받지 않는다는 것이지 심판대 앞에까지 서지 않는다는 말은 아니다. (롬14:10, 고후5:10, 갈6:7)의인과 악인을 포함한 모든 자이다.

②누구나 자기 행위에 따라 심판을 받는다.

13. ①바다가 그 가운데에서 죽은 자들을 내주고 또 사망과 음부도 그 가운데에서 죽은 자들을 내주매 각 사람이 ②자기의 행위대로 심판을 받고

①음녀가 거처하는 곳이다.

②주님의 승리로 악을 숨겨준 바다까지도 정화된다.

14. 사망과 음부도 불못에 던져지니 이것은 둘째 사망 곧 불못이라

*최후에는 흰보좌 심판이 있으니 하나님의 경고를 깨달아야 한다.

15. ①누구든지 생명책에 기록되지 못한 자는 불못에 던져지더라

①생명록의 책은 인간행위에 따라 기록되고 심판받고 보응을 받는 기준이 된다. (계13:8, 계17:8, 시139:6, 눅10:20, 빌4:3, 히12:23)

19장	20장
4번의 할렐루야를 찬양하면서 지상천국이 건설된다. 천일국 백성의 출발점(계20:9)이다. 계16:16에 예고된 아마겟돈전쟁이 계19:17~21에 일어난다.	옥에 갇혀 있다가 잠깐 놓인다.(계20:3) 순교자의 천년왕국.(계20:4) 곡과 마곡전쟁이 일어난다.(계20:8) (재림부활역사) 최후의 심판→흰보좌 심판 (축복받고 어떻게 살았는가 천상에서 심판받음)

제21장

신천신지의 영광을 묘사한 것이다.

*19장에서의 일을 21장 신천신지 들어가기 전에 하나님의 과거섭리를 다시 한 번 강조한다.

하늘부모님의 직접주관권. 승리하신 재림주님의 신천신지는 사망과 고통이 없으며 찬란한 보석에 빛나는 소망이다.

천일국(지상천상천국) 건설이 끝난 다음에 이루어지는 내용이다.

신천신지가 어떻게 관리되고 운영되는지에 대한 구체적인 것이 계시됐다.

19,20장은 천일국 하드웨어로서 천국에 대한 내용이고 21,22장은 천일국 소프트웨어이고 참부모님을 통해 하나님의 백성을 찾아세웠다.

하나님(천일국) 백성의 규범적인 삶

1. 또 <u>내가 새 하늘과 새 땅을 보니 처음 하늘과 처음 땅이 없어졌고 바다도 다시 있지 않더라</u>

재림주님을 중심한 하나님이 다스리는 창조목적을 완성한 선주권의 세계가 이루어진다.

*쌍합십승일 2004년 5월 5일: 선천시대는 가고 후천시대가 도래했음을 선포했다.

하나님 왕권 즉위식과 축복가정왕 즉위식, 평화의 왕 대관식을 주관하시면서 참부모님께서는 인류역사의 대전환기를 마련하셨습니다.

2004년 5월 5일 여수 청해가든에서 쌍합십승일을 선포하시고 이전의 시대를 선천시대, 이후의 시대를 후천시대라고 선언하셨습니다. 하늘과 땅, 인간과 만물, 선천과 후천, 음과 양, 동양과 서양의 화합과 통일 완성될 수 있는 시대가 후천시대임을 만천하에 공표하신 것입니다. 참부모님께서는 쌍합십승일로부터 '모든 것이 해방시대 완성시대로 넘어가고, 하나님의 소유권 내에 들어가게 된다.'고 말씀하셨습니다.

2. 또 내가 보매 **거룩한 성 새 예루살렘이 하나님께로부터 하늘에서 내려오니** 그 준비한 것이 신부가 남편을 위하여 단장한 것 같더라

선과 사랑만이 지배하는 거룩한 세계 천일국이다. 참하나님의 백성이다 (계21:7, 10).

3. 내가 들으니 보좌에서 큰 음성이 나서 이르되 보라 ①**하나님의 장막**이 ②**사람들과 함께 있으매** 하나님이 그들과 함께 계시리니 그들은 하나님의 백성이 되고 ③**하나님은 친히 그들과 함께 계셔서**

*계15:8에서는 하나님의 백성들이 하나님의 장막에 들어갈 수 없었지만 대접재앙을 통해서 사탄이 멸망함으로 백성들에게 하나님이 함께 하시게 된다.

①**성전이신 참하나님과 주님으로 창조본연의 인간이 영원히 거하는 곳이다. 하나님의 구원의 장막이 이때부터 시작되는데 실제건물이나 단체가 아니고 어린양 자신이다(계21:22).**

②하나님만이 주관하시는 개인 가정 세계이다.

③자기 백성들과 영원히 안식하신다는 의미이다. (렘31:1, 시82:6, 요 10:34)

4. 모든 눈물을 그 눈에서 닦아 주시니 다시는 ①**사망이 없고** ②**애통하는 것이나** 곡하는 것이나 ③**아픈 것이 다시 있지 아니하리니** 처음 것들이 다 지나갔음이러라

하나님의 사랑 안에서 산 자들이다.

①**악주권의 영원한 파멸이다.** ②선과 참사랑이 지배하는 것을 말한다.

③타락한 세계에서의 고통스러운 것들은 다 지나가고 없다.

*성화식을 통해서 영계 해방함으로써 지상과 영계가 하나 되므로 죽어도 죽은 것이 아니다. 고통 중에 마지막 고통인 죽음을 성화식을 통해서 거두

어준다.

5. 보좌에 앉으신 이가 이르시되 보라 내가 만물을 새롭게 하노라 하시고 또 이르시되 이 말은 신실하고 참되니 기록하라 하시고

하나님께서 신천신지의 주인이심을 보이셨다. 새예루살렘 신천신지는 하늘부모님의 직접주관권으로 타락한 세계와는 전혀 다르므로 만물도 새롭게 되는 것이다.

6. ①또 내게 말씀하시되 이루었도다 나는 알파와 오메가요 처음과 마지막이라 내가 ②생명수 ③샘물을 목마른 자에게 값없이 주리니

참부모님 말씀
하나님은 나는 알파요 오메가라고 말씀하셨습니다.
창세기에서 이루려 하신뜻을 이루었기 때문에 요한계시록에서 이룬다는 것입니다.(53권, 72.2.6)
①인류의 구세주로 오신 참부모님의 완전한 승리를 뜻하며 그 승리의 영광을 인류에게 값없이 주신다.
②근원은 하나님③성령

7. 이기는 자는 이것들을 상속으로 받으리라 나는 그의 하나님이 되고 그는 내 아들이 되리라

어린양 혼인잔치에 참여한 자녀들(계19:9)로서 흰보좌 심판까지 승리한 자들이다.

8. 그러나 두려워하는 자들과 믿지 아니하는 자들과 흉악한 자들과 살인자들과 음행하는 자들과 점술가들과 우상 숭배자들과 거짓말하는 모든 자들은 불과 유황으로 타는 못에 던져지리니 이것이 둘째 사망이라

*하나님나라에 거하지 못하는 자들의 모습이다.

새 예루살렘

9. 일곱 대접을 가지고 마지막 일곱 재앙을 담은 일곱 천사 중 하나가 나아와서 내게 말하여 이르되 이리 오라 내가 신부 곧 어린 양의 아내를 네게 보이리라 하고

어린양 재림주님은 반드시 아내와 더불어서 참부모님으로 나타나야 한다. 재림섭리는 초림과 똑같이 오는 것이 아니다. 재림주님은 반드시 참부모로 오신다. 혼자서 오는 것은 전부 가짜이다.

10. 성령으로 나를 데리고 크고 높은 산으로 올라가 하나님께로부터 하늘에서 내려오는 거룩한 성 예루살렘을 보이니

어린양의 아내를 보이기 위해 산으로 올라가 보인 곳이 예루살렘성이므로 예루살렘성은 말씀의 성이요, 말씀 실체인 참부모님을 의미하는 것이다. 참부모님을 중심으로 살아가는 의로운 하나님 자녀들의 모습이다.
*완성한 인간. 완성한 가정. 12진주문. 12대상목적을 이룬다.

11. 하나님의 영광이 있어 그 성의 빛이 지극히 귀한 보석 같고 벽옥과 수정 같이 맑더라

하나님의 영광을 드러낸 하나님의 나라 새예루살렘(참부모님을 중심한 참가정)의 모습을 휘황찬란한 보석에 비유했다.

12. 크고 높은 성곽이 있고 열두 문이 있는데 문에 열두 천사가 있고 그 문들 위에 이름을 썼으니 이스라엘 자손 열두 지파의 이름들이라

재림주(참부모님) 자신을 말한다.

13. 동쪽에 세 문, 북쪽에 세 문, 남쪽에 세 문, 서쪽에 세 문이니

하나님을 중심하고 사위기대를 이루어서 각 위를 중심하고 각각 3대상목적을 이루어 총합하면 12대상목적을 이루게 된다.

복귀섭리는 타락된 인간으로 하여금 창조목적을 완성케 하기 위하여 그들을 창조본연의 인간으로 복귀하여 나아가는 하나님의 섭리이다. 가정완성을 통하여 3대축복을 완성한다.

14. ①그 성의 성곽에는 열두 기초석이 있고 그 위에는 ②어린 양의 열두 사도의 열두 이름이 있더라

①그렇게 되면 창조목적을 완성한 하나님의 영원한 창조목적의 선의 세계, 사랑의 세계를 이룬다. 계19:6에 있었던 4번째 할렐루야에 대한 찬양이 구체적으로 묘사됐다.

② 하나님나라의 백성으로부터 존경받는 인재이다.

15. 내게 말하는 자가 그 성과 그 문들과 성곽을 측량하려고 금 갈대 자를 가졌더라

겔43:10~17이 배경이 됐다. 죄악세계에서 하나님의 백성을 구하려는 뜻이 완전히 성취되었음을 보여주셨다.

16. 그 성은 ①네모가 반듯하여 길이와 너비가 같은지라 그 갈대 자로 그 성을 측량하니 ②만 이천 스다디온이요 길이와 너비와 높이가 같더라

①하나님나라의 균형과 안정을 상징한다.

②12수 완전수×1,000(무한히 크고 넓다는 의미)=12,000스다이온(영국의 약530만배 크기)

17. 그 성곽을 측량하매 <u>백사십사 규빗이니</u> 사람의 측량 곧 천사의 측량이라

12수 완전수의 승수로 14만4천의 1,000분의1 축소한 수이다(하나님백성을 보호한다는 의미).

18. 그 성곽은 벽옥으로 쌓았고 그 성은 정금인데 맑은 유리 같더라

19. 그 성의 성곽의 기초석은 각색 보석으로 꾸몄는데 첫째 기초석은 벽옥이요 둘째는 남보석이요 셋째는 옥수요 넷째는 녹보석이요

20. 다섯째는 홍마노요 여섯째는 홍보석이요 일곱째는 황옥이요 여덟째는 녹옥이요 아홉째는 담황옥이요 열째는 비취옥이요 열한째는 청옥이요 열두째는 자수정이라

*열두 보석은 하나님나라의 완전한 인간상을 상징적으로 표현했다.
보석은 흠과 티가 없어야 귀한 것 같이 하나님의 나라에 들어가는 인간도 흠과 티가 없는 온전한 모습, 아름다운 모습이어야 한다. 이스라엘 대제사장의 흉패에 12보석이 있다(출28:11, 출39:10).

21. 그 열두 문은 열두 진주니 각 문마다 한 개의 진주로 되어 있고 성의 길은 맑은 유리 같은 정금이더라

참하나님의 뜻을 따르는 **사랑의 문**이다.
*성과 성곽은 축복가정이고 성안은 참부모님이 계신다.

22. 성 안에서 내가 성전을 보지 못하였으니 이는 주 하나님 곧 전능하신 이와 및 <u>어린 양이 그 성전</u>이심이라.

성과 성곽은 축복가정이고, 성 안은 참부모님이 계신다.

건물이 아니다. 완성한 인간이다. 참하나님을 중심하고 어린양 혼인잔치로 주님께서 참부모님이 되셨다. 그러므로 참부모님이 성전이며 참장막이 된다.(계22:17 요17:3 요일5:20 히8:2)

복귀된 에덴동산은 성막이나 성전이 필요 없다. 하나님을 모시는 별도의 성전이 필요 없다.

참부모님의 전통을 전승하기 위해서는 먼저 천지인참부모님의 심정을 상속받아야 합니다. 그리고 참부모님 전통의 전승은 온전히 참부모님의 승리권을 상속받게 될 때 가능합니다. 참부모님의 승리권을 상속받을 수 있는 자리는 가정교회입니다. 결국 참부모님 전통의 전승은 신종족메시아 사명을 완수한 축복가정들이 가정교회를 통해 실현해 나가야 합니다. "선생님 자신이 국가라든가 세계라든가 영계까지 동원하여 탕감복귀를 다 했으니 여러분이 가정 기준의 탕감복귀만 하면 이것을 전부 상속해 준다는 것입니다." "가정교회를 중심삼고 가르쳐 주고 본이 되어야 합니다. 가정교회를 함으로써 하나님의 주권이 생겨나고 국민이 생겨나고 땅이 생겨납니다."

23. 그 성은 해나 달의 비침이 쓸 데 없으니 이는 하나님의 영광이 비치고 <u>어린 양이 그 등불이 되심이라</u>

참부모님이 해와 달이 되어 빛나시게 하신다.

24. <u>만국이 그 빛 가운데로 다니고 땅의 왕들이 자기 영광을 가지고 그리로 들어가리라</u>

세계만국의 성전이 되신 참부모님의 나라로 다 오게 된다(땅의 왕들이 회개한다).

25. 낮에 성문들을 도무지 닫지 아니하리니 거기에는 <u>밤이 없음</u>이라

그림자가 없고 고통이 없는 지상과 천상의 천국세계(안전한 세계)이다. 참부모님께서 정오정착하는 신앙을 강조하셨다.

26. 사람들이 만국의 영광과 존귀를 가지고 그리로 들어가겠고

27. 무엇이든지 ①속된 것이나 ②가증한 일 또는 ③거짓말하는 자는 결코 그리로 들어가지 못하되 오직 어린 양의 생명책에 기록된 자들만 들어가리라

①하나님나라의 백성이 될 수 없는 자 : 세상에 속한 사람 ②우상 숭배하는 자③인간의 타락은 사탄이 거짓말로 유혹했으므로 거짓말한 자는 하나님의 백성이 될 수 없다.

제22장

새예루살렘은 참하나님 성령 신부 삼위일체(계22:17)

결론의 장으로서 잃어버린 에덴동산과는 차원이 다르다. 생명수의 강은 말씀이다.

1. 잃어버린 에덴동산에서는 죄의 뿌리가 나왔으나 하나님나라는 생명나무의 뿌리로 참사랑의 세계이다.

2. 잃어버린 에덴동산에는 선악과가 존재하였으나 하나님나라에는 선만이 있는 자유와 평화의 신천신지이다.

3. 잃어버린 에덴동산은 사탄이 주인 행세를 했으나 하나님나라에는 참하나님과 함께한 가족이다.(렘31:1).

예언의 증거 참삼위일체도 속히 오리라(22:7,12,20)고 약속했다.

참부모님의 전통을 상속받을 수 있는 방법은 참부모님의 비전을 공유하고, 가정맹세의 내용을 실생활에서 실천하는 것입니다. 또 천일국 경전과 각종 교재·교본의 훈독을 생활화하고 의례와 제도, 즉 봉헌식과 축복식, 성화식 및 8대 명절 등을 지키고 천일국 국민의 생활규범을 담은 천일국 헌법을 준수하게 될 때 참부모님의 전통은 상속될 것입니다.

참부모님의 전통을 전승하기 위해서는 먼저 천지인참부모님의 심정을 상속받아야합니다. 그리고 참부모님 전통의 전승은 온전히 참부모님의 승리권을 상속받게 될 때 가능합니다. 참부모님의 승리권을 상속받을 수 있는 자리는 가정교회입니다. 결국 참부모님 전통의 전승은 신종족메시아 사명을 완수한 축복가정들이 가정교회를 통해 실현해 나가야 합니다. "선생님 자신이 국가라든가 세계라든가 영계까지 동원하여 탕감복귀를 다 했으니 여러분이 가정 기준의 탕감복귀만 하면 이것을 전부 상속해 준다는 것입니다." "가정교회를 중심삼고 가르쳐 주고 본이 되어야 합니다. 가정교회를 함으로써 하나님의 주권을 생겨나고 국민이 생겨나고 땅이 생겨납니다."

1. 또 그가 수정같이 맑은 ①생명수의 강을 내게 보이니 하나님과 및 어린 양의 보좌로부터 나와서

①생명나무의 근원이 된다. 하나님의 은혜를 상징한다(요4:14, 요7:38, 렘 2:13). 영생을 주셨다.

*겔47:1~12 배경의 말씀으로 참하나님과 참부모님의 보좌로부터 8가지

축복의 약속을 주셨다.

2. 길 가운데로 흐르더라 ①강 좌우에 생명나무가 있어 열두 가지 열매를 맺되 달마다 그 열매를 맺고 그 ②나무 잎사귀들은 만국을 치료하기 위하여 있더라

참부모님 말씀

창조론과 맨 끝의 묵시록이 맞아 떨어져야 된다, 창세기에 에덴동산의 생명나무가 나온다. 묵시록에도 생명나무가 나오는데 사랑을 중심삼고 일관된 논리로서 맞아 떨어져야 된다.(166권, 87.5.28)

①인간의 소망을 나타낸 완성한 인격체는 사위기대를 중심한 12대상목적을 이루어야 한다.

12가지의 종류: 각각의 유형이 다른 12가지 4대심정권과 3대왕권을 통한 영인체 완성. 식구가 기하급수적으로 증가한다.

②생명나무 잎사귀는 만국을 소생한다.

세계평화통일가정연합 창립 이후에는 하나님을 모신 참된 가정의 이상을 실현함으로써 이 땅에 창조본연의 이상세계를 정착시키는 데 활동의 초점을 두고 섭리가 전개되었습니다. 참부모님은 가정연합 시대를 맞아 1997년 10월 13일 훈독회를 제정하셨습니다. 원리와 말씀을 단순히 아는 것보다 이를 생활에 실천할 수 있는 훈독회 전통을 몸소 확립하셨습니다. 1998년 2월 2일에는 주제별 말씀정선 12권 중심의 성약말씀 전수식을 개최하셨습니다. 이후 참어머님을 모시고 일본과 미국에서 훈독대회가 전개되었습니다. 1998년 4월 17일 참아버님께서 훈독

회에 대하여 다음과 같이 말씀하셨습니다. "훈독회는 눈물 없이는 할 수 없습니다. 부모님의 모든 심정세계를 여러분의 가정에 안착시키기 위해서라도 훈독회는 절대 필요합니다. 앞으로 가정적 훈독회, 교회적 훈독회, 사회적 훈독회, 국가적 훈독회, 세계적 훈독회가 펼쳐져야 합니다. 부모님이 싸워 나오던 과정에 영계가 협조했는데, 여러분은 조건만 세우더라도 영계의 협조를 받고 사탄이 참소할 수 있는 환경을 넘어갈 수 있기 때문에 훈독회는 절대 필요합니다."[참 12.1.2:24]

3. ①다시 저주가 없으며 하나님과 그 ②어린 양의 보좌가 그 가운데에 있으리니 ③그의 종들이 그를 섬기며

①완성한 인간은 불순종이 없으므로 죄가 없고 형벌도 없다.
②주권을 상징하는 것으로 순종할 때 기쁨을 준다.
③창조목적을 완성한 인간이 되면 천사가 수종을 든다.
(히1:14,시103:21,계19:10,계22:8~9)

4. ①그의 얼굴을 볼 터이요 ②그의 이름도 그들의 이마에 있으리라

①참하나님은 너무 거룩하셔서 구약시대는 감히 쳐다볼 수 없었다.(출33:20) 그러나 하나님의 나라에서는 참하나님의 참자녀이므로 서로 친견할 수 있다.(마5:8, 히12:14, 고전13:12)
②하나님의 백성은 하나님의 인침을 받았으므로 하나님에 속했다는 것과 구원과 보호를 받는다는 징표이다.

5. 다시 밤이 없겠고 등불과 햇빛이 쓸 데 없으니 이는 주 하나님이 그들에게 비치심이라 그들이 ①세세토록 왕 노릇 하리로다

①신천신지는 창조본연의 인간이므로 만물을 주관할 수 있다.

하나님(천일국) 백성의 규범적인 삶

6. 또 그가 내게 말하기를 ①<u>이 말은 신실하고 참되지라</u> 주 곧 선지자들의 영의 하나님이 그의 종들에게 ②<u>반드시 속히 되어질 일</u>을 보이시려고 그의 천사를 보내셨도다

①계시록의 진실성과 참됨을 강조하였는데 그 말씀은 반드시 성취된다.
②3번 나온다.

7. <mark>보라 내가 속히 오리니 이 두루마리의 예언의 말씀을 지키는 자는 복</mark>이 있으리라 하더라

<mark>본장에서만 3번씩이나 반복하면서 기독교박해를 강한 소망을 갖고 참고 기다리자는 뜻이다.</mark> 본 절에는 미래형으로 표현됐지만 속히 오리라는 원문에는 벌써 오고 있다는 현재형으로 되어 있다.

8. <u>이것들을 보고 들은 자는</u> 나 요한이니 내가 듣고 볼 때에 이 일을 내게 보이던 천사의 발 앞에 경배하려고 엎드렸더니

주님께서 속히 오고 계시며 생명수 강에 생명나무가 되고 세세토록 왕노릇 할 수 있다는 말씀에 놀랐다.

9. 그가 내게 말하기를 나는 너와 네 형제 선지자들과 또 이 두루마리의 말을 지키는 자들과 함께 된 종이니 그리하지 말고 하나님께 경배하라 하더라

천사는 요한보다 월등한 존재가 아니라 하나님의 종으로 다른 위치에서 하늘의 일을 돕는다는 뜻이다(히1:14).

10절~16절 : 요한계시록의 중요한 주제들을 다시 요약하고 있다. 행위심판, 한 번 더 언급한다.

①어린 양을 따른 충성스런 성도들을 하나님은 기억하신다.

②교회 내에 있으면서 거짓 선지자의 미혹을 받아 타협하는 충성스럽지 못한 자들을 엄중경고 하신다. 성도만이 아니고 선한 자는 상주시고 악한 자는 벌 받는다고 경고하신다.

10. 또 내게 말하되 이 두루마리의 예언의 말씀을 인봉하지 말라 때가 가까우니라

다니엘서를 보면 구약의 선지자 다니엘은 말세의 계시를 받고 마지막까지 봉합하라(단12:9 계10:4)는 명령을 받았다. 그러나 요한에게는 '인봉하지 말라'는 정반대의 명령이 내려졌다. 이것은 재림의 때가 됐으므로 계시의 뜻을 해석하며 전파하라는 의미이다. 즉 다니엘에게는 그 계시가 '여러 날 후의 일'(단8:26)이므로 봉합하라고 하셨다. 그러나 요한에게는 때가 가까웠으므로 인봉하지 말라고 하셨다. 말세인 이때에 계시록을 봉해 버린다면 하나님의 뜻을 알 길이 없다.

11. 불의를 행하는 자는 그대로 불의를 행하고 더러운 자는 그대로 더럽고 의로운 자는 그대로 의를 행하고 거룩한 자는 그대로 거룩하게 하라

쉽게 회개하지 않음 천년 왕국이 시작돼도 불의한 자들은 있다.

불의를 하는 자는 그대로 불의로 하고 더러운 자는 그대로 더럽고 의로운 자는 그대로 의를 행하고 거룩한 자는 그대로 거룩되게 하라

12. ①보라 내가 속히 오리니 ②내가 줄 상이 내게 있어 각 사람에게 그가 행한 대로 갚아 주리라

①계1:1부터 하신 말씀으로, 주의 재림은 변동할 수 없는 것임을 다짐하는 말씀.

②인내하고 이기는 자는 큰상으로 보응하신다.

13. 나는 알파와 오메가요 처음과 마지막이요 시작과 마침이라

주님이 네 번째로 반복하심(계1:8 계1:17 계22:13) 일을 시작했으면 반드시 성취하시는 분이심을 보여주는 말씀이다.

참부모님 말씀

창세기에서 이루려고 했던 창조목적을 인간의 타락으로 인해 못 이루었기 때문에 요한계시록에 가서 마치게 된다. (천2.2.2:2, 72.3.20)

오늘 최종적인 완성 완결을 지어서 아버지 앞에 돌려드렸사옵고, 지금까지 한 생을 아버지 앞에 바친 줄 알고 있사오니, 그 뜻대로 이제는 모든 생을 정성 들여 종료하는 시간을 맞이하여 타락이 없었던 본연의 에덴동산으로 돌아가서 해와가 잘못되고 아담이 책임분담에 걸린 것을 다 초월할 수 있게 되었습니다. 모든 것에 대한 해방·석방의 권한을 가지고 누구든지 부모님의 뒤만 따라오면 4차원에서도, 14차원에서도 지옥 갈 수 있는 것을 천국으로 입양할 수 있는 4차원 입적과 14명의 아들딸들을 중심삼고 종족적 메시아가 국가를 대표할 수 있는 이름을 이루어 387개 나라(아벨유엔권 194개국, 가인 유엔권 193개국)만 복귀하면 다 끝나는 것을 선포합니다. 그 일을 위한 모든 것을 다 이뤘사옵니다. 다 이루었사옵니다. 아주!(2012.8.13.)

14. 자기 두루마기를 빠는 자들은 복이 있으니 이는 그들이 생명나무에 나아가며 문들을 통하여 성에 들어갈 권세를 받으려 함이로다

참부모님 말씀

①알파로 시작된 인류죄악역사가 오메가로 끝날 때의 타락인간의 소망은 죄악으로 물든 옷을 깨끗이 빨아 입고 복귀된 에덴동산으로 다시 들어가 잃어버렸던 그 생명나무를 다시 찾아 나아가는데 있다고 계22:13절 기록되어 있다.(강론 p121)

②인류역사는 에덴동산에서 잃어버렸던 생명나무(창3:24)를 역사의 종말의 세계에서 복귀하여 지상천국을 이루려는 복귀섭리의 역사인 것이다.(강론p226)

계시록의 칠복 가운데 마지막 복으로서 주님으로 말미암아 원죄를 청산하고 생명나무로 나아가 완성한 인격체가 되는 자. 두루마기를 빤다는 것은 새말씀으로 거듭난다는 뜻이다.(요3:3~5)

셀 수 없는 많은 무리(계7:9). 7교회의 성도들에게 '이기라'는 명령과 동

일하다.

15. 개들과 점술가들과 음행하는 자들과 살인자들과 우상 숭배자들과 및 거짓말을 좋아하며 지어내는 자는 다 성 밖에 있으리라

7복의 말씀도 있지만 7화의 말씀도 있다. 하나님의 자녀가 되지 못하는 자들(계21:8, 27). 개는 배도자이다(마7:6, 빌3:2, 벧후2:22). 천년 왕국이 돼도 배도자, 음행자들은 있다.

16. 나 예수는 교회들을 위하여 내 사자를 보내어 이것들을 너희에게 증언하게 하였노라 ①나는 다윗의 뿌리요 자손이니 곧 ②광명한 새벽별이라 하시더라

①근원이 하나님이시다.
②참빛, 재림주님이다.

17. ①성령과 신부가 말씀하시기를 오라 하시는도다 듣는 자도 오라 할 것이요 목마른 자도 올 것이요 또 원하는 자는 ②값없이 생명수를 받으라 하시더라

참부모님 말씀

① 계22:17절 말씀에 신부와 성신이 무엇인지 알겠습니까? 신부는 주님의 아내가 되며 성신은 영적인 것이니 여기에서 영육이 합한 어머니가 나와야 합니다.(참1,2. 2:6, 68.9.1)

② 예수님이 신랑으로 나타났으나 신부가 없었습니다. 그러니 신부가 나타나야 됩니다. 계22:17절에 말씀은 신부의 말씀이 나와야 된다는 뜻입니다.(8권, 59.11.29)

③ 요한계시록의 맨 나중에 '성신과 신부의 말씀하시기를 오라 하는도다'라는 말씀은 앞으로 다시 어머니 역사가 벌어진다 이거예요.(54권, 64.4.7)

①생명나무 이시며 새벽별이신 참아버님과 성령과 신부, 즉 영육합한 실체성신이신 참어머님이 오셔서 새로운 생명의 역사를 일으킨다.

천지인참부모 정착실체 말씀(2010.5.8) 참어머님과 최종일체 완성 완결 완료 전체 전반 전권 전능의 시대 선포. 참어머님과 최종일체를 이루셨음을 분명히 선포하시면서 '본인 부부' 또는 '우리 부부'라는 표현을 11번이나 천명하셨다.

②참부모님의 이름으로 값없이 생명수를 받으라는 축복의 말씀으로 불러주신다. 참하나님을 중심한 참부모님을 모델로 하여 모든 인류역사는 새로운 출발을 해야 한다.(창1:28)

천지인참부모 정착 실체말씀 선포 대회가 2010년 7월 8일 천정궁과 7월 24일 미국 뉴욕 맨해튼센터에서 열리는 등 수차례 개최됐습니다. 2011년 4월 24일 인천 송도 컨벤시아에서 열린 천지인참부모 정착 실체말씀 선포 천주대회에서는 하나님의 조국과 고향이 한국임을 천명하셨습니다. 이어 참부모님께서는 유럽 8개국, 미국 라스베이거스 대회에 이르기까지 10개국 세계순회를 단행하셨습니다. 참부모님께서는 실체말씀 선포대회를 치르기까지 사탄과의 마지막 전쟁을 치르는 심정으로 밤도 낮도 없는 최고의 정성을 들이셨습니다. 선포대회를 앞두고 라스베이거스를 20여 차례 방문하셨습니다. 매일 강연문을 친히 훈독하시며 식구들을 교육하는 가운데 어떤 날에는 새벽 5시부터 다음날 새벽 4시 30분까지 23시간 30분 동안 훈독회를 강행하기도 하셨습니다. 육신의 한계를 넘어서 인류를 다시 낳아 주시려는 심정으로 세계 10개국을 순회하시며 대회를 주관하셨습니다. 참부모님께서 본대회를 통해 참부모님 양위분 실체가 원리와 말씀, 교리보다 중요하며 모든 가치의 원형임을 천명하고자 하셨습니다. 참부모님께서는 천지인참부모 정착 실체말씀 선포에 대하여 다음과 같이 설명하셨습니다. "통일교회에서는 말씀이 먼저가 아닙니다. 실체가 있어서 그 행한 사실을 말씀으로 증거하기 때문에 내외가 일치될 수 있는 내용을 알 수 있습니다." "천지인참부모가 정착했습니다. 그렇기 때문에 실체말씀을 선포해야 됩니다. 진리의 실체, 정착한 실체가 말씀하는 그것이 우주를 해방시킬 수 있습니다. 그것이 실체말씀 선포입니다." 참부모님께서는 천지인참부모 정착 실체말씀 선포 천주대회를 통해 최종일체를 이뤄 복귀섭리를 완성. 완결. 완료하시고 이 땅에 오신 모든 책임과 사명을 완성했음을 선포하셨습니다. 이는 하나님이 참부모의 체를 쓰고 들어와 지상에서 말씀하시고 치리하는 시대가 개막됐음을 의미합니다.

18. 내가 이 두루마리의 예언의 말씀을 듣는 모든 사람에게 증언하노니 만일 누구든지 이것들 외에 더하면 하나님이 이 두루마리에 기록된 재앙들을 그에게 더하실 것이요

요한계시록은 절대적 가치가 있기 때문에 가감하면 안 된다는 말씀이다.

19. 만일 누구든지 이 두루마리의 예언의 말씀에서 제하여 버리면 하나님이 이 두루마리에 기록된 생명나무와 및 거룩한 성에 참여함을 제하

여 버리시리라

20. 이것들을 증언하신 이가 이르시되 내가 진실로 속히 오리라 하시거늘 아멘 주 예수여 오시옵소서

주님의 재림에 대한 3번째 확증을 하신다(계22:12, 20).

특히 본문의 말씀은 초대교회 예배의식의 한 부분으로 채택된 기도로 성찬식이 끝날 때 사용됐다. 임박하신 주님의 재림에 대한 간절한 소망을 통해 환란과 핍박을 이겨나갔다.

21. 주 예수의 은혜가 모든 자들에게 있을지어다 아멘

신앙 간증을 통한 저자소개

하늘부모님과 참부모님의 인도

1983년도부터 나는 자신을 위해서가 아니라 하늘부모님의 뜻을 위해 신앙 노정을 걸어왔다. 처음에 JMS라는 곳에서 신앙을 출발했는데, 2년간 활동하다가 JMS 교리와 그 교주의 문제점을 알고 크게 좌절해 대학학업도 그만두고 자포자기하는 심정으로 하루하루를 보냈다. 그렇게 7개월 정도 지났을 무렵 몽시 가운데 참부모님이 찾아오셔서 위로와 사랑으로 감싸주셨다.

몽시는, JMS 교주가 나의 발에 독사를 던져 발등을 물려 곧 죽게 되었는데, 하나님께 살려달라고 간절히 기도했더니 참아버님께서 나타나 나의 발등에 입을 대고 독을 빨아주셔서 살아나는 꿈이었다.

감사를 드리면서 깨는 순간, 민수기 21장 6~8절의 내용이 생각났다. 내가 참부모님을 불신해 영적으로 죽어가고 있다는 생각이 들어 집에서 가까운 구리남부교회를 찾아갔다. 목사님과 상담하고 나서 말씀을 공부했고, 7일 금식을 하고난 후 1985년 6월에 통일교회에 입교했다.

그 후 1년간 말씀을 준비하고 1986년에는 예원학사 전도사로 발령받아 기독교 대학생 중심으로 전도를 시작했다. 첫 임지는 수원이었다. 1988년도에는 일본 식구 다무라 히로미 씨와 6500쌍 축복을 받았다. 임지 활동은 천안에서 기독교인들을 중심한 개척으로 시작했다. 현재 구로교회에서 목회하고 있는 조한복 교회장과 충남 예산에서 약국을 운영하고 있는 박병미 권사님이 당시에 함께 활동했다.

2년간 활동하면서 나는 40여 명을 전도했다. 1989년에 서울에 준비된 기독교를 전도하기 위해 각 대학을 다니며 전도활동을 했다.

어느 정도 기반이 다져져 1990년 9월에는 중국 선교를 떠나게 되었다. 참부모님께서는 6500쌍 축복식 때 '이번에 축복 받은 축복가정들은 전부 중국에 가서 선교해야 한다.'는 말씀을 많이 주셨는데 그 말씀에 순종하고자 하는 생각도 있었다.

중국 선교 출발

당시는 한국과 중국이 수교가 되지 않은 때라 비자 받기가 매우 어려웠다. 결국 일본에 가서 비자를 받고 중국 북경으로 향했다. 선교에 필요한 경비는 지하철에서 모금활동을 하면서 2만 불을 준비했다.

중국 선교 길에 오를 때 나는 언어 등 사전에 아무런 준비가 되어 있지 않았다. 게다가 한국과 수교도 되지 않은 공산국가에 가서 전도한다는 것은 상상하기도 힘든 상황이었다. 하지만 어떤 경우라도 하늘부모님과 참부모님의 명령에 조금도 주저하지 않겠다는 심정을 가지고 따라 나선 것이다.

선교를 위해 북경에 도착했을 때 아는 사람이 한 명도 없었고 중국어도 할 줄 모르는 상태였기에 어디서 어떻게 전도할지 막막하기만 했다. 2주쯤 지나서 조선족 기독교인이 모여 예배드리는 곳이 있다는 정보를 듣고, 그곳을 찾아 예배드리면서 전도를 하기 시작했다. 6개월이 지날 즈음 내가 묵은 숙소에서 대학생들 중심으로 30여 명이 예배를 드리게 되었다.

중국식구들이 주체와 대상의 사진을 들고 축복식에 참여하는 모습

　그때 혼자서 강의하고 교육하는 것이 버거웠기 때문에 조한복 목사를 중국에 오도록 해, 1년 간 함께 선교하며 교육을 도와 주었다.

　나중에 깨달은 것은 내가 중국에 선교 나가기에 앞서 하늘이 먼저 준비하고 기다리셨다는 사실이다. 나 혼자 간 것이 아니라 하늘이 함께해주신 것이다. 중국에는 신앙적으로 준비된 조선족 기독교인이 있었고, 또 하늘은 기독교인을 잘 전도할 수 있도록 그동안 나를 훈련시켜 주셨다. 그래서 처음에는 막막했지만, 어렵지 않게 선교를 해나갈 수 있었고 점차 자신감도 생겨났다. 중국은 모택동을 중심으로 공산국가가 되었는데, 기독교인이 책임하지 못했기 때문이라 본다. 나는 통일교인으로서 참부모님을 중심하고 성냥불이 되어 중국의 온 천하를 원리말씀으로 불태우리라 다짐했다.

　하나님의 섭리는 한국에서 열매를 맺었지만, 그 꽃이 중국대륙에서도 피어날 수 있는 기대가 조성되어 있었다. 예로부터 중국은 가화만사성의 말씀으로 이상적 가정을 이루고자 하는 소망을 품고 있었다. 참부모님의 말씀으로 그 꿈을 이루기 위해 조그만 불씨가 되겠다는 결의를 한 것이다.

불붙은 중국 전도

1990년부터 1998년까지 중국 북경에서는 외국인이 지정된 아파트 단지에서 살게 되어 있었다. 그 이유를 안전과 관리 때문이라고 했지만 실제는 임대수익을 올리려는 경제적 측면이 강했다. 전도된 학생들이 내가 있는 숙소로 와서 예배를 드리려면 경비의 감시를 피해 출입해야 했다. 예배 때는 찬송도 할 수 없을 만큼 긴장감이 감돌았지만, 내적으로는 아주 뜨거운 은혜가 있었다.

1995년부터는 북경에 남학생 중심한 학사교회와 여학생 중심한 학사교회를 세웠다. 나는 남학생 학사교회에서 헌신멤버 2명과 2년간 같이 살면서 학생들을 전도했다. 그때는 아침부터 저녁까지 매일 강의를 했다. 집회와 수련을 자유롭게 할 수 없었기 때문에 1:1 또는 2~3명 단위로 원리말씀을 전했다.

1995년도부터는 황엽주 회장님(현재 중화권 대륙회장)의 지원을 받으면서 전도 상황을 보고하며 활동했다. 황엽주 회장님은 선교사라는 공식 신분 때문에 항상 감시를 받고 있었다. 그 분과 만날 때는 전화를 하지 않고 다음 만날 장소와 시간을 정하면서 지내야 했다.

그때 황엽주 회장님은 '한 나라의 교회가 정착해서 뿌리를 내리려면 7년간 밤낮 없이 계속 말씀을 전해야 한다. 한국도 초창기에 유효원 협회장께서 불편한 몸을 이끌고 밤낮없이 말씀을 전하셨기에 한국교회가 정착된 것'

이라고 하셨다. 그래서 나도 7년간 매일 밤낮없이 말씀을 전하게 됐다.

될 수 있으면 외출도 하지 않았다. 방학 때는 20명씩 나눠 2주간 세 차례 수련을 진행했다. 중국 당국에 의한 감시를 피하기 위해 수련 받는 학생들은 2주 동안 수련회 장소인 아파트에서 일체 나가지 않고 아침 9시부터 밤 9시까지 말씀공부를 했다.

수련이 끝나는 날 저녁에야 1~2명씩 조용히 나갔다. 중국 사람들이 사는 일반 아파트 문 앞에는 낮에 항상 빨간 완장을 찬 할머니들이 지키고 있는데, 낯선 사람이 보이면 파출소에 신고를 했다. 그렇게 신고해 좋은 결과가 나오면 돼지고기를 받을 수 있기 때문에 열심히 감시를 한다. 그렇기 때문에 수련에 한 번 들어오면 모두가 일체 출입을 하지 않고 20평 남짓 되는 허름한 인민아파트에서 말씀수련을 했다.

이렇듯 자유롭지 못하고 긴장된 신앙노정 속에서도 전도된 대학생들은 열심히 전도해서, 1997년 거행된 4000만쌍 축복식에 중국의 대학생 중심한 청년 120명이 일본의 카프 멤버 신앙 2세들과 축복을 받았다.

1998년 1억2000만쌍 축복식 때는 100쌍 이상이 축복을 받았다. 축복식 행사는 공개적으로 할 수 없어서 조용한 외곽에 있는 작은 호텔 회의실을 빌려 일본의 주체 대상 사진을 들고 거행했다.

이때부터 본격적으로 중국의 지방 개척전도를 시작했다. 상해, 광주, 무한, 청도, 천진, 대련, 심양, 길림, 연변에 개척을 나갔다. 그때부터 나는 지방순회도 다녔다. 대련 순회 때는 학생들 수련을 잘 마쳤는데, 누가 신고했는지 다음날 아침 7시에 갑자기 공안이 들이닥쳤다. 나는 옷장에 숨어서 그 위기를 넘기기도 했다. 또 대학생을 위한 전도소를 마련해 북경대학 앞에서 원리말씀을 전하다가 공안경찰에 들킨 적도 있다. 그때 학생들은 지혜롭게 한국어를 공부하는 중이었다고 말해 무사히 넘어간 적도 있다. 진실로 하늘의 보호하심에 감사가 절로 나올 수밖에 없는 나날이었다. 이때 여성 연합 일본 선교사들은 경제적으로 우리 가정에게, 그리고 지방개척전도 활동에 많은 지원을 해주었다.

은혜와 시련

중국에서 축복을 500여 쌍 하다보니까, 중국 안전부에서 내 활동을 알고 어떻게 처리할 것인가 회의를 하고 있다는 정보를 세계선교본부로 들었다. 일본에 있는 식구가 그 정보를 듣고 선교본부로 연락을 해준 것이다.

급기야 나는 2000년도에 중국 북경을 떠나 일본에서 가정출발을 하는 중국식구들을 관리하면서 2년간 목회를 했다. 그때 중국식구들이 가정출발하기 전까지 봉고차를 타고 모금활동을 하면서 중국 선교를 위한 경제지원을 했다. 중국의 상황이 잠잠해지자 나는 2003년도에 다시 중국 북경으로 들어가 선교를 했다.

은혜도 많았지만 시련도 있었다. 2004년도에는 중국식구 전체를 관리하던 이병남이라는 중국식구가 나를 만나러 오다가 갑자기 사라지는 일이 발생했다. 며칠간 아무리 찾아도 찾을 수가 없었다. 알고 보니 북한 탈북자를 도와줬다는 이유로 아무도 모르게 중국 안전부에 잡혀갔다가 3일간 조사받고 나왔던 것이다. 그 후로 그 식구는 활동이 어려워져 일본으로 가게 됐다.

후임자로 세워진 강성수 중국식구도 갑자기 며칠간 사라졌다. 며칠 후에 나타났는데 중국 안전부에서 조사받고 왔다고 했다. 그로부터 2년 후 그도 일본으로 가게 되었다.

그러한 일이 있은 후 나는 더욱 주의를 하게 됐다. 특히 거리를 다닐 때는 주위를 살피고 가끔씩 뒤를 돌아보는 습관까지 생겼다. 집전화도 도청하는 것 같아 통화할 때는 매우 조심스럽게 하게 되었다. 나중에 중국을 떠나 한국에 살 때도 몇 년 간은 전화 통화할 때 주의하고 거리를 다닐 때 가끔씩 뒤를 돌아보는 습관이 나타나기도 했다.

결국 2005년에는 나에게도 일이 터졌다. 축복 받은 중국 남자식구가 대상과 가정출발이 안되니까 축복을 포기하겠다면서 3년 동안 헌신했으니 일본 돈 100만 엔을 달라고 요구한 것이다. 그렇지 않으면 나를 공안에 고발하겠다고 협박했다.

그러나 나는 협박에 굴하지 않고 타협하지도 않았다. 그 돈은 일본식구들이 하늘을 위해 정성들인 헌금이기 때문에 1엔도 개인에게 줄 수 없다고 했다. 그러자 나를 공안경찰에 고발하고 말았다.

며칠 후 공안 4명이 내가 사는 아파트에 들이닥쳐 가택을 수색하고 나를 파출소로 끌고 가 취조했다. 취조 시 구타와 고문은 없었으나 식구들의 명단을 밝히라고 회유했다. 나중에는 협박으로 이어졌다.

그러나 나를 믿고 따라온 사람들을 어떻게 밝힐 수 있겠는가? 나는 '차라리 감옥에 넣든가 알아서 하라.'고 했다. 그랬더니 한참 후에 상관 한 명이 와서는 여러 이야기를 주고받은 후 다음날 풀어주었는데, 그 조건으로 한 달에 한 번씩 본인에게 보고하라고 했다.

그때 내가 감옥에 가거나 추방당하지 않은 것은 참부모님의 승리적 기반이 있었기 때문이라고 생각한다. 예컨대 미국의 워싱턴타임스 같은 기반이 있어서, 종교적인 이유로 나를 감옥에 함부로 넣을 수 없었던 것이리라 본다. 그리고 인간적으로 친밀해졌을 때 종교국 담당공안은 오히려 내가 '중국사람에 대한 의리를 지켜줘 좋게 생각한다'고 말하기도 했다.

나는 선교활동이 발각된 이후 북경에서 활동하기 어려워져, 2006년에 중국 제2의 도시이며 경제의 중심지인 상해로 떠났다. 상해에서는 2012년까지 있다가 비자가 끊겨 한국으로 돌아오게 되었다. 상해에서는 2세 강형석 선교사가 학생 중심한 미혼식구들을 담당했고, 나는 가정출발한 축복가정을 담당했다.

상해에 있을 때는 첫째 딸이 고등학교에 들어가게 되면서 학비가 많이 들어 걱정이 많았다. 그런데 마침 하늘의 도우심으로 한국에 있는 특수유리 사업을 하는 한국식구와 연결돼, 중국에서 유리를 공급해주면 사업에 도움이 될 것이라 하여 경제적 활동에 참여했다. 이렇게 자녀들의 학비 문제가 해결되었다.

이때 가정적으로 물질축복을 받아, 매달 헌금을 하면서 선교활동을 할 수 있게 되었다. 그때 나는 '자녀는 내가 키우는 것이 아니라 하늘이 키우는 것이구나!' 하는 것을 체험했다.

선교를 갈 때도 계획 없이 떠났지만, 선교를 그만둘 때도 언제까지 하겠다는 계획이 없었다. 그런데 한국에 돌아와 헤아려보니 21년간 중국 선교활동을 했다. 하나님은 이처럼 모든 계획을 갖고 계시며 수리적으로 섭리하신다는 것을 깨달았다.

아내와 자녀에 대한 감사

중국 선교를 하며 개척생활을 하다 보니 항상 우리 가정은 우선순위에서 밀리게 되었다. 일요일에는 예배를 가정에서 드렸기 때문에 아내는 매주 토요일과 일요일이면 예배 준비하랴, 식사 준비하랴 매우 바쁘게 지내야 했다. 그럼에도 말없이 식구들이 오는 것을 기뻐하면서 열심히 도왔다. 평소에는 중국식구와 일본식구들을 상담해주고 통역도 하면서 내가 할 수 없는 부분을 뒤에서 다 채워주었다.

아내는 아이들을 전부 제왕절개수술로 낳았는데, 셋째를 낳을 때는 여러

윤경환 · 다무라 히로미 동두천교회장의 가족 사진

명의 중국 의사들이 들어와 수술을 했다. 왜냐하면 중국에서는 법적으로 한 자녀만 낳을 수 있는데, 아내처럼 제왕절개를 통해 셋째 아이를 낳는 경우가 매우 드물어 의사들이 참관한 것이다. 그때 아내는 옛날 일본 군대가 중국사람에게 생체실험을 했던 생각이 갑자기 나서 매우 긴장됐다고 한다. 이렇듯 생각하지 못한 상황이 닥쳐도 늘 말없이 따라주었던 아내에게 감사한다.

뿐만 아니라 우리 가정은 공안의 감시를 피하기 위해 1년에 한 번 이상 이사를 다녔는데, 아무 불평하지 않고 잘 자라 준 아이들에게 항상 고마움을 느낀다.

특히 육신의 부모님께는 제대로 효도를 못한 것이 항상 마음 아팠다. 아버지는 2013년 암으로 돌아가셨는데, 내가 몇 달 모시지 못하고 임종을 맞이하셨다. 그러나 아버지를 조금이라도 모시게 할 수 있도록 해주신 하늘부모님께 감사드린다.

새로운 결의

중국 선교 21년을 회상해보면, 대학생을 전도대상으로 해서 800명을 축복받도록 했고 그 중에서 500명이 가정출발을 했다.

지하교회는 12개를 세웠는데, 식구들이 어렵게 전도 대상자들을 데리고 오면 나의 부족함으로 인해 하늘부모님과 참부모님께 연결하지 못하고 축복을 바치지 못한 사람들이 축복 받은 사람들보다 더 많다.

그래서 한국에서는 좀 더 열심히 준비하고 노력해서 최소한 나 때문에 하늘 앞에 나가지 못하는 식구가 생기지 않도록 하겠다는 생각으로 목회의 일선에서 열심을 다 하고 있다.

현재 나는 동두천가정교회에서 여러 가지 준비를 하며 목회하고 있다. 한국에서는 젊은 기독교인과 40대에서 60대 부인을 중심으로 전도해야 실체적 교회의 기반이 될 수 있다고 생각한다.

그래서 나는 기독교인이 원리를 잘 이해할 수 있도록 '성경으로 본 하나님의 섭리'라는 교재와 참부모님의 생애노정을 성경으로 잘 이해할 수 있도록 '복귀섭리로 본 요한계시록'이라는 교재를 만들었다.

하늘이 허락하시는 날까지 기독교인에게 참부모님을 열심히 증거하려고 한다. '지금 메시아가 왔는데, 뭐하고 있느냐!' 소리치며 나아갈 것이다.

〈끝〉

복귀원리로 본
요한계시록(참부모님의 승리적 생애)

초판 1쇄 인쇄일 | 2020년 5월 11일
초판 1쇄 발행일 | 2020년 5월 15일

지은이 | 윤경환
펴낸이 | 한선희
편집/디자인 | 우정민 우민지
마케팅 | 정찬용 김보선
영업관리 | 정진이
책임편집 | 정구형
펴낸곳 | 국학자료원 새미(주)
　　　　등록일 2005 03 15 제251002005000008호
　　　　경기도 고양시 일산동구 중앙로 1261번길 79 하이베라스 405호
　　　　Tel 02 442 4623 Fax 02 6499 3082
　　　　www.kookhak.co.kr
　　　　kookhak2001@hanmail.net

ISBN | 979-11-90476-46-1 *03230
가격 | 18,000원